本书受电子科技大学中山学院思政课建设专项经费资助

现代化理论与实践探究

郭俊 著

九州出版社
JIUZHOUPRESS

图书在版编目（CIP）数据

现代化理论与实践探究 / 郭俊著. -- 北京 ： 九州
出版社, 2025. 2. -- ISBN 978-7-5225-3659-0

Ⅰ. D614

中国国家版本馆CIP数据核字第2025DX2512号

现代化理论与实践探究

作　者	郭　俊　著
责任编辑	杨鑫垚
出版发行	九州出版社
地　址	北京市西城区阜外大街甲 35 号（100037）
发行电话	(010)68992190/3/5/6
网　址	www.jiuzhoupress.com
印　刷	北京星阳艺彩印刷技术有限公司
开　本	787 毫米 ×1092 毫米　　16 开
印　张	12.5
字　数	224 千字
版　次	2025 年 5 月第 1 版
印　次	2025 年 5 月第 1 次印刷
书　号	ISBN 978-7-5225-3659-0
定　价	68.00 元

目　　录

第一章　现代化概述

第一节　现代化的相关概念

一、现代化

现代化是一个"集大成"的概念，是当代世界各国所追求发展的理想方式。即便人们的所处背景和研究环境大有不同，但已达成共识，即现代化是伴随着工业化而产生的社会变迁与政治改良，具有普遍的社会性和革命性，是传统社会的高级存在。

首先，现代化是一个综合概念。世界现代化的研究肇始于18世纪的大航海时代，它涉及的领域十分全面且广泛，包罗万象。在经济方面，科学技术是现代化发展进程中的重要动力和巨大杠杆，是"知识积累以及获得对世界理性解释的方法"[①]，它促进了人类社会历史的向前发展，推动了世界现代化历程的纵向深入；在政治方面，现代化是通过广泛的群众参与、合理的政治行为对系统内部进行治理；在文化方面，现代化集中表现为人们价值观念的转变和蜕变，是感性认识到理性认识的飞跃，是传统意识到现代意识的蜕变；在社会层面，现代化是按照人们行动和思想的现代性要求，在实践中不断为现代化运动找寻合乎理性的理由，来证明现代化前进过程的必然性；在生态层面，现代化是人类社会发展必须遵循客观自然规律的一种状态，合理地利用自然资源改造外在自然。综上所述，现代化是家庭结构、政治结构、社会结构的协同发展、相辅相成、互相促进的一种现代性状态。

其次，现代化是一个动态概念。从历史学角度来讲，现代化是由于知识的指数型增长导致源源不断的改革所呈现的动态、变化和发展的状态，是社会制度

[①]　西里尔·E.布莱克.现代化的动力［M］.景跃进，张静，译.杭州：浙江人民出版社，1989：10.

的持续进步、科学技术的不断发展、知识储备的不停积淀和价值观念的陆续转型的发展态势，是欠发达地区学习和效仿并谋求追赶、超越发达地区的动态过程。在这个阶段发展的过程中，工业革命的机械自动化必然会代替传统的人力生产，虽然在某些阶段会出现暂时的停滞、阻塞甚至倒退，但整体而言，现代化既是人类社会历史发展的客观过程，也是最终结果。在这场持续的变迁运动中，"（发展中国家）要么成为现代化国家，要么维持现代性的传统"。①

然后，现代化是一个文化概念，是一种先进的社会和文化发展状态。早期的现代化指的是西化或者资本主义化，它强调以西方国家现代化作为唯一的世界观与方法论，其他国家以此为发展逻辑、奋斗目标和实践范本。这种片面的、臆断的思想虽然帮助部分国家（地区）在关键时期实现了发展模式转换的安常处顺，完成了产业结构优化升级的弃旧图新，但这些国家并未真正走上现代化的发展之路。

再次，现代化是一个可量化概念。虽然，每个国家走向现代化的途径大相径庭，但现代化是看得见、摸得着，能够切实感受到的。在众多研究成果中，《中国可持续发展战略报告》以"英格尔斯指标体系"为基础，严格规定了11项现代化社会发展的细化指标，建成了"现代化"实现程度的判定体系，这些可量化、标准化、可评化的具体指标促使了社会学与社会统计学的融合，使得传统现代化指标由理论预见逐步走向现实应用，并指导、服务于日常生活和工作。

最后，现代化是面向每一个人的。马克思和恩格斯的国家理论虽未描绘出现代化发展的详尽动态与最终方式，但根据马克思主义唯物史观中人民群众是"自己创造自己的历史"。② 人作为现代化发展进程中的最基本因素，其发展程度与现代化的赶超速度是高度统一的。在现代化进程中，人的发展越全面、越立体、越多维，现代化赶超战略就越顺利推进向前。

二、中国式现代化

中国式现代化作为人类现代化发展历史长河中的璀璨明珠，它是在自身实践发展和对西方现代化发展理论超越的实践中逐步形成，并走向成熟的，具有一定的普遍性和特殊性。其普遍性体现在：（1）中国式现代化是一个动态发展、日臻完善的概念集群。从20世纪邓小平提出"中国式的现代化"概念伊始，到建

---

① S.N. 艾森斯塔特. 现代化：抗拒与变迁 [M]. 北京：中国人民大学出版社，1988：1.
② 马克思恩格斯选集（第1卷）[M]. 北京：人民出版社，2012：699.

党百年时全面建成小康社会的如期实现，中国式现代化在"横向"上，由过去的"三位一体"转变为如今的"五位一体"加治理体系和治理能力现代化，满足了人民群众对美好生活的更多需要，这是中国式现代化概念集群横向维度拓宽的生动写照；中国式现代化的发展进程由过去"两步走"发展战略的确立转变为如今向社会主义现代化强国百年奋斗目标的挺进，寄托了近代以来中华民族最伟大的复兴梦想，这是中国式现代化概念集群纵向深度挖掘的鲜明写实；中国式现代化的发展目标由过去"三位一体"的发展内核转变为如今更加兼顾质量、效率、公平、绿色和可持续的现代化发展内核，涵盖了新的历史条件下人民群众对现代化的多元要求，这是中国式现代化概念集群由单维平面走向多维立体的辩证过程。"中国社会主要矛盾已经转化为人民日益增长的美好生活需要和不平衡不充分的发展之间的矛盾。"[1]一方面，这是现代化发展进程中对社会主要矛盾的重新思考和二次认识，深刻认识到不平衡不充分的发展是我国现代化进程主要矛盾的主要方面，其重大意义成为我们在社会发展的关节枢纽制定战略、路线和方针的基本依据；另一方面，社会主要矛盾的变化反过来充实了现代化概念的丰富内涵，使其成为一个动态的概念。今天的现代化已不再是工业、农业、国防、科技的"老四样"，而是随着"人民美好生活需要日益广泛，不仅对物质文化生活提出了更高要求，而且在民主、法治、公平、正义、安全、环境等方面的要求日益增长"[2]的变化，对现代化经济、农村农业、教育教学和国防军队等提出更高的要求，这标志着我国现代化朝着全领域、全方位大步进军。由此可见，对社会主要矛盾的深刻认识丰富了中国式现代化的动态内涵，同样，中国式现代化概念集群的丰富也旨在解决社会发展中存在的社会主要矛盾，这是一个动态发展、日臻完善的过程。（2）中国式现代化具有深厚的文化底蕴。中国式现代化作为世界现代化概念集群中的新表述和新概念，中国特色社会主义先进文化是其与众不同的重要法宝，它在开创人类文明新形态的过程中，将马克思主义普遍真理与中国实际具体融合，形成了独具中国特色的发展逻辑、实施战略、指导思想与领导力量，这与西方资本主义社会"以资本为大"的现代化发展逻辑在本质上是不同的，它具有比资本主义现代化更进步的文化内核与价值追求。习近平总书记曾引用《古

① 党的十九大报告学习辅导百问 [M]. 北京：党建读物出版社，2017：9.
② 习近平. 决胜全面建成小康社会　夺取新时代中国特色社会主义伟大胜利——在中国共产党第十九次全国代表大会上的报告 [N]. 人民日报，2017-10-28（01 版）.

微堂·治篇》中"履不必同，期于适足；治不必同，期于利民"①来强调中国的现代化是兼容并蓄、博采众长的多元文化，其文化实质是文化的自我认识、自我反思、自我超越的辩证过程，其文化时态是立足于传统文化与现代化文化的交接点、继承点和起飞点，其文化趋势是以先进文化为引领带动传统文化并促进多元文化的协同发展的，是遵循现代化文化发展普遍规律和符合我国具体国情的，是坚持世界眼光与时俱进不断吸收人类文明成果的，是中国特质、中国元素、中国气派与时代相结合的现代性文化的集中体现。（3）中国式现代化是可量化的，是能够真正提高和满足人民群众生活和工作化多元需要的。在中国式现代化的发展进程中，社会主要矛盾经历了两次深刻的转变，其变化的理论依据是根据马克思主义经典唯物史观，变革不适应生产力发展的经济基础和上层建筑。在这个过程中，人民群众的生活实现了"小康之家—总体小康—全面小康"的飞跃，尤其是建党百年之际，我们完成了脱贫攻坚和全面建成小康社会的两大历史性任务。中国式现代化社会指标体系发展逐步由宏观走向微观，由整体深入各部门、各地区，日趋细致的社会指标从新中国成立初期谋经济发展的"硬指标"到"十四五"时期经济、政治、文化、社会和生态文明五大板块整合发展的"软指标"，这都说明了中国寻求的现代化是合乎经济社会发展的、避免自然资源浪费的、满足人们对美好生活需要的、构建和谐社会的一套综合现代化指标体系，是可以通过计算量化的。

中国式现代化作为中国特色社会主义现代化建设的新历史节点，继承了马克思主义经典现代化理论，它建立在巨大人口规模、全体人民共同富裕、物质文明和精神文明相互协调、人与自然和谐共生和人类走向和平发展的基础上，具有一定的特殊性：（1）中国式现代化必须坚持中国共产党的领导。"火车跑得快，全靠车头带。"中国共产党作为中国式现代化的领导力量，在实践过程中，创造性地回答了"建设什么样的中国特色社会主义""怎样建设中国特色社会主义""建设什么样的党""怎样建设党""新的历史条件下坚持和发展什么样的中国特色社会主义""在新的历史条件下怎样坚持和发展中国特色社会主义""如何建设社会主义现代化强国"等一系列重要的社会主义现代化发展问题，实现马克思主义中国化的新飞跃，成为建设富强、民主、文明、和谐、美丽的社会主义现代化

---

① 习近平.共倡开放包容　共促和平发展——在伦敦金融城市长晚宴上的演讲 [J]. 中国产经，2015（11）：10-19.

强国，继而实现中华民族伟大复兴的中国梦。（2）中国式现代化必须坚持发展社会主义市场经济。1978 年改革开放后，社会生产力的快速发展促使我国的经济体制由原来单一的公有制向多种所有制发生了转变，中国式现代化经济发展生机勃勃。"把社会主义和市场经济结合起来，是中国共产党的一个伟大创造，极大地突破了马克思对未来社会的设想，开拓了中国现代化发展的新路径"①；进入新时代后，习近平总书记在党的十九届五中全会上明确提出以高质量发展为主线的发展思想，并擘画了"十四五"时期乃至社会主义现代化新征程更长远的宏伟蓝图，这预示着中国式现代化在坚持社会主义市场经济制度的前提下，对中国式现代化有了更高的要求，这是对第一个百年征程中现代化的超越与完善，是实现"更高质量、更高效率、更加公平、更可持续和更为安全的现代化发展方式"②。（3）中国式现代化必须坚持以人民为中心。"以人民为中心"是一种发展的思想和执政追求，是习近平新时代中国特色社会主义思想体系的重要组成部分，也是中国式现代化的价值宗旨与实践导向。从价值层面上看，在中国式现代化庞大的概念体系中经济现代化、政治现代化、文化现代化、社会生活现代化、生态文明现代化、国防和军队现代化、治理体系和治理能力现代化都以实现"人的现代化"为根本原则，具有"一体多面、一体多维"的立体特点与架构；从实践导向上看，中国式现代化涉及生产力发展、变革生产关系、更新经济基础和完善上层建筑整体观念的现代化发展模式，着眼于解决人民群众对美好生活不同需要，着眼于实现人的全面发展的现代化，是坚持以人民为中心、人民至上的现代化发展模式。（4）中国式现代化必须是和平包容的、顺应世界发展历史潮流的道路。它既没有西方式现代化对外发动侵略战争，依靠"血与泪"的资本原始积累，也没有对人进行压迫，无偿占有他国劳动人民的社会财富，而是依靠自给自足、自力更生的生产方式，将马克思主义普遍真理与中国实际具体结合起来，实现独立自主的现代化。当前，国际外部冲击条件不断加强，不确定性激增。中国式现代化的和平发展理念，也逐步成为世界各国走向并实现现代化的"不二之选"。

---

① 陈志刚. 中国式现代化及其规律性和多样性 [J]. 马克思主义理论学科研究，2021，7（5）：23-33.

② 习近平. 关于《中共中央关于制定国民经济和社会发展第十四个五年规划和二〇三五年远景目标的建议》的说明 [J]. 经济研究，2020（12）：16-20.

第二节 现代化的特征

中国式现代化最早由改革开放的总设计师邓小平提出，经过了多年的社会主义现代化实践与发展，中国式现代化越发深刻、清晰。具体而言，中国式现代化是依据中国国情发展而来，具有中国实际特点的现代化发展方式，它既有独有的社会主义社会存在的巨大优势特征，也具有西方式现代化所不具备的鲜明特点，是从"内"与"外"都要优于资本主义现代化的实践方案。

一、现代化有别于西方资本主义现代化

方向决定道路，道路决定命运。中国式现代化是社会主义现代化的正确路径。尽管西方式现代化起步较早、理论学派更多，但中国式现代化的出发点是社会主义，发展方式是与时俱进，奋斗目标是全面建成小康社会。这既是对西方式现代化的超越，也是在现代化的发展过程中对自己道路的正确认识。

（一）现代化是坚持社会主义的

中国式现代化的出发点是社会主义，这是与西方式现代化最基本的区别。纵观中国现代化发展史，无论是革命、建设和改革的任何历史时期，坚持社会主义是中国共产党人带领中国人民实现现代化的出发原点。在道路选择上：中国式现代化是依靠独立自主、和平发展，通过对内改革、对外开放等主动作为，变革不符合本国生产力的生产关系，具有深刻强烈的社会主义属性；西方现代化则是对外发动侵略战争，对内实行剥削压迫，以转嫁矛盾化解风险的方式调和社会基本矛盾，具有浓厚的资本主义剥削色彩。在发展方式上：中国式现代化坚持以马克思主义、毛泽东思想和中国特色社会主义理论体系为指导。无产阶级是其创造社会财富、强大社会生产力的内燃机器；而西方现代化的发展动力，是依靠隐藏在货币关系雇佣劳动下的通过相对剩余价值和绝对剩余价值两种生产方式剥削剩余价值为动力的，其牺牲的是以出卖劳动力为主的工农阶级，无产阶级不是物质财富的享有者。在享受主体上：中国式现代化建设是"取之于民、用之于民"的，一切的发展成果由广大人民群众共享，一切发展为的是满足人民群众对物质领域

和精神文化领域的不同需要，一切发展解决的是在建设过程中所有不平衡、不充分发展之间的问题；而西方现代化的享乐者则是在资本背后肮脏的资本家，这与人民共同的利益是对立的、矛盾的。因此，中国式现代化坚持社会主义道路，既是它的一个鲜明特点，同样也是对西方现代化超越的具体体现之处。

（二）现代化是从中国的实际情况出发的

事物是普遍联系、永恒发展的。这是马克思主义辩证认识论的重要组成部分。在中国式现代化的发展过程中，社会主要矛盾既是对当前中国社会发展状况的正确研判，也是中国式现代化在规定时期所有工作意在解决的重中之重。纵观社会主义现代化发展史，我们经历过三次社会主要矛盾的变动，从中共八大的召开，到实行改革开放，再到中国特色社会主义进入新时代，我们可以发现，当社会主要矛盾发生变化之时，我国的现代化建设理论也相继更新。这并非社会主要矛盾的变化引起社会主义现代化建设的更新，也决不是社会主义现代化的展开引起了社会主要矛盾的变化。二者是普遍联系、共同发展的。可以说社会主要矛盾的变化指向了下一阶段社会主义现代化建设的工作重点，同时本阶段现有生产力无法解决的社会矛盾也成为本阶段和下一阶段社会主义现代化为之不懈奋斗的目标。在社会主义现代化发展的过程中，我们根据马克思主义经典现代化思想理论、列宁关于社会主义现代化建设的实践和斯大林在社会主义现代化的实践，创造性地提出了关于我国中国式现代化建设道路。这条道路，既没有以西方国家现代化发展方式作为原本，也没有照抄任何一个国家的发展途径，依靠独立自主的力量、从客观实际研判问题，走出了一条符合人类现代化建设规律和人类社会历史发展的道路。中国"愿意借鉴人类一切文明成果，走适合本国国情的现代化发展之路"①表明了中国式现代化是从客观实际情况出发的。

（三）中国式现代化是致力于实现小康社会的

中国式现代化是致力于实现小康社会的。"小康"作为一个概念集合的统称，它是中华民族自古以来的夙愿，寄予人们安于和谐稳定、人们辛勤劳作的美好愿景。"小康"自提出之日起，就与社会主义现代化建设如影随形。如果说将社会主义现代化比作一把刻度尺，那么"小康"的概念集群中"全面建成小康社会""全面建设社会主义现代化国家""全面建成社会主义现代化强国"等就是中国式现

---

① 坚定不移走和平发展道路　坚定不移促进世界和平与发展 [N].人民日报，2013-03-20（1）.

代化发展进程中的精准刻度，共产党在每一刻度之间都用时间进行了鲜明的标注并给予区分。

回顾中国式现代化的发展历程，我们每一次由低层级向高层级目标的跃迁和时间的转换，都是在发展的过程中不断地对中国特色社会主义现代化进行深入的理解。在这个辩证发展的过程中，每一次战略步骤的更替，无论是"两个十五年"抑或"两个一百年"奋斗目标，都表明中国式现代化是致力于实现小康社会的，都表明中国式现代化是以人民为中心的，都表明中国式现代化是致力于实现中华民族的伟大复兴的，这是在价值选择、发展方式和评价标准上与西方式现代化的发展体系迥然不同的。

二、现代化的鲜明特征

在庆祝中国共产党成立 100 周年的纪念大会上，习近平总书记提纲挈领地提出社会主义现代化建设新征程的重要性。全面建设社会主义现代化国家新征程的提出，推动了中华民族实现第一个百年奋斗目标并持续推向第二个百年奋斗目标前进。中国式现代化作为中国特色社会主义现代化建设的高度概括，在全面开启建设现代化强国的新征程中，具有以下五个鲜明的特征。

（一）人口规模庞大的现代化

人是现代化的实践主体，也是现代化的终极目标。习近平总书记强调："满足人民日益增长的物质需求，必须抓好经济社会建设，增加社会的物质财富。"[1] 我国是世界上人口总数最多、人口基数最大的发展中国家，我国实现现代化就预示这个世界上最大的发展中国家走入并实现现代化。一方面，全面建成小康社会的如期实现，"现行标准下 9899 万农村贫困人口全部脱贫，832 个贫困县全部摘帽，历史性地解决了绝对贫困问题"[2]，创造了人类减贫史上的奇迹。中国式现代化就是在这样一个人口基数大的条件下实现的现代化，这既是中国式现代化当前发展的现实客观背景，也是中国式现代化历史性地解决了困扰中国的绝对贫困问题；另一方面，推进城镇化也是中国式现代化实现的必由之路。新中国成立之初，由于为了加快农业生产，更多的劳动力积聚于农村，城镇就业机会相对匮乏。随着城镇化过程的纵向深入，城市面貌焕然一新，提供了大量的就业岗位，使得我国

---

① 习近平谈治国理政（第 2 卷）[M]. 北京：人民出版社，2017：315.
② 熊务丰. 马克思革命理论视域下的中国特色社会主义道路研究 [D]. 上海：上海社会科学院，2021.

劳动力的人口素质、受教育程度得到了大幅提高，劳动力的收入水平和城镇的就业机会激增，全体人民共享了城镇化成果。改革开放以后，中国经历了历史上规模最大、速度最快的城镇化进程，民生福祉不断增进，人均寿命不断增加，文盲率不断下降，填补了新中国成立初期人才队伍的空白。在中国式现代化"底子薄"的情况下实现了人口现代化"量"的飞跃，2020 年年末各种形式的高等教育在学规模达到 4183 万人，常住人口城镇化率已超过 60%。这就意味着，中国作为世界上人口基数最大的发展中国家会在 2035 年比世界上任何一个发达国家率都先进入现代化序列，这也是人类历史上从未有过的壮举。

（二）全体人民共同富裕的现代化

共同富裕是社会主义本质的要求，也是中国特色社会主义的根本原则。通过概念解析，"全体人民"强调的是中国式现代化辐射范围是所有的人，这是"量"的规定；"共同富裕"强调的是中国式现代化囊括所有的状态，这是"性"的规定。由此可见，中国式现代化的鲜明特征是从"量"与"性"共同定义，需要我们准确掌握其中的含义。一方面，"全体人民"强调的是在中国式现代化发展进程中，人民群众"一个也不能少、一个人也不能缺"的基本思想，这符合马克思主义经典理论中共产主义社会下人全面发展的理论思想，在中国特色社会主义建设的大家庭中，人民群众既是社会主义建设和改革的劳动者、建设者，也是享有社会主义建设和改革红利的既得者，社会主义建设和改革最鲜明的特点就在于协调以人为基础的社会生产力与生产关系在内的各种社会关系，不断解放和发展社会生产力，缩小贫富差距、促进人的全面发展，进而实现全体人民共同富裕；另一方面，共同富裕更加体现了中国式发展的内在要求。中国特色社会主义现代化的"发展"可以说是把"蛋糕做大"的过程，而共同富裕则蕴含把"蛋糕分好"的基本原则。习近平总书记在庆祝改革开放 40 周年大会上的讲话中强调共享理念的重要性，其理念实质是坚持以人民为中心的发展思想，发展目标是逐步实现共同富裕的社会主义本质要求，体现的是社会主义制度比其他制度的深刻优越性，保证的是全体人民在发展的过程中具有更多的获得感，是发展为了人民、依靠人民的生动体现。可以说，共同富裕既是要求，也是未来建设社会主义现代化的结果，这是一个由表及里、由浅入深、由整体到局部、由低层次向高层次跃迁的过程。新征程开启后党中央再次重申共同富裕的特质，满足人民日益增长的美好生活需要，是符合人民群众期待的现代化。

（三）物质文明和精神文明相协调的现代化

物质文明、精神文明和政治文明是人类三大文明的统一整体，是贯穿于整个社会主义现代化的建设过程之中的鲜明主线。党的十八大之后，社会主要矛盾发生了深刻变化，其中矛盾变化的依据包括：精神文明未能跟上快速发展的物质文明，而快速发展的物质文明不能满足人民对群众精神文明的实在需求，这两方面的失调，在一定程度上造成二者的失衡。2021年全面建成小康社会如期实现后，中国共产党全面深化改革，对内实行改革，对外实行开放，在变革的过程中，物质文明和精神文明得到了有序健康的良性发展。

中国式现代化在发展的过程中更加重视人民群众的精神需要，在各省地级政府的支持下，文化旅游产业得到了快速的发展，人民群众周末节假日放松欢愉的场所得到了极大的补充；另外，健康中国战略的开展，使得人民群众在依靠双手进行经济建设的同时，更加注重精神层面领域的塑造。这两方面，使得人民在物质层面与精神层面的需求得到了大幅满足。新征程开启后，为了进一步巩固二者的协调关系，习近平总书记提出了新发展阶段、新发展理念和新发展格局的重要概念，在强调经济建设提供物质基础支撑的同时，不断解决人民在精神文化层面更高的要求，以二者相互统一的关系向社会主义现代化强国目标奋斗。

（四）人与自然和谐共生的现代化

社会主义现代化是人与自然和谐共生的现代化，是可持续发展的现代化。我们要建设的现代化是人与自然和谐共生的现代化，既要创造更多物质财富和精神财富以满足人民日益增长的美好生活需要，也要提供更多优质生态产品以满足人民日益增长的优美生态环境需要。"十四五"时期，我国进入了新发展阶段，坚持新发展理念，推动绿色发展，促进人与自然和谐共生成为新征程人与自然辩证关系的"新"特征。深入实施可持续发展战略，完善生态文明领域统筹协调机制，构建生态文明体系等重要战略目标成为美丽中国建设的重要部署，为现代化的稳步推进提供可持续的发展动力。

（五）走和平发展道路的现代化

纵观世界现代化发展史，中国式现代化既没有对外通过殖民战争实现资本原始积累，也没有对内压榨人民的剩余价值，和平发展是中国式现代化区别于其他现代化发展方式的鲜明特征。人类在自身的发展中，越来越希望有一条能依靠自己和平发展的现代化方式。而中国式现代化回应了世界各国人民的呼吁。中国式现代化方案不仅在实现自身的发展、壮大自己力量的过程中，还不断积极融入国际社会，以第一人称向世界诉说社会主义制度的优越性，在不断扮演参与者、治理者、合作者的角色变换中，维护世界和平，推动发展。

第三节　推进现代化的重要意义

中国式现代化不仅是发展概念的创新，个中折射的深邃价值和深远意义更加值得探讨。那么，新时代持续推进中国式现代化意义何在呢？笔者认为，新时代推进中国式现代化继续发展就是要不断助推中国式现代化的理论升华和实践创新。从理论上来看，就是要充分彰显民族文化优越性提升中华文化国际传播力，就是要丰富现代化理论推动中国现代化理论话语建构，就是要拓展科学社会主义理论提振社会主义话语权。从现实意义上来看，就是要在解决当下中国现实问题中满足人民美好生活需要，在提升综合国力中实现中华民族伟大复兴，在维护人类共同利益中推动持久和平世界建设。

一、推进现代化的理论意义

新时代不断推进现代化具有重要的理论意义。一方面，从中国本土发展起来的现代化具有浓厚的中国特色和很深的民族文化烙印，在引领后发现代化国家过程中，我国的民族特色和民族文化必然会得到进一步传播。另一方面，现代化作为一种成功的现代化经验和模式，既遵循了现代化普遍规律，又立足本国国情，成为现代化与民族特色相融合的典范，打破了西方现代化话语霸权，极大丰富了现代化建设理论。同时，现代化形成的"五位一体"、新发展理念、人类命运共同体理念以及有关共同富裕概念新阐释等马克思主义中国化新成果，极大地拓展了科学社会主义理论视野。

（一）增强民族文化底气，提升中华文化国际传播力

中国式现代化具有深厚的中华文化底蕴，并散发着鲜明的中华民族特性。

在历史长河大浪淘沙中，正是这些文化底蕴托起了中华民族的生存底气。其中，追求共同富裕的现代化目标既是中华优秀传统文化的价值理念和理想追求的集中反映，又是中华民族传统文化在现代化建设中的当代表现形式。纵览我国传统文化中蕴含的小康、和谐、大同社会思想，无论是《诗经·大雅·民劳》"民亦劳止，汔可小康"所向往的休养生息，还是《礼记·礼运篇》"大道之行也，天下为公"所描述的大同社会理想，抑或孔子"不患寡而患不均，不患贫而患不安"所期待的理想社会秩序，又或管仲"仓廪实而知礼节，衣食足而知荣辱"所深知的物质财富重要性，都深刻体现了古人对美好社会的憧憬，而这样的美好生活憧憬在中国式现代化中得到了传承和进一步发扬。可以说，共同富裕已经成为中国式现代化最显著的民族文化标签。或者说，是否坚持共同富裕是区分中国式现代化新道路与西方现代化道路的一个重要标志。同时，中国式现代化强调的全体人民"共建共享"则充分继承了传统文化中"天下兴亡，匹夫有责""不谋全局者，不足以谋一域""人心齐，泰山移"等团结协作的生活理念和治国智慧。此外，中国式现代化对生态文明的高度重视，也是遵循了传统文化中"道法自然""天人合一"等生存理念。正是这些传统文化蕴藏的价值理念和生存智慧，形成了中华民族显著区别于其他民族并让自己的文明绵延几千年不断的文化底气。这些优秀的民族文化也必将在当代社会推动现代化走向光明彼岸。

因此，新时代推进现代化继续向前，既是进一步彰显中国特色社会主义的优越性，也是用现代化的成功力证中华传统文化的有效性、科学性及民族文化的优势、底气。得益于民族文化赋予的中国式现代化的鲜明的中国特色，让中华文化在现代化进程中脱颖而出，让世人不得不重新审视中华文化的巨大价值。从而，让中华文化优越性得到进一步彰显，国际传播力进一步提升。

（二）丰富现代化理论，推动中国现代化理论话语建构

习近平总书记指出，"当代中国的伟大社会变革，不是简单延续我国历史文化的母版，不是简单套用马克思主义经典作家设想的模板，不是其他国家社会主义实践的再版，也不是国外现代化发展的翻版"[①]。我国的现代化是人口规模巨大的现代化，是全体人民共同富裕的现代化，是物质文明和精神文明相协调的现代化，是人与自然和谐共生的现代化，是走和平发展道路的现代化。铿锵话语

---

① 习近平.在哲学社会科学工作座谈会上的讲话[M].北京：人民出版社，2016：21.

折射的是我们对中国式现代化建设经验、发展前景和高尚价值的自信表达。在社会主义现代化建设自我完善中，我们党带领人民不断开辟后发现代化国家引领世界发展的新模式，形成可复制、可推广的现代化中国样板。新时代继续推进中国式现代化，不仅会推动现代化理论丰富、完善，而且对构建中国式现代化理论话语体系意义重大。

一方面，中国作为世界上最大发展中国家将在新时代实现现代化，这不仅会极大推进世界现代化进程、彻底改写世界现代化版图、极大提升人类发展水平。而且以自身成功实践昭示世人，中国式现代化新道路既遵循世界现代化的一般规律，又探索后发国家走向现代化的特殊规律，这是对现代化理论的极大丰富和对现代化实践的全新拓展，必将助推中国从人类现代化进程的创新者、变革者向领航者转变。进而为人类对现代化道路的探索作出更大贡献。另一方面，因为中国式现代化尊重其他国家自主探索符合本国国情的现代化道路的努力，支持各个民族都按照自己的发展意愿走独立自主的现代化道路。因此，可以在引领后发现代化国家发展中，让人类逐步摆脱西方炮制的"一元单线"现代化进路，跳出"两难悖论"的现代化陷阱，让现代化之路成为可以承载不同形态文明的和平之路。从而将人类现代化图景带向多元包容的发展方向。

（三）拓展科学社会主义理论，提振社会主义话语权

恩格斯曾强调："我们的理论是发展着的理论，而不是必须背得烂熟并机械地加以重复的教条。"[①]世界社会主义500多年，从空想到科学、从理论到实践、从一国实践到多国发展，反映了人类对美好社会制度的追求，深刻改变着世界发展进程，展现出强大生机活力。但社会主义发展并不是一帆风顺的。20世纪80年代末东欧剧变以后，世界格局也随之发生巨变，人类历史被西方学者和政客"人为的"终结在了资本主义自由民主制中。世界舆论风向几乎一边倒向西方资本主义，中国等仅剩的5个社会主义国家孤独且无助，科学社会主义实践的彻底失败似乎只是时间问题。但是，面对巨大压力和挑战，中国始终没有动摇对社会主义的坚定信念，坚持和拓展中国特色社会主义道路，用发展的社会主义中国充实着科学社会主义理论，以创造中国式现代化新道路的成功实践证明了中国特色社会主义的巨大优越性，让世界范围内两种意识形态、两种社会制度的历史演进及其

---

① 马克思恩格斯选集（第4卷）[M]. 北京：人民出版社，2012：588.

较量，发生了有利于马克思主义、社会主义的深刻转变。

在新时代，中国式现代化必将用更成功的实践，不断拓展科学社会主义理论，力证中国特色社会主义优越性，将世界历史进程向社会主义方向引流。这是因为，当今世界只有西方经济体进入了现代化经济体系，而社会主义国家和其他发展中国家至今在追逐现代化目标的路上艰难前行。如果中国能够按照预设轨迹顺利实现现代化，则将是一个社会主义国家在吸取人类现代化进程中的有益成果和经验教训的基础上，形成了对资本主义现代化道路的超越。这将不仅是用实践宣告"社会主义失败论"本身的彻底失败，更是世界社会主义运动的巨大进步和马克思主义中国化的巨大成功。[1] 同时，是对社会主义科学性、真理性的最好检验、最好证明。届时，中国式现代化不仅能够深刻地回答"什么是中国式现代化新道路，怎么走好中国式现代化新道路"的问题，而且能够对"什么是社会主义，怎样建设社会主义"的问题给出具有高度信服力的实践佐证和理论阐释，为社会主义争夺更多话语权。

二、推进现代化的现实意义

根据当前中国发展预期和世界格局调整方向，新时代必然是中国更好解决自身现实问题，有步骤实现民族复兴，逐步打破美国霸权，重构国际秩序，建立人类命运共同体的新时代。正如习近平总书记在 2021 年 8 月 10 日给"国际青年领袖对话"项目外籍青年代表回信时强调的，"中国式现代化新道路越走越宽广，将更好发展自身、造福世界"。在一个有着 14 亿多人口的社会主义大国创造现代化新道路，不仅会从根本上扭转中华民族的历史命运，而且对人类历史发展具有重要现实意义。

（一）解决社会主要矛盾的基本途径

正确处理国家内部矛盾，是关系到国家命运和前途的重大课题。我国社会主要矛盾问题从本质上说就是发展的问题，只有立足于不断提高我国社会主义发展水平，才能解决社会主要矛盾，才能持续不断地推动我国社会主义现代化进程。新时代，如何直面社会主要矛盾转换，从战略高度和历史发展的视野为我国社会主要矛盾解决以及理顺各类社会关系提供强有力的支持，是时代必答题。而这个必答题历史性地落在了现代化身上。一则现代化构建了双循环新发展格局，为社

---

① 郭晗，任保平. 中国式现代化新道路的世界意义 [J]. 国家治理，2021（37）：2-6.

会经济发展打开了新思路。在新时代，必须在新发展格局顶层设计指引下，立足新时代社会主要矛盾，着力解决不平衡、不充分的发展问题，通过更协调更充分的发展促进生产力的极大解放，为社会主要矛盾解决提供雄厚的物质支撑。二则现代化构建了"以人民为中心"的矛盾治理理念，始终将"以人民为中心"作为矛盾化解的价值取向，并将其贯穿于矛盾认识、分析和解决的全过程。通过构建共建共治共享的社会治理大格局带动矛盾化解，既充分认识人民在矛盾解决中的中心地位，又深知解决社会矛盾人民是根本依靠力量。三则现代化能够从整体性、关联性和系统性出发对社会矛盾进行把握，从而做到既抓住全局性矛盾解决，又抓住关键性矛盾化解。针对人民日益增长的美好生活需要和不平衡、不充分的发展之间的矛盾，将在全面建设社会主义现代化国家中全面提升现代化建设的品质，全面满足人民群众的物质需求、精神需求。同时，针对科技创新能力不足与急需摆脱西方科技霸权的矛盾、加快实现祖国完全统一步伐与外部势力加大干涉力度的矛盾、追求共同富裕目标与资本和产业逐步被少数人或组织垄断的矛盾等影响全局发展的几个关键性矛盾，现代化将以我国长期处于"战略机遇期"和"矛盾凸显期"的清醒认知，通过改革和发展协同发力，逐步化解关键性矛盾。

（二）实现中华民族伟大复兴的必由之路

道路决定命运，找到一条正确道路是多么不容易。现代化新道路对中国发展的重大意义，集中体现在推动中华民族迎来了从站起来、富起来到强起来的伟大飞跃，实现中华民族伟大复兴进入了不可逆转的历史进程。中国之所以在近代落伍，甚至沦落到任人宰割的地步，一个根本性原因就是封建统治者没有察觉到工业革命引发的世界现代化浪潮，一次次错失实现现代化的历史机遇。鸦片战争后，许多救国方案都是为了中国能赶上现代化浪潮，实现民族复兴。然而，这些方案一一失败。最终，中国共产党团结带领中国人民创造了中国式现代化新道路，以中国式现代化的奇迹宣告中华民族在经历无数磨难后实现了浴火重生。这条道路是建立在我们党长期奋斗基础上，是根植于中国大地、反映中国人民意愿、适应中国和时代发展进步要求的正确的现代化新道路。这条道路符合中国社会发展历史逻辑，是5000多年中华文明创造的灿烂文化和生命活力，是近代以来中华民族百折不挠、追求民族复兴的不懈奋斗之路。这条道路体现了科学社会主义理论逻辑，反映了社会化大生产的生产力发展的内在趋势，是社会主义实践开辟自己发展道路的理论表现。同时,这条道路又是符合当代中国发展趋势的正确抉择。党的十八大以来,依据国内国际两个大局变化,我们统筹推进"五位一体"总体布局、协调推进"四个全面"战略布局,全面深化改革开放,立足新发展阶段,完整、准确、全面贯彻新发展理念,构建新发展格局,推动高质量发展。故而,现代化新道路是在历史、理论和实践三重逻辑中生成的实现中华民族伟大复兴的必由之路。

(三)应对复杂国际环境的必然要求

当今世界正处于百年未有之大变局,应对大变局要有大格局、大视野、大情怀和大担当。正如习近平总书记所述:"世界潮流,浩浩荡荡,顺之则昌,逆之则亡。要跟上时代前进步伐,就不能身体已进入 21 世纪,而脑袋还停留在过去,停留在殖民扩张的旧时代里,停留在冷战思维、零和博弈老框框内。"① 但自冷战结束后,在国际社会占有绝对优势的西方国家不仅没有尽到对世界的应尽义务,反而凭借其实力优势,在国际社会依然奉行"二元对立""零和博弈"的思维方式,崇尚弱肉强食的丛林法则和"唯我独尊"的霸权思维,长期对发展中国家盘剥压榨以维持自身运转。故而,当中国跳出西方预设轨道,并在现代化新道路成功实践中逐步实现对西方超越时,一些西方国家对即将改变的世界权力分配表现出了从未有过的恐慌和担忧。尤其是 2020 年全球新冠肺炎疫情暴发以来,世界经济进入了持续低迷局势,一些西方国家不但不为人类共同面临的和平赤字、发展赤字、治理赤字、信任赤字忧心,反而成为西方保护主义、单边主义势力代言人,肆意破坏全球化秩序和国际秩序,给世界发展带来深远影响。

与上述西方国家不同,一方面,14 亿中国人整体迈入现代化行列,不仅会改变现有少数人享有现代化成果的现代化格局,现代化区域分布版图也将随之发生巨变。以往现代化国家主要分布在西方,新时代,中国式现代化将努力解决世界两极分化、地区差距和发展不充分、不平衡等问题,彻底改写东方从属西方的历史境遇,让现代化成果最广泛地惠及全球人民,实现人类各民族的共同富裕。另一方面,中国式现代化以全人类共同价值为导向,坚持走和平发展道路,致力于推动构建人类命运共同体,为全球治理贡献中国智慧和中国方案。我们深知面对世界性难题和全球治理困局,没有哪个国家能独自应对,也没有哪个国家能独

---

① 习近平谈治国理政(第 1 卷)[M]. 北京:外文出版社,2018:273.

善其身。只有坚持共商共建共享原则，增进互信，加强合作，才能实现共同发展。故而，中国式现代化将始终秉持马克思主义政党的全球视野，秉持人类命运共同体理念，以实现人的自由全面发展和全人类解放为己任，积极主张并推动构建新型国际关系、践行多边主义、倡导新安全观和正确义利观，同世界各国携手合作、共克时艰，不断铺设以自身发展为世界各国的共同发展创造机遇、提供动力的共赢之路，以实际行动诠释新时代大国使命和世界视野。

第二章 现代化道路的目的创新 与体制创新

第一节 现代化道路的目的创新

一、现代化道路坚持人民共享的发展目的

"私有制"做根基和"资本本位"做原则的西方现代化，自肇始以来，其根本目的和终极指向为最大限度地追求资本的无限增值，工人劳动的成果归掌握生产资料和生活资料的资本家所有，一切为资本家的剥削和逐利让路。这种现代化道路所创造的一切文明发展成果则归属于少数人或少数特权阶层和集团，而不可能是全体人民所共享。中国式现代化道路摒弃"资本逻辑"，坚持以公有制为主体和"以人民为中心"的发展思想，其根本目的就是要实现发展成果由人民共享。习近平总书记提出了共享发展的理念，强调"追求的发展是造福人民的发展"，并指出，"让广大人民群众共享改革发展成果，是社会主义的本质要求"①，这将共享发展置于社会主义的本质层次，也是现代化道路追寻的目的之一。共享发展"从共享什么、由谁共享、怎样共享等三个方面对共享作了诠释，即共享的对象、共享的主体、共享的途径分别是什么"②，其深刻蕴含着中国式现代化道路所追求共享发展的全民性、全面性、共建性和渐进性的价值内涵。

（一）人人享有以实现全民共享

实现全民共享是共享发展理念的重要内容，体现了现代化道路的价值主体的属性，它解决的是由谁共享或共享主体的问题。"共享发展是人人享有、各得

---

① 中共中央文献研究室．习近平关于社会主义社会建设论述重要摘编 [M]．北京：中央文献出版社，2017：35.
② 王丹，熊晓琳．论共享发展的实现理路 [J]．马克思主义研究，2017(3)：50-58.

其所，不是少数人共享、一部分人共享。"① 其一，从人民共享的数量维度看，现代化道路的发展成就是由全体人民所共享的，而不是仅仅针对少数群体。自中国共产党开启社会主义现代化建设以来，就始终秉承着马克思主义的人民观和唯物史观，把人民的根本利益与对美好生活的期盼放在最为重要的位置，由此规定了现代化道路的人本意蕴。当然，全民共享并不是实现人民平均共享，而是在满足人民的基本生活需求的基础上，根据每个人所处的条件和环境赋予其不同的差异性成果共享。其二，从全民共享的历史性维度看，作为具有历史特性的人民，不仅要考虑当下，更要兼顾未来。换言之，现代化道路的发展成果，既要让当代中国人民进行共享，也要给下一代中国人民共享，即全民共享的代际传递性和可持续性。其三，从全民共享的总体性维度看，马克思说，"人也是总体，是观念的总体，是被思考和被感知的社会的自为的主体性存在"②，所以，共享发展的人民即"现实的个人"，是一种总体性的社会存在物。现代化道路所导向的人民共享既涉及了中国社会各个阶层和民族，也涉及了世界各国的人民，中国人民与世界人民在共同活动中享受实践成果。全民共享的全面性充分彰显了现代化道路的人民性和道义性，这与西方现代化的"见物不见人"是根本不同并具有超越性的。

（二）人人丰富以实现全面共享

现代化道路的发展成果不仅是全民共享，还是全面共享，它关涉的是共享的对象问题，即共享什么。中国共产党带领中国人民开创与发展的中国式现代化道路中，高度重视社会主要矛盾的转化，新中国成立初期，百废待兴，当时社会主要矛盾的主要方面便是物质文化的相对落后，由此党中央主要任务是发展社会生产力，提高人民的物质生活水平。到了改革开放后，经过物质财富的积累，人民逐渐解决了温饱问题，迈向了小康社会，尤其是进入新时代以来，社会主要矛盾的主要方面变成了地区的不平衡、不充分发展，阻滞了人民对美好生活的追求。由此可以看出，随着道路的向前推进，人民逐渐从追求物质生活的单一性向丰富性过渡，这与马克思所追求的人自由全面发展是不谋而合的。由此可见，现代化道路是对人民需求的多样性以及马克思主义关于人的发展的有力回应，其所追求的是物质与精神乃至社会关系的全面性，而不是像西方现代化过程中招致的"单向度的人"的窘境。共享发展就要共享国家经济、政治、文化、社会、生态各方

① 中共中央宣传部.习近平总书记系列重要讲话读本 [M]. 北京：人民出版社，2016：136.
② 马克思恩格斯文集（第1卷）[M]. 北京：人民出版社，2009：188.

面建设成果，全面保障人民在各方面的合法权益。现代化道路在经济领域上确保人民物质生活条件不断攀升，在政治领域让人民能够通过广泛渠道和平台行使政治权利和享受政治成果，在文化领域保障人民享受文化基本权益并发挥人民进行文化创作的能动性，在社会领域确保人民享有基本的公共基础设施和安全生活，在生态领域让人民享受到天蓝地绿水清的生态产品。现代化道路为人民共享的全面性提供了充裕条件，进而促进了人的丰富性关系的生成，反过来又增添了道路内涵的丰富性。因此，人的全面发展和道路的全面扩展是相互关联、相互促进的历史过程。

（三）人人参与以实现共建共享

共建共享深刻回答了现代化建设过程中的实现共享的途径，即如何共享，也阐明了共建与共享之间的关系。在现代化过程中，共建与共享是紧密相连、双方互动的辩证关系，人民共建是人民共享的前提基础，没有社会各阶层主体参与现代化建设，没有人民的奋斗与劳动，就没有成果的产出，也就没有人民共享的实现。而离开人民共享谈人民共建也是脱离现实的，人民共享是人民共建的结果与动力，倘若没有人民共享，人民共建就会丧失主动性和前进热情。共建实际上是作为现代化建设主体的人民所进行的劳动实践，共享是共建共享，是就共享的实现途径而言的。共建才能共享，共建的过程也是共享的过程。现代化道路是中国人民用辛勤汗水和劳动所创造出来的伟大文明成果，并在成果上实现了共享。在第二个百年奋斗目标的新征程上，我们要提供各种平台和机会，继续激发中国人民劳动的主动性、积极性和创造性，参与到现代化的伟大建设中，努力实现发展起点、发展过程、发展机会和发展硕果由全体人民共享。

（四）人人尽力以实现渐进共享

现代化之路仅用了几十年的时间就走过了西方的现代化之路，采用"并联式"的发展模式，实现了道路的快速发展与拓新，一步步地实现了从单一共享到全面共享的伟大跨越，虽然发展迅速，但是成果的共享也是一个渐进并不断丰富的过程。在文明成果上，我们仍与西方现代化有着较大的差距，加上我们对道路的发展客观规律有一个认识过程，我国当前又存在区域发展差距、收入差距、资源禀赋差距等现实问题，并且仍处在社会主义初级阶段，这就决定了我国现代化建设中实现人民共享必将是从低级到高级、从局部到全面、从不均衡到均衡的长期而又曲折的历史性过程。人民共享的渐进性和长期性并不是在现代化中人民是被动消极的共享，不做任何事情，坐享其成，相反，我们是在党的引领下，带领中国人民立足实际的根基上，发挥其主体性地位，人人都发挥出自己的一份力量，共同劳动、共同创造、共同占有，将现代化道路不断向前推进。

二、现代化道路坚持共同富裕的本质要求

坚持人民共享的结果直接导向了实现共同富裕，它不仅是中国人民进行现代化建设的伟大实践成果，也是一种理论样态，更是与西方现代化有着根本区别的关键所在。根植于私有制基础上的西方现代化在发展过程中促使资本与劳动的矛盾不断尖锐化，也就是说，掌握着资本的资本家与付出劳动的工人产生了矛盾对立的状态，少数的资本家压榨、奴役和剥削着多数的工人，资本处于中心位置，而工人则处于边缘位置，工人的劳动变成了商品，服从于资本的增值需要。西方现代化秉承的是资本主义的生产方式，而"生产剩余价值或赚钱，是这个生产方式的绝对规律。"① 问题的关键在于，生产方式的全部结果被资本家攫取，而工人只剩下能够维持自己生存的生活资料价值（工资），这必然产生严重的贫富差距和两极分化，共同富裕成为一种虚幻的目标。

共同富裕的实现是全体中华儿女自古就有的理想期盼，更是我们党的重要历史使命。自中国共产党诞生以来，团结带领中国人民进行社会主义现代化建设，正在把全体人民共同富裕的理想一步步转变为现实，脱贫攻坚战和全面建成小康社会就是共同富裕的生动写照，现代化的最终目标就是要让全体人民过上好日子，决不能产生"富者累巨万，而贫者食糟糠"的局面。在现代化道路的探索过程中，我们不仅不断推进全体人民共同富裕的实现，而且在共同富裕的实践的基础上形成了较为系统的共同富裕理论。

（一）全体人民共同富裕的核心意涵

共同富裕是社会主义的本质要求，是中国式现代化的重要特征。共同富裕始终是贯穿现代化道路建设的一条主线，也充分彰显了人民的主体性地位，在14亿人口规模巨大的中国，实现共同富裕是一项宏大、迷人而又复杂、艰辛的历史性任务。因此，需要正确的理论指引以免犯致命的错误，我们党是在共同富裕的现代化实践中不断丰富完善其理论形态的，进而不断指引共同富裕取得更大成效。

① 马克思恩格斯选集（第 2 卷）[M]. 北京：人民出版社，2012：276.

共同富裕有着丰富而又深刻的内涵，它的内涵也是其理论的组成部分，这也从本质上超越了西方现代化的少数人富裕观。共同富裕是一个系统性的概念，包含多维度的理论内涵。其一，共同富裕是指向全体人民的，涵盖了不同阶层、不同群体、不同区域的人民，而不是极少数人的富裕，在共同富裕的道路上，一个也不能掉队。其二，共同富裕不只是单纯的物质方面的富裕，它还包括政治、文化、社会、生态等维度的均衡发展，标志着社会文明和人的发展的全方位攀升，具有全面性特质。人民能够公平地参与市场创业与就业并享有追求更高物质生活条件的平等机会；人民能够实现当家作主的地位，平等地参与民主政治活动，享受民主政治的硕果；人民可以在社会中和谐相处、安定生活并享受均等的基本生活设施；以社会主义核心价值观为指引，人民群众的精神风貌不断改善和精神产品不断丰富；人民有着宜居且舒适的生态环境。概言之，就是要实现满足人民美好生活需要的"五大维度"的共同富裕。其三，共同富裕的目标不是一蹴而就的，也不是搞平均主义，而是分阶段逐步实现并基于每个人、每个地区特定的条件有差异地实现富裕，体现了共同富裕的渐进性、差异性和阶段性的特征。

（二）全体人民共同富裕的基本原则

基本原则是架起理论与实践的中介桥梁，坚持正确的原则才不会使共同富裕实践进程的方向跑偏。习近平总书记针对扎实推动共同富裕的基本原则做了重要的论述，为共同富裕走实走稳提供了方向。其一，要鼓励勤劳创新致富，劳动是马克思主义的重要观点，是创造价值的源泉，也是推动社会进步和人的自由全面发展的重要途径。在现代化的道路上实现共同富裕，首先就要提供公平的发展起点和机会，尊重劳动、尊重创造，让全体人民能有效激发劳动创造的潜能，让劳动创造财富的源泉充分涌流。其二，要坚持基本经济制度，是推动实现全体人民共同富裕的制度性保障，应坚持公有制和非公有制经济的协同健康发展，在"两个毫不动摇"的基础上为兼顾效率与公平提供基础性制度安排。其三，要坚持尽力而为、量力而行的原则。所谓尽力而为，是指面临这么多人口，实现共同富裕的艰巨任务，就要积极调动全体人民的主动性和能动性，努力做到人尽其才，物尽其用的效果，扩大社会财富的总量和覆盖面，倾尽全力去解决人民的急难愁盼问题，实现基础性、兜底性与全面性保障的良好态势。而所谓量力而行，是指要遵循中国的基本国情和实际，在实现现代化的共同富裕道路上，既要在条件允许的范围内做力所能及的事，又要防止过高的"福利陷阱"，导致人们的"躺平"和"慵懒"不做事的恶性情形。在西方现代化的过程中，为了缓和资产阶级与无产阶级的尖锐性矛盾，一些西欧国家采取了高福利的政策，最终反而造成了全民懒汉、劳动力紧缺、政府财政负担过重的现象，进一步激发了社会冲突，这是我们在社会主义现代化建设中奋力实现共同富裕决不允许的。其四，要坚持循序渐进的原则。共同富裕是我国现代化中的一个具有时空维度的既定目标和价值准则，它是随着社会生产力的发展和物质精神财富的增长而不断推进实现的，这说明实现共同富裕需要很长的时间，是长期性、整体性和阶段性相统一的过程。因此，我们需要一步一个脚印，久久为功，而不能急功近利，否则会导致"画虎不成反类犬"的情况出现。

（三）实现全体人民共同富裕的实践思路

实现全体人民共同富裕不仅需要理解其深刻内涵、把握其基本原则，更重要的是要有推动其实现的实践思路和方法。实现共同富裕是历代中国共产党人带领中国人民在现代化建设的道路上始终如一重视的恢宏事业。在新时代的新征程中，我们党把实现共同富裕作为现代化的本质特征和本质要求来看待，而且将促进全体人民共同富裕放在了更加重要的位置上，我们党明确规定要在2035年取得共同富裕的实质性进展和在2049年基本实现共同富裕的战略性目标，这就需要有实践的思路来推进其实现。其一，要在高质量发展中实现共同富裕。发展是解决共同富裕面临诸多难题和挑战的一把关键钥匙，共同富裕不仅是分配的问题，也是生产与分配的统一体，要在高质量发展中将"蛋糕"做大做强，调动全体人民生产发展的积极性，通过创新发展和建设现代化经济体系提升生产劳动的效率，促进供给侧与需求侧的协同联动，缩小城乡、收入与区域发展鸿沟。其二，完善共同富裕的相应制度政策体系。一方面，要坚持"两个毫不动摇"，坚持公有制为主体的支配性经济制度，巩固和发展国有企业的主导地位，推动国有企业现代化转型升级，发挥其在关键领域的作用，为提高人民生活水平和实现共同富裕奠定根基。要坚持巩固和发展非公有制经济，非公有制经济（民营经济、外资企业等）是国家政府财政税收和人民就业的重要渠道，应积极营造良好的营商环境和条件，促进非公有制经济的有序健康发展，为实现共同富裕添砖加瓦，鼓励企业家的慈善公益事业建设。同时要发挥政府和市场的作用，正确处理好第一次分配、再分配和第三次分配的关系，形成以第一次分配为主，再分配和第三次分配为辅的制度体系，形成"橄榄型"的分配格局。另一方面，要加快医疗、养老、教育等民生领域的政策体系建设，形成完善有效的民生保障网。其三，要增加中等收入群体的规模，尤其要关注弱势群体、科学家、教师队伍、个体工商户、农民工、基层一线公务员等，努力提高他们的收入和提供晋升发展的机会，防止两极分化和贫富悬殊现象的产生。其四，要发展全过程人民民主和丰富人民的精神生活，没有政治参与和精神的丰富算不上是真正的共同富裕的全面性。所以，应该增加民主渠道，保障人民能够进行民主参与与监督，促进优秀传统文化的创造性转化和创新性发展，增强革命文化和中国特色社会主义文化的涵养作用，确保全体人民能够得到多样化、多层次的精神文化需求。

共同富裕是现代化的重要内容、本质要求与价值导向，而全体人民共同富裕必须依靠现代化才能完成。也就是说，中国特色社会主义现代化是实现全体人民共同富裕的必由之路。实现全体人民共同富裕增添了世界现代化的内涵，也显示出了现代化独有的价值和目标品性，必须将共同富裕的伟大事业深入推进。

三、现代化道路坚持和平发展的世界目标

早期的历史进程表明，西方走的现代化道路是通过圈地运动、殖民掠夺与屠杀、奴隶贸易等残暴的方式进行资本原始积累的，其走的是一条充满血腥、剥削逐利、霸权主义、丛林法则的道路，与人类社会发展规律是背道而驰的。如今，西方现代化虽以较为温和的方式进行发展，但仍没有改变其道路的霸道本性，势必被中国式现代化道路超越。中国的实践过程和文化底蕴证明了我们党带领人民开创的中国式现代化是与西方现代化截然不同、颇具中国特色与中国气派的全新人间正道，这条道路构筑了以人为本、和平、发展、合作、共赢、文明互鉴、尊重平等和命运与共的价值底色，创造性地超越了西方现代化以资本为本、零和博弈、唯我独霸、文明冲突、扩张主义的老路。中国式现代化道路以一种全新的发展形态屹立于世界民族之林，开辟出了人类文明新形态，以新发展观、新安全观、新合作观、新文明观和新全球治理观构建新型国际关系和人类命运共同体，为世界发展与面临的时代性难题挑战贡献中国的思路和智慧。

（一）秉承科学发展观以促进共同繁荣

发展仍然是当今时代的潮流之一，也是世界各国人民的共同诉求和期盼，这是无可辩驳的客观现实，但在当今世界下，发展面临着诸多现实挑战和难题。2008 年，美国的次贷金融危机对当今世界的发展仍然有着负面的影响，世界经济增长复苏乏力和发展不充分的问题日益凸显，尤其是新冠疫情与其他因素的交织叠加，使得全球经济增长的动力和潜能发挥不足。另外，世界地区发展存在不平衡，尤其是南北发展的差距和贫富差距明显的严峻性问题，西方发达国家奉行贸易保护主义政策和逆全球化做法，主导国际贸易分工体系和规则，导致许多发展中国家地处全球发展的低端，引起了世界地区发展的两极分化加剧，而且传统的世界产业链和旧的分工体系并没有真正实现发展的转型升级。另外，随着人类对资源的过度消耗与开发，超过了自然环境的承载力，导致了资源不断枯竭。这些巨大挑战使世界的可持续发展遭受了阻滞。

我国现代化道路秉承着新的发展观，在富强自己的同时又兼顾世界的发展，将发展融入世界，为当今世界的发展赤字和难题的解决提供了启迪。党的十八大以来，我们提出了新发展理念，包含创新、协调、绿色、开放和共享的内容，以新发展理念破解发展瓶颈，并将其推向世界。我们追求创新发展，依靠科技力量，提高生产要素的效率，实现集约式增长；追求协调发展，注重区域、城乡、国内外发展的协调性，缩小发展不平衡；追求绿色发展，推动经济发展绿色转型升级；与世界各国合作交流，扩大发展面；追求共享发展，与世界各国一同努力奋斗，共享发展成果。我们的中国道路也坚决反对西方的逆全球化和贸易保护政策，以包容性、普惠性为基础，提出新的全球化方案，让更多的后发现代化国家平等地共享世界发展的硕果。我们积极参与全球发展议题，发布和出台了许多可持续性发展的行动计划和方案，同时踊跃向后发现代化国家提供援助。这些理念、计划与行动充分体现了中国是"全球发展的贡献者"的大国担当。

（二）秉承新安全观以实现普遍安全

西方实现现代化主要是通过野蛮的殖民扩张来实现的，"在真正的历史上，征服、奴役、掠夺、杀戮，总之，暴力起着巨大的作用……事实上，原始积累的方法绝不是田园诗式的东西。"[①] 以资本为基础的西方现代化国家，建立了一个不平等的国际政治经济秩序，然后企图将其他国家纳入他们的规则体系中，以实现剥削统治和获利。而且整个近代西方哲学主张以概念形式存在的"思想"去把

① 马克思恩格斯文集（第 5 卷）[M]. 北京：人民出版社，2009：821.

握以感官对象形式存在的经验世界，即理念（本体）世界决定实物（意见）世界，现实世界只能从它的超感性实体（理念）中才能加以把握，由此创造出了由逻各斯（Logos）统治着的"理性霸权"的独断世界。换言之，主体与客体出现了分离和对立的状态。因此，由于资本性和纯粹理性主义逻辑，造成了西方现代化中奉行"丛林法则""扩张主义"和"霸权主义"的思维准则，不断制造自己的对立面，引发诸多的战争冲突，给世界人民带来不安全的生活环境。

我们在推进现代化的道路上，奉行的是独立自主的和平外交政策。"中国人民对战争带来的苦难有着刻骨铭心的记忆，对和平有着孜孜不倦的追求，十分珍惜和平安定的生活。中国人民怕的就是动荡，求的就是稳定，盼的就是天下太平。"[①]中华民族有着爱好和平的传统和民族文化基因，"民为邦本""协和万邦""天下太平"等思想，显示出中华民族求和平与求稳求安的秉性。因此，我们走的是一条充满和平安定的全新文明道路。在道路的推进历程上，我们树立新的和平观，以共同、综合、合作、可持续的安全观与世界各国和睦相处，建立起睦邻友好关系，推动国际关系民主化，奉行结伴而不结盟的新型国际关系。与此同时，我们摒弃"殖民主义""冷战思维""霸权主义"等陈旧观念，主张各国平等协商，走对话而不对抗的安全发展之路。中国道路始终遵循联合国的宪章和宗旨原则，以和平共处五项原则为基础，践行多边主义，反对强权政治和侵略他国，坚决捍卫国家主权和领土完整，树立总体国家安全观，统筹协调各方面的安全，促进世界和平发展。这条道路以全新的相处模式超越了西方走侵略、霸权的现代化之路，有力驳斥了西方所谓的中国崛起"强国必霸"的威胁论。

（三）秉承新合作观以迈向合作共赢

西方现代化奉行的是"西方中心主义"观，将现代化的发展模式设置为唯一的现代化样板，其他国家都得遵从这个样板来进行现代化。这种西方现代化发展模式其实就是典型的"中心—外围"（Core and Periphery）依附体系，"中心"是以美国为代表的西方资本主义国家，"外围"是后发现代化国家，他们的地位是不平等的，更谈不上合作共赢，并且后发现代化国家没有摆脱对西方国家的依附而实现独立自主发展。可以看出，这种现代化是只独占自己的发展成果，具有排他性的特质，其单赢、垄断、零和博弈的思维，体现在政治、经济等各个方面，

---

① 习近平. 习近平谈治国理政（第1卷）[M]. 北京：外文出版社，2008：247-248.

只会使世界发展越来越失衡。中国走的是与西方相反的现代化之路，合作共赢的主旋律始终在我国现代化道路上奏响，我们与世界许多国家建立了友好的合作伙伴关系，建立以相互尊重、公平正义、合作共赢为核心的新型国际关系。我们坚持发展自己也利他于人，中国努力扩大世界各国利益的交汇点，加强各国彼此之间的合作信任度，汇聚起世界各国合作共赢的最大公约数，尤其是帮助发展中国家提供更多的发展合作空间。我们与世界人民谋求合作、谋求共赢，持续扩大对外开放，建设开放型世界经济，欢迎搭乘中国现代化发展的便利车，共享发展成果，以双赢、共赢取代单赢、独霸。这是中国式现代化的格局和智慧，避免陷入"修昔底德陷阱"。

（四）秉承新文明观以增进文明互鉴

文明是人类摆脱原始的野蛮状态，走向启蒙、进化与发展的人文成果的总括，它是人类生存与发展所追求的共同目标，贯穿于人类历史的进程。由于西方国家带着意识形态和制度的偏见，他们将自己的文明看作至高无上的，代表着世界文明的典范。这种傲慢的姿态，就规制了人类文明之间变成了有高低之分、无法相处的境地，冷战结束后，塞缪尔·亨廷顿（Samuel Huntington）的"文明冲突论"的观点是，世界存在着七种文明，认为文明和文化差异性的国家之间可能产生疏远和敌对，不同文明的国家具有不相容性，儒家文明会是成为文明冲突尤其是对西方造成最大威胁的一种文明或文化。这种观点一经提出，立马甚嚣尘上，时至今日影响着人类文明的交流对话，实际上这是一种为资本主义固有的矛盾而辩护并且忽视人类文明的历史观的错误论调。

马克思的观点是世界多样性的统一：物质。因此，人类文明是多种多样的，文明因千姿百态、和谐共处而焕发无限魅力。自古就有郑和下西洋、利玛窦来华传教等文明交流事迹，深刻印证了文明因交流而多彩的道理。中华民族从古至今走的都是一条包容性发展的文明道路，底子里蕴含着亲、仁、合、善的文明理念，而不是一种威胁的文明，正如著名历史学家阿诺德·约瑟夫·汤因比（Arnold Joseph Toynbee）所指出的那样，中国是具有秉持和平主义和世界主义的唯一文明，其善于将各个民族协同联合起来，"中国肩负着不止给半个世界而且给整个世界带来政治统一与和平的命运。"① 在社会主义现代化建设中，中国秉承新型文明观，

① 池田大作，汤因比.展望二十一世纪——汤因比与池田大作对话录[M].荀春生，等译.北京：国际文化出版社，1985：289.

主张各国相互尊重、平等对待彼此之间的文明，抛弃优越感和傲慢姿态，共同进行多元文化交流，反对文明独霸，在众多领域搭建丰富的人文交流平台，促进青少年、民间团体等各类群体进行对话，开展文明交流对话大会以竭力消解各种误解，以文明交流超越文明隔阂，以文明互鉴超越文明冲突，以文明共存超越文明优越。同时，与时俱进的文明创新与发展，以求同存异的方式尊重人类文明多样性。中国式现代化道路所坚持的文明逻辑批驳了"文明冲突论"，为世界文明的发展作出了应有的贡献与努力。

（五）秉承新全球治理观以推动人类命运共同体建设

在马克思的论断中，人是一种对象性的存在物，通过诸多人之间共同从事生产活动以确证人自身的存在，其意味着人在其本质上是一种社会关系，是一种不可分割的系统关联与总体性存在。这正如著名社会学家阿克塞尔·霍耐特（Axel Honneth）所提出的"承认理论"，其中的主体间性是人与人之间形成的社会关系的共在，主体通过他人而得到和解并承认，主体间性是一种平等性、交互性与共生性的关系。换言之，人与人之间在现实生活中结成了命运与共的编织网。所以，生活在地球上的人类只有在相应的共同体中才能获得真正的自由，才能趋向于对面临现实问题的普遍性认同和提出具体可行的解决方案。在世界历史的场景中，人与人、国家与国家、民族间因生产力的发展与时代的进步而更加紧密交往与联系。与此同时，我们也处在世界百年未有之大变局里，既迎来全新的机遇，又面临着重大的现实挑战和风险，诸如气候变化、保护主义、局部地区冲突频发、霸凌主义等全球治理问题，给世界现代化的进程蒙上了一层阴影。

即使面对人类这种生存境遇中最坏的可能性，也远没有像《三体》书中关于宇宙级中的文明"零道德"那样的极端化，因为如黑格尔所提到的，地球文明的人类有着"抽象法""道德"与"伦理"的自由意志，我们有了国家制度、道德与伦理的"关系理性"，促使每个民族国家能够趋于联合团结以达到帕累托改善，从而实现和平、安全、信任共同发展的最好的可能性结果。因此，面临当今世界的治理难题和挑战，人类该怎么办？在中国式现代化道路上给出了最优解：构建人类命运共同体。中国主张共商共建共享的全球治理观，推动全球治理体系的全面变革，反对"单方独治"的陈旧治理思路，倡导世界各国团结起来协商以破解全球治理问题，秉承平等相待、公平正义、互利共赢的全新治理原则，扩大各国合作的共同利益点，汇聚世界人民实现发展的最大公约数，增强彼此之间的信任，引导国际秩序和治理体系朝着更为公平、更为可持续、更为普惠性和包容性的方向前进。"一带一路"倡议是人类命运共同体的实践平台，自提出和践行以来，已有160多个国家和国际组织参与了进来并获得了实实在在的利益和好处，增加了世界发展的机遇，实现了正面的"外溢效应"。中国在气候问题上也积极建言献策，提出了实现"碳达峰"和"碳中和"的愿景目标，同时积极参与联合国的维和行动任务，为维护地区和平稳定作出了贡献。总而言之，在社会主义现代化建设的道路上，我们以胸怀天下的大国情怀，以同情共感的伦理关怀和真切的实际行动，为世界现代化道路上治理赤字的化解提出了可行的思路并开创了世界现代化的崭新图景。

第二节 现代化道路的体制创新

进入新时代，我国生产力得到了大幅提升，社会主义主要矛盾发生了变化，由此推动了我国走向了高质量发展的阶段，同时面临一系列新挑战，尤其是供给与需求结构失衡、资本对社会资源的垄断等问题凸显。这对我国社会主义市场经济体制的健康发展提出了更高的要求。在推进中国式现代化的道路上，我国不断全面深化改革社会主义市场经济体制，扩充了基本经济制度的内涵，形成了以区间调控、相机调控等方式的宏观调控治理体系，加快建设现代化经济体系，深入推进国有企业改革，完善现代企业产权制度，建立更为严密的法治机制以规制资本的运行。这些重大的理论创造是对新时代以来道路实践的总结升华，也是对现实挑战的应对方案，进而更深程度地推动了市场化、现代化与社会化的历史进程。

一、完善基本经济制度与形成宏观调控新方式

基本经济制度是我国社会主义经济关系的制度反映，它关系到其他制度的发展方向。我们党始终重视对基本经济制度的不断完善与创新，从"包产到户"的农村经济改革到城市的经济体制改革，从单一所有制结构到多样化的所有制结构的社会主义经济制度，持续为社会主义现代化建设夯实雄厚的物质基础。如今我国正处在新时代的历史方位，经济发展呈现"新常态"的显著特征，经济由高

速增长转向中高速增长，经济结构持续优化，经济发展动力向效率创新驱动转变。我们逐步迈向了高质量发展的全新阶段，这就要求紧随社会经济发展的步伐而不断完善和创新我国社会主义的基本经济制度，以更好地满足人民的幸福生活的需求。

党的十九届四中全会指出："公有制为主体、多种所有制经济共同发展，按劳分配为主体、多种分配方式并存，社会主义市场经济体制等社会主义基本经济制度。"① 这是首次将按劳分配制度与社会主义市场经济体制纳入社会主义基本经济制度的范围内，将我国基本经济制度的内容进一步延展与丰富，扩展了所有制结构的形式多样性。一方面，将按劳分配制度作为我国基本经济制度的重要内容，体现了我们党对制度的充分重视，也表明了对中国特色社会主义政治经济学的规律认识达到了一个新的水平，是党和人民对经济制度的重大理论创新。分配虽依赖于生产，但也对生产起着制约作用。新时代以来，我国社会生产力得到了空前的发展，土地、资本、数据等各种生产要素不断丰富，意味着分配形式亟待更具多层次和丰富性，才能满足人民对美好生活的期盼。我们不断健全按劳分配的体制机制，重视多样化的要素参与分配和第三次分配，让各种分配形式都能够起到重要作用，人民在基本经济制度下享受到了更加丰富的分配成果，共同富裕蓝图更加显现。另一方面，将社会主义市场经济体制也归属于基本经济制度的组成部分，这说明了这种经济体制经过四十多年的发展，是经得起历史和人民的检验的，释放了我国经济发展的韧性与生机，是社会主义与市场有机结合的优势所在。新时代十年的成就离不开充满生机活力的社会主义市场经济体制，在以习近平同志为核心的党中央的指引下，社会主义市场经济体制的活力更加彰显，不断推进相关体制机制的深化改革，构建高水平的社会主义市场经济，加大对外开放力度，继续坚持"两个毫不动摇"，鼓励民营企业的发展，推进混合所有制经济的发展，将有效市场和有为政府更为紧密地结合，有效激发社会主义市场经济的全新活力，促进了企业市场主体的创新创造热情，以更高效、更高质量的发展方式推进了中国式现代化道路的发展。我国的基本经济制度在新时代下顺利地实现了所有制结构、生产、分配与市场机制的有机结合，构成了一个更为完善的整体，其中所有制是前提，保证了社会主义的性质，生产与分配促进了所有制实现形式的完善与丰富，而市场机制则是架构起它们发展的中介。这是新时代不断推

---

① 习近平．习近平谈治国理政（第 4 卷）[M]．北京：外文出版社，2022：217.

进我国经济实现现代化的重要制度体系，必须一以贯之，持之以恒。

政府的宏观调控方式是因我国现代化进程而不断调整和变更的，基本经济制度的完善与发展也离不开政府的作为。新时代以来，我国经济取得了重大进步，同时面临着增长速度换挡期、结构调整阵痛期以及前期刺激政策消化期的全新境况，而且还面临着百年大变局的世界局势，全球经济复苏乏力与经济增长潜力、发展动能不足等问题，给我国经济发展带来了更具不确定性的叠加因素。另外，我国经济进入了高质量发展阶段，更加注重提质增效，力求在动力、效率与质量上实现质的突破。因此，我们必须创新政府的宏观调控方式，才能给市场经济发展注入新的动力。党的十九届六中全会报告指出，"完善宏观经济治理，创新宏观调控思路和方式，增强宏观政策自主性"①。这阐明了新时代宏观调控方式转变的历史必然。其一，我们以区间调控的方式引导社会经济发展。新时代之前，总体上我国政府较为重视并片面追求 GDP 的高速增长，因此以每年确定的 GDP 增速作为衡量我国经济发展的核心指标。到了新时代，我们将经济增速的精确值换成区间的"预测值"，把重心放在了社会经济的效益和质量上，抛弃了单一的经济总量增长目标，换成"目标 + 区间"的调控模式，有效保证了宏观调控的持续性。其二，坚持相机调控与精准调控的全新调控方式，以稳中求进的政府工作基调有序促进社会经济的平稳运行。当前政府采用"大水漫灌"式的调控方式的经济效果已经出现了边际递减趋势，而且这种方式不具有针对性，容易造成政府调控资源的大量浪费。新时代以来，针对经济下行的巨大压力，我们采取了相机调控与精准调控，针对当前有较大困难的行业或企业以及重点领域有针对性地给予财政、货币、产业政策的扶持，确保精准发力。其三，以供给侧结构性改革作为新时代政府宏观调控的主线。供给与需求是社会经济运行的两个基本面，也是政府进行宏观调控的基本途径。在西方国家，资本主义有其自身的根本矛盾（资本与劳动的对立），资本需要无限积累，需要依赖于工人的消费，而工人的消费既受工资规律的限制，又受他们只有在能够为资本家带来利润时才能被雇佣的限制，其直接带来的结果就是消费的不足。而我国的人民能享有国家或集体的生产资料，不存在资本与劳动"二律背反"的矛盾，我们拥有巨大的消费潜力与动能。新时代我们存在供给与需求的结构性问题，经济运行的两端矛盾，但问题主要体

---

① 习近平．中共中央关于党的百年奋斗重大成就和历史经验的决议 [N]．人民日报，2021－11－17（1）．

现在供给侧结构上，尤其是实体经济自身、实体经济与金融以及实体经济与房地产之间存在重大的结构性失衡。所以，新时代的我国政府审时度势，将供给侧结构性改革作为调节社会经济的主攻手，深入推进"三去一降一补"，化解产能过剩，降低低端和无效供给，增加高端供给，加快产业转型升级，保持结构性因素与总量性因素的协调，激发国内市场需求，实现供给与思想需求的平衡互动，进而促成国内生产与国内积极消费、金融服务于实体经济的健康循环发展。"我们讲的供给侧结构性改革，既强调供给又关注需求，既突出发展社会生产力又注重完善生产关系，既发挥市场在资源配置中的决定性作用又更好发挥政府作用，既着眼当前又立足长远。"① 这与西方政府短期利益的宏观调控是根本不同的，这种宏观调控思路和方式的创新展现出了独特的中国智慧，较好地实现了稳增长、促改革、调结构、惠民生、防风险等多重目标之间的平衡，极大地推动了高质量发展的进程和社会主义现代化的建设。

二、立足新发展阶段建设现代化经济体系

马克思坚信共产主义实现的崇高目标，但他将其实现过程划分为若干发展阶段，即共产主义的初级阶段（社会主义社会）与高级阶段（未来社会），坚持长远理想与近期理想的有机结合。中国共产党人承袭了马克思的社会发展阶段论，将实现民族复兴与现代化建设划分成一个个小阶段，以此凸显战略目标的可及性和清晰性。习近平总书记提出的新发展阶段，既是基于马克思主义发展阶段论的创新发展，也是厚植于我们党带领人民逐步实现从站起来、富起来到强起来的历史发展的新定位，更是从我国已具备雄厚的条件基础出发而作出的全新判断。在百年一以贯之的社会主义现代化建设中，"我们党对全面建设社会主义现代化国家在认识上不断深入、在战略上不断成熟、在实践上不断丰富，加速了我国现代化发展进程，为新发展阶段全面建设社会主义现代化国家奠定了实践基础、理论基础、制度基础"。② 新发展阶段既是社会主义初级阶段的一个阶段，也是我国新时代中的重要阶段，关键它又是我国迈向高质量发展之路与第二个百年奋斗目标新征程上的前提与必然要求。这个全新的发展阶段规定了我们必须有全新的理念做行动指导，即创新、协调、绿色、开放、共享的新发展理念。而构建以国内

---

① 习近平. 论全面深化改革 [M]. 北京：中央文献出版社，2018：240.
② 习近平. 论把握新发展阶段、贯彻新发展理念、构建新发展格局 [M]. 北京：中央文献出版社，2021：8.

大循环为主体、国内国际双循环互相促进的新发展格局，它是我国新发展阶段的必然要求，也是应对以美国为首的西方国家对我国进行"脱钩断链"、贸易保护主义的现实举措，同时是我国长期的"两头在外"转向"以内需为主，内外联动"以实现供需平衡的战略抉择。内需始终是推动我国经济现代化的重要引擎，受 2008 年国际金融危机的冲击，我国对外贸易依存度有逐渐下降趋势，2018 年对外出口依存度为 14.51%（来自《中国贸易外经统计年鉴》），而我国的内需则日趋增长，消费支出对 GDP 的贡献超过了 50%。新发展格局也是推动我国经济实现现代化与高质量发展，进而赢得主动权和国际优势的路径抓手。以国内大循环为主体，意味着要以供给侧结构性改革为主线，培育完善的内需体系，实现生产、分配、流通、消费立足在国内市场的基点上，形成需求牵引供给、供给创造需求的更高水平的动态平衡，同时要坚持对外开放，利用好国际市场，实现可持续发展。总之，新发展阶段带来的机遇与挑战、新发展理念的先导以及畅通国民经济循环的新发展格局，使我国经济现代化呈现了新特征：更高质量、更可持续、更安全、更稳定与更高效益，也将现代化道路带向了新的发展坐标。

由此可见，新发展阶段、新发展理念与新发展格局的内在规定导向了建设高质量的现代化经济体系，这也是现代化道路推向前进的现实必然。经济的现代化决定着其他维度的现代化，推动现代化经济体系建设，其本质上是微观主体、市场机制与政府三者的动态磨合过程，它能够为我国推进现代化建设提供经济保障。推进现代化经济体系建设需要市场来带动，社会主义市场经济本身是汇聚价格、供求、竞争各种要件而对资源进行高效配置的一种体制，现代化经济体系是集各层面的有机总体，包含产业体系、市场体系、绿色发展体系、全面开放体系等内容，而市场对现代化经济的运行过程起着调配的作用，有效的市场机制在资源配置方面的高效率意味着建设现代化经济体系的过程，就是充分发挥市场对资源起决定性作用的过程。所以，现代化经济体系应以市场为导向而进行建设。

在新时代现代化道路的延展与拓新过程中，我国创造性地提出了要建设与现代化道路相匹配的现代化经济体系。其一，以高质量发展和增进人民美好生活为目的，构建"实体经济＋科技创新＋现代金融＋人力资源"的现代产业体系与布局，以实体经济为基础，以科技创新为动力，以现代金融为辅助，以人力资源为主体，由此协同并进，"牢牢把握制度保障，构建市场机制有效、微观主体有活力、宏观调控有度的经济体制"①。其二，加快实体经济的发展，构筑现代化经济体系的地基。新时代以来，我们党高度重视实体经济的发展，将其他一切经济活动聚拢并为其服务，凸显实体经济的极端重要性，加大人工智能、资本、互联网等各种生产要素走向实体经济，以显现实体经济在国家发展中的根本地位。其三，实施创新驱动发展战略，为我国现代化经济体系的推进提供科技保障。创新是我国走在现代化前列的重要手段，我们不断加强对人才的培育，加大对重大科技领域的投入力度，力争建设科技强国与人才强国，形成创新驱动现代化经济发展的全新模式。其四，努力缩小城乡与区域发展差距，构建城乡融合机制和区域协调发展体制机制。推动市场体制导向农村经济发展，完善土地经营制度，推动农业农村现代化。加快建设东西南北协调发展的新格局，经济好的区域帮助欠发达地区，增强现代化经济体系的空间张力。要建构区域协调发展新格局，加强东西南北、粤港澳大湾区、长三角、京津冀的对话与交流合作，形成全区域良性互动与协调发展。其五，加大对外开放力度，构建高水平对外开放体制机制。对外开放始终是我们一贯坚持的方针，要以国内大循环吸引全球资源要素，增强国内国际两个市场两种资源联动效应，提升贸易投资合作质量和水平。坚持"引进来"与"走出去"有机结合，深入推进"一带一路"建设，加快自贸区建设，培育对外竞争优势，发挥我国资源禀赋优势，加强各地区的生产要素流动与资源的有效配置，破除国内外合作壁垒，进行产业链重塑与立新，培育优质和潜力的国内市场，吸引外国企业来进行合作与投资。

三、深化国有企业改革与完善现代企业产权制度

经济体制的深入推进不仅涉及基本经济制度、宏观调控方式的改进等方面，它还关涉国有企业与现代企业产权制度的改革。换言之，深化国有资本、国有企业、产权制度的改革是构建高水平社会主义市场经济体制的重要内容。国有企业顺畅发展、现代企业产权制度权责清晰，社会主义市场经济的发展才会更可持续、更有活力。

传统的西方经济学观点认为，国有企业只存在于公共领域中，且不能参与市场利润的获取活动，真正获利的只有市场的企业主体才有权利。而处在社会主义初级阶段的中国，坚持马克思所有制的观点，以公有制为基础，并不断创新公

---

① 习近平．论全面深化改革 [M]. 北京：中央文献出版社，2018：357.

有制的实现形式，将社会主义与市场经济糅合在一起，突破了传统的理论观点。进入新时代，我们推进了国有企业的深度改革，党的十八届三中全会报告指出，"国有资本、集体资本、非公有资本等交叉持股、相互融合的混合所有制经济，是基本经济制度的重要实现形式"。① 第一次提出了要发展混合所有制经济，积极引导国有资本与其他资本进行股份合作，有效扭转了国有资产的过度亏损和流失状况，让国有企业参与市场经济活动，更进一步成为自负盈亏的真正企业主体，促进了市场要素在国有资本和国有企业中的自由配置和流动。非公有制资本具有创新效率、增进民生就业等优势，是国有资本的补充，而国有资本在社会化生产、公共基础设施建设等方面具有显著优势。因此，将国有资本、集体资本与非公资本相互融合，能够实现良性互补与竞争合作，形成市场主体的多元化。党的二十大报告指出，"深化国资国企改革，加快国有经济布局优化和结构调整，推动国有资本和国有企业做强做优做大，提升企业核心竞争力"。② 推动国资国企改革，不仅要使公有资产在量上有优势，更重要的是保持质上的领先地位，破除陈旧的体制机制障碍，如"官本位"思想，有效监督国有企业经营与国有资本的使用，防止垄断现象发生，要进行政企分开、政资分离，加快国有企业的转型升级，推动国有资本投向关键核心领域以及民生、国家安全等重要的行业，规范国有资本的经营，建立相应的规范体制机制，引导国有资本和国有企业朝着国计民生的方向发展，从而增强其控制力、影响力和活力。

现代企业的产权制度也是社会主义市场经济体制所关注的重要内容。马克思指出，"分工发展的各个不同阶段，同时也就是所有制的各种不同形式"。"所有制是对他人劳动力的支配。"③ 即所有制是社会发展的经济制度安排，而他人劳动力的对象化结果实际上就是财产。因此，所有制就是对社会财产的占有和支配。在市场经济的运行中，商品的交换其实就是商品所有权的让渡，这就必须明确赋予产权规定，以保证市场主体的合法公平竞争。产权制度是服务于市场经济的，它是市场经济进行生产要素优化组合配置与提高市场运行效率的关键所在。

进入新时代以来，我国社会主义市场经济体制更加成熟和定型，但也面临着一些困境，尤其是产权制度仍存在产权界定不清晰、政资不分、国有企业发展

---

① 中共中央文献研究室.党的十八大以来重要文献选编（上）[M].北京：中央文献出版社，2014：515.
② 习近平.高举中国特色社会主义伟大旗帜为全面建设社会主义现代化国家而团结奋斗——在中国共产党第二十次全国代表大会上的报告[M].北京：人民出版社，2022：29.
③ 马克思恩格斯文集（第1卷）[M].北京：人民出版社，2009：521，536.

内生动力不足等问题。厉以宁提出了"非均衡的中国经济论"，他指出我国经济发展仍处于非均衡的第二类，即市场不完善以及缺乏企业利益约束与预算约束。它最突出的特征就是企业没有脱离政府而成为其附属，不能真正成为独立的经营主体并进行自负盈亏。那么，经济体制改革实现向质的突破的根本性举措就在于，要推进企业体制改革，让企业能成为独立的经济活动主体，进行自主定价，以便能够正确接受价格信号而调整市场的供给与需求关系，避免资源配置扭曲。很显然，我国经济体制仍存在一些难题，所以，我们不断推进产权制度改革以建立现代企业产权制度。其一，发展股份制合作模式，扩宽产权主体，以市场机制来调节产权关系。股份制是社会化生产的重要途径，能够快速集中资源和生产要素，推进国有企业、民营企业、私营企业等市场主体进行股份合作，将国有资本与非公有资本进行多元融合以发展混合股份制，同时支持有条件的个体进行持股，增加个人财产收入。其二，进一步明确产权责任界限，厘清产权关系，推动国有企业建立现代企业制度，实行政企分开，依法保护各类产权主体。其三，健全公司法人治理机制，设立董事会、监事会等公司组织机构，以规范产权制度的全过程。其四，不断完善产权交易和顺畅的流转制度，建立统一大市场，完善要素市场化，推动形成规范、统一、开放的各类市场运作体系。其四，加强法律法规建设，形成对国有资本以及非公有资本的全方位监督，防止排他性产权的"搭便车"现象出现。同时优化企业的经营市场环境，据 2020 年世界银行的全球营商环境报告显示，我国的营商环境得分为 77.9，排在了世界第 31 名。我们要继续推进营商环境的整顿与优化，创造更好、更优惠的条件，吸引更多的企业来投资办厂，从而激发市场经济的活力。我们也要营造诚信、公平、合作的良好产权运作氛围，建立分级的绩效考核评价体系与奖励激励体系，激发各类企业主体的营商热情。随着现代企业产权制度的各种措施的完善，越来越多非公有制企业活跃在市场上。总之，我们通过不断完善企业产权制度，建立中国特色现代企业制度，充分发挥各类市场主体的创新精神、责任意识以及经营活力，让企业成为真正的市场主体，进而推动现代化道路的高质量发展。

四、健全法治机制以规范资本的有序健康发展

资本这一范畴是《资本论》的核心主线，它是一种特定的社会生产关系。马克思认为，与商品流通公式 W—G—W 所不同的是，货币流通公式 G—W—G'

始极终极都是货币，但是 G'=G+△G，终极的货币要大于始极的货币。换言之，它在原来预付货币的基础上加上了一个增加额，即剩余价值。这种作为资本的货币并没有在一次流通中就退出，而是无限循环以便能够不断实现增殖，作为货币持有者的资本家成为人格化的资本执行职能，所以，资本家的目的也不是取得一次利润，而只是谋取利润的无休止的运动。这种绝对的致富欲，这种价值追逐狂，是资本家和货币储藏者所共有的。正是通过对资本总公式 G—W—G' 的分析，马克思揭露了资本的本性在于无休止地追求剩余价值。一方面，资本的本性驱使它突破时空疆界，促进社会生产力和科学技术的发展，带来普遍性的世界交往，创造丰富的社会关系以及更高级的新形态的各种要素。另一方面，资本的增殖是以占有工人的剩余劳动为源泉的，造成了资本与劳动的尖锐对立，招致了资本家极端富裕而工人极端贫困的两极分化的境地。

改革开放以来，我国引入了市场经济，就必然有了资本的存在，但是与西方现代化国家将资本中心化不同的是，我国将资本视为一种生产要素，资本是为人民服务的，只是作为手段而不是目的，人民成为驾驭资本的主体，而不是资本剥削的对象。一方面，资本有着文明面和巨大的作用，因此我国充分利用资本的驱动力发展社会生产力，建立和发展市场经济。另一方面，资本的扩张性、剥削性和内在矛盾决定了我国在不断超越西方现代化，走中国特色社会主义现代化道路，采用以公有制为主体、各种经济形式共同发展的社会主义市场经济体制，用社会主义力量制约资本，将其纳入有利于全社会利益的轨道。在 21 世纪的今天，资本的形态发生了前所未有的变化，形成了以金融资本、数字资本为主导的全新资本形式，加速世界紧密联系的同时，它以更隐秘、更大范围的方式榨取剩余价值，需要更加警惕资本并加以防范。我国实行的是社会主义制度，但由于资本的存在，它有着强大的力量，易造成资本的肆意扩展、牟取暴利等局部的重要因素。因此，我国尤其重视对资本的规制。新时代以来，习近平指出，规范与引导资本涉及经济问题、政治问题、实践问题与理论问题的多方面，关系到了高质量发展、共同富裕与社会的稳定。在资本作为社会主义经济的生产要素中，我国不断健全法治机制、建立法治市场，以规范资本的有序健康发展。一方面，为资本设立"红绿灯"，健全完备的资本规范法律制度体系，要健全资本发展的法律制度，形成框架完整、逻辑清晰、制度完备的规则体系。严格把控资本市场的准入，完善资本市场的行为制度规则，严厉打击利用各种资本获取垄断地位与不正当的行为，加强对反垄断、反天价、反暴力等各种不正当行为的监管与惩罚力度。另一方面，完善现代产权制度，坚持统一市场、平等竞争、保护产权、有力监管的准则，营造各类资本有序平等竞争的市场条件。同时要健全资本的监管机制，坚决打击权力寻租的资本腐败行为，深化资本的监管机制改革，建立事前、事中与事后的全方位资本监督体系，提高资本监管的现代化水平，加强对金融、外资等方面的综合监管，落实资本监管的属地责任，努力做到依法、科学、精准、有效地监管，防止系统性金融风险的发生。总之，通过持续完善、规范资本的法治体系，建立现代法治市场，禁止资本的无序扩张，使资本有序健康发展，服务实体经济与全体人民。

第三章 现代化的文化动力

第一节 现代化的文化动力概述

一、文化动力及特征

（一）文化动力的含义

文化动力是文化促进社会发展的主要进步力量，它以不同的形式来推动国家的进步和发展。党的十八大以来，习近平总书记从不同的角度论述了文化力量，这些不同形式的文化动力也在不同的角度发挥着不同的作用。文化的经济生产力、环境保护力、思想引领力、教育培养力等都以其强大的力量影响着人类发展的进步速度与进步方向。

1. 经济生产力

文化通过其独特的渗透力来促进经济高质量发展、生产力大幅提高。从历史的脉络看，工业革命常发生在文化交汇的聚集地，文化的交汇促进了人类思想的活跃程度，文化在指导人类社会生活实践上起到了重要作用：人类从奴隶社会到封建社会、从自己劳动到使用工具……有了文化的渗透，人类逐渐开始掌握技术，生产力大幅提升。人类社会的快速发展，主要在于文化的传播提升了人民群众的综合素质，进而影响了科学技术的运用，高素质的人民群众与高质量的科学技术相结合，使得国家的综合实力稳步向前。同时，一个国家的经济发展也反作用于文化的进步，经济与文化在一个国家相互联系、相互作用。

2. 环境保护力

无论是文化的传播还是环境的保护力，人类掌握了科学文化，了解了环境对于人类社会的重要作用，才会加大环境保护力度。在奴隶社会和封建社会，人类由于文化水平的限制，对于环境的状态疏于保护，在做任何事情的时候都是以环境为牺牲的资本，这也造成了古代人类在大自然的"报复"面前，只会依靠于神灵的帮助，而不是反思人类自身的活动已经为大自然带来了伤害。随着人类社会的进步，文化的逐步普及，人类意识到环境保护的重要性，于是在科学技术的带领下、在保护环境的前提下发展经济，同时运用先进的发展理念来塑造绿水青山。

3. 思想引领力

文化通过理想信念、价值观、教育等方式作用于人类的思想境界，不同的时代有着不同的思想引领力。在新时代的中国，文化正是通过习近平新时代中国特色社会主义思想来引领全国人民发出心灵的共鸣，用社会主义核心价值观来规范国家、社会、公民，为中华民族伟大复兴而凝心聚力。文化通过思想的传播，引领人民群众树立正确的人生观和价值观，对道德和情感有着新的认识，对人生的前途有着新的规划，让人民群众心往一处想、劲往一处使。

4. 教育培养力

文化通过教育的培养手段，传播知识的力量，教育既是文化的传播手段，也是文化的传播载体。文化通过教育来培养人的综合素质，培养全面发展的人，这既是国家发展的需要，也是马克思关于共产主义的最终目标。通过教育的方式来培养人才，是最有效和最直接的方法，文化在教育中深深固化，在受教育者的头脑中，为人才的培养提供有力的支持，规范着人类不断进步。

（二）文化动力的特征

文化动力在人类社会发展中的功能作用不尽相同，且有着不同的特征，即形式多样性、时代独立性、目的明确性、发展永恒性。

1. 形式多样性

文化作为力量来推动社会的发展，其表现形式是多种多样的，既有无形的也有有形的。当文化作用于科学技术上，它的表现形式就是有形的，文化的力量推动了科学技术的提高，造就了社会化生产，大幅提升了社会生产力；当文化以民族精神、意识形态等方式展现出来，它的表现形式就是无形的。有形的表现形式起到的作用往往是快速的、直接的，而无形的表现形式起到的作用往往是缓慢的、间接的。但就其对社会发展的影响来看，有形的表现形式对社会发展的影响是短暂的，而无形的表现形式对社会发展的影响则是深远的。

2. 时代独立性

文化作为力量来发挥作用，其具有时代独立性，不同时代的文化发挥的作用也不尽相同。当社会发展与当前文化层次相匹配，那么文化就会和社会共同发展；当社会发展不匹配于当前文化层次，那么文化就会对社会发展产生不利影响。当前社会的发展程度同样影响着文化的发展程度，农耕时代创造了农耕文化、工业时代创造了工业文化、信息时代创造了信息文化。所以事实证明，文化与其所处的时代背景相关，但是又具有时代独立性。

3. 目的明确性

文化是人类活动的产物，是人类通过社会实践产生的，因此文化的目的是人民群众的实际利益。文化的发展要始终围绕人民群众，要为民主而生、解民生之忧。人民群众创造了文化，文化又推进了人类社会的进步与发展，二者相互依存、相互作用。所以，文化的发展要将人民群众的生活福祉作为出发点与落脚点，文化要满足人民群众的价值需要，才能够不断为人类社会创造进步的阶梯。

4. 发展永恒性

文化的发展离不开人类的社会实践，人类社会的发展与文化又有着莫大的联系。文化在发展的过程中，不断汲取外来优秀文化，同时又与当前社会相匹配，以此来促进人类社会不断进步。因为，人类社会的发展是呈现阶梯式的道路，也许在这个道路上会有曲折，但最终的方向是从低等社会到高等社会不断延伸，文化在社会发展中不断促进社会进步，不断促进人与人、人与自然、人与社会的和谐稳定，因此文化的发展具有永恒性的特点。

二、现代化与文化动力共生及互动关系

（一）文化动力是现代化的重要推动力

文化动力在我国现代化进程中起到了重要的作用，无论是显性的力量对现代化的作用还是隐形的力量对现代化的作用，都保证了我国现代化的发展轨迹始终朝着正确的方向：市场经济文化对其产生保护力、传统文化对其产生驱动力。

1. 社会主义市场经济的"扬弃"是中国式现代化的保护力

当今世界经济全球化发展迅速，社会主义市场经济的发展改变了中国社会的发展趋势，使得我国综合实力大幅提升，稳居世界第二大经济体。在原来的计划经济时代，我国发展落后于世界平均水平，邓小平同志提出的中国特色社会主

义市场经济体制，既符合当时时代的发展要求，也符合当时中国的具体国情。中国的市场经济必须根植于现代化的发展道路，必须造福于中国人民，必须为民生解忧。但是在新的市场经济发展阶段，在与文化相结合的过程中，只是简单地让市场经济生硬地与中国文化连接在一起，并没有发挥中国文化的特色优势，所以社会主义市场经济文化必须具有"扬弃"的方式才能为中国式现代化保驾护航。让市场经济文化走出来与国外的先进文化产业相结合，让文化融入生产生活中，但是在社会市场经济文化走出来的同时更应该结合中国传统文化的特色，讲好中国故事、传播好中国声音。让文化成为市场经济发展的一部分，通过文化电影、文化综艺等文化产品牢牢抓住市场经济的需求端，为中国式现代化的发展提供充足的经济保障力。

2. 传统文化中的爱国主义和集体主义是现代化的驱动力

在发展中国式现代化的进程中，爱国主义和集体主义是重要组成部分。因为经济全球化的原因，人情的淡漠和人间的冷漠使得这个世界做什么事情都只是考虑金钱和利润，从而忘记了人世间的真善美。中国的发展历经几千年，是世界上仅存的几个文明古国之一，原因在于我们中国无论在什么时候都没有忘记爱国主义和集体主义，同时市场经济的发展也依赖于爱国主义和集体主义的环境。只有人民心中拥有爱国主义和集体主义，我们这个国家才能勇敢地面对在中国式现代化过程中的艰难险阻。例如，汶川地震、新冠疫情等，是靠我们全体人民才能取得今天来之不易的成果，在大是大非面前，在民族危亡之时，爱国主义和集体主义的驱动让革命先贤舍生忘死，心中只有国家利益，没有个人利益。

（二）现代化规范了文化力量的作用方式

中国式现代化是不同于世界其他国家的现代化，没有现成的例子可以借鉴，是独一无二的现代化，这也就规定着中国式现代化要立足于国情、不断进行实践探索。

1. 现代化规定着文化前进要立足于国情

世界各个国家的现代化都不尽相同，原因在于世界发展不平衡，每个国家的具体国情也都不一样，中国在推进现代化的过程中，文化要始终立足于中国国情。我国最大的国情是中国正处于并将长期处于社会主义初级阶段，文化的发展就要始终围绕这个最直接问题。"我们能够创造出人类历史上前无古人的发展成就，走出了正确道路是根本原因。"① 在过去的半殖民地半封建社会，我们中国人民进行了洋务运动、戊戌变法、辛亥革命，但是都没有改变中国的悲惨命运，原因就是我们没有立足于中国的实际情况，只是一味地模仿国外的方式，于是出现了"水土不服"的结果，历史和实践证明，只有将文化立足于中国的特殊国情下，才能够推进我国现代化的发展。文化在我国现代化的发展过程中，要将满足人民群众的文化需求作为目标，发展大众的、人民的、时代的文化，要让文化丰富人民群众的政治生活、精神生活，让人民群众充满文化自信，以昂扬的姿态来面对美好的生活。

2. 现代化规定着文化前进要不断进行实践探索

文化的前进方向要与我国现代化相契合，我国现代化的发展是根植于中国的特殊国情，这个特殊性就决定着发展文化要进行实践探索。中国从半殖民地半封建社会到新民主主义社会再到社会主义社会的发展道路，是世界上独一无二的发展道路，在世界上没有历史经验可以借鉴，中国共产党完全在自力更生、自主创新，带领人民群众走向共同富裕。中国在这些年创造的成就，如最大人口的脱贫、用改革开放四十多年的时间走完西方资本主义国家几百年的道路、成为世界第二大经济体，这些成就来之不易，我们在取得这些成就的同时，更应该善于总结取得成就的背后原因，为世界的发展提供中国智慧和中国力量。我国现代化的实践探索，是一条特殊性与一般性相结合的道路，文化的发展也应不断探索，逐渐成为人民群众喜闻乐见的文化，在当今世界经济利益至上的时代，抛弃人性的丑恶，大力弘扬人世间的真善美，随着时代的发展与时俱进，符合国际的潮流，摒弃不合时宜的旧俗礼节，让新颖的文化不断充实人民群众的心灵。在改革开放初期，由于当时的生产力低下，文化的指引是要求人们以经济利益为核心，目的是摆脱当时的贫穷境况；进入新时代以来，主要矛盾发生了改变，人民群众不再要求温饱问题，而是要求美好生活的祈愿，那么文化的发展就会以人民群众的精神建设为主要目的，要求人民群众思想积极向上，文艺生活丰富多彩，文化就要在这种实践的过程中不断探索。

---

① 中共中央文献研究室. 习近平关于实现中华民族伟大复兴的中国梦论述摘编 [M]. 北京：中央文献出版社，2013：28.

（三）现代化与文化动力的互动共生

文化作为力量来推动中国式现代化发展，就要将二者相互融合，才能实现中华民族伟大复兴。中国式现代化与传统文化相融合，是中华民族伟大复兴的根本；中国式现代化与民族文化相融合，是中华民族伟大复兴的灵魂。中华民族伟大复兴要立足于根本，才能不忘初心；要根植于灵魂，才能牢记使命。

1. 现代化与传统文化相融合

将现代化与传统文化相融合，是把中国的发展立足于传统文化。这是文化的基因，集中表达了中国几千年来的优良传统，不管国家如何发展，都要始终不忘本。中国文化的勤俭节约、爱好和平等是中华五千年来的文化精粹，反映了中国发展的光辉历史，这种价值的体现是现代化进程的安身立命之本，是未来国家发展的有力助推器，不管是现在还是在将来，这些文化精粹将永远伴随着发展的进程。传统文化还是现代化进程中的尺度标准，它将为我们在吸收外来文化时提供参考依据，是未来中国式现代化的鉴别器，它的文化精粹将与外来糟粕文化相互斗争，防止错误价值观的侵入。

2. 现代化与民族文化相融合

将现代化与民族文化相融合，是实现共同富裕的基本准则。我国的民族种类繁多，文化复杂多样，在现代化的进程中，要兼顾各个民族的不同风俗习惯，要让全国各族人民都能够分到蛋糕，共同富裕的道路上不能落下一个人。二者相结合就是在保证每个民族切身利益的前提下共同繁荣、共同发展，这样不仅能共享果实，还能促进国家和谐稳定。我国在面对少数民族的不同问题时，只有将现代化与民族文化相融合，才能不断促进各个民族和谐发展。在推进现代化进程中，国家的稳定和谐也是至关重要的，它能让国家的发展没有后顾之忧。

第二节 现代化文化动力的基本形态

我国的文化历史悠久、源远流长，在文化动力中将文化作为力量的一种表现形式，以其巨大的影响力来推动中国式现代化，习近平总书记对文化多次阐释，在治国理政中也提到文化要做好宣传，还要建立一系列的保障措施，以此来了解我国的发展根源和现实社会。文化中的理想信念、民族精神、传统文化、文学艺术及科学技术将为马克思主义中国化推动中华民族伟大复兴提供不竭动力。

一、理想信念的力量

理想信念是价值体系的树立标准，理想信念是人类精神层面的支撑，正是有了理想信念，我们才能树立正确的价值观。中国式现代化的精神动力将理想信念作为共产党人安身立命的根本，为中国共产党带领全国各族人民实现中华民族伟大复兴提供精神力量；理想信念还为青年人提供正确的方向指引。

（一）理想信念是共产党人安身立命的凝聚力

中国共产党人从中国共产党创立的那天起，就将全心全意为人民服务作为宗旨，如今已经建党百年，这种理想信念仍然刻在每一个共产党人心中。在最近几年的疫情面前、洪水面前，我们每一个共产党人都始终冲锋在前，不惧危险，最大限度地挽救了人民生命安全和财产安全，他们心中没有自己的个人利益，做的每一件事都是为了人民。这种理想信念就是中国共产党人精神上的"钙"，如果缺少了这种"钙"，中国共产党人就会得"软骨病"。在新时代中国的进程中，许多的领导干部丧失了理想信念，对马克思主义产生了怀疑，所以新时代的任务就是加强理想信念的重新根植，以此来加强中国共产党人的政治定力、立场坚定力，对那些已经丧失理想信念的领导干部，在处罚之前先学习党规党章，回忆自己的入党誓词，以此来达到警醒的作用。

（二）理想信念是青年人正确方向的指引力

"广大青年一定要坚定理想信念。"[①] 新时代的青年要有理想、有担当，正确的理想信念有助于培养新时代青年的正确人生观，坚定的理想信念可以锻炼青年人的坚强意志。未来国家的希望寄托于青年，磨炼和挑战将是人生的必修课，只有坚定的理想信念才是战胜自己的法宝，否则在困难面前，青年人将无法面对。新时代正是思想活跃、百家争鸣的时代，很多的不良社会思潮接踵而来，拜金主义、浮夸作风都是影响青年的"利剑"，青年只有在理想信念的指引下才能有正确的方向，正确的价值观将是青年未来发展的行为准则，它能够让青年作出正确的判断，摆脱不良之风，为新时代中国发展提供接续力量。正如习近平总书记论述的那样，"扣好人生的第一粒扣子"，才能保证青少年正确的价值取向。

---

① 高云崇，秦春贺，蒙晓影.博读大学 [M].哈尔滨：哈尔滨工程大学出版社，2014：43.

二、民族精神的力量

民族精神是德化教育的重要力量，精神是一个民族经过长期发展的结果，是支撑民族和国家凝心聚力、传承教育的核心力量。以爱国主义为核心的民族精神是传承文化、构筑民族认同和维护社会稳定的坚强力量，只有确立了中华民族共同意识，才能在实现社会主义现代化的道路上不断凝聚民族力量，民族精神的教育才能发挥无穷的作用。

（一）民族精神是传承人民文化的载体

文化是历经多年才得以传承的，是通过民族精神不断发展的。民族精神作为文化传承的载体，既可以传播文化，也可以对文化进行甄别，伴随着历史的发展，那些文化糟粕被抛弃，文化精华得以保存并流传于后世。中国要建设社会主义文化强国，就要坚定文化自信，引领文化具有人民性、大众性，使得文化的发展符合人民群众的需求；建设社会主义文化强国，民族精神就要融入社会主义文化中，让民族精神提升人民对于社会发展的敏锐力，时刻了解当代国情，牢记我们国家的发展历史，不忘初心，方得始终。民族精神的甄别力是文化进步的先决条件，是人们对待文化反思比较的基础，只有在文化中注入民族精神，才能更好地对待外来文化，取其精华，去其糟粕。用民族精神作为判断，吸收外来优秀文化，而且还要使文化中国化，用民族精神给予外来文化扎根中国的土壤，让外来文化不断朝着人民幸福的方向发展。文化的传承只有在民族精神的载体上才能坚定理想信念，避免人民群众文化过于自大或者妄自菲薄，民族精神增强了文化的号召力、凝聚力，为社会主义建设提供燃料。

（二）民族精神是强化民族认同的基础

我国是一个多民族的国家，民族团结对于国家发展至关重要，56 个民族生活习惯不同、方式不同、个性多元，只有伟大的民族精神才能凝聚各个民族的心。促进多民族共同繁荣一直是我们国家的重要任务，国家统筹规划，以民族精神统领各个民族的思想，面对各个民族的差异，让民族精神成为核心，使得各个民族之间都能够和谐相处，引领多个民族世界观、人生观、价值观的一致，为正确处理民族问题提供正确的方针、路线。以爱国主义为核心的民族精神为民族共同繁荣指明了道路，它引领各个民族团结统一，一致对外，那些反对国家统一、鼓吹和平演变的思潮一直都在中国的上空盘旋，民族精神的力量不断影响着国家，使得全国各族人民能够与不良思潮作斗争，维护民族团结，国家统一。当前，我国正处于全面建设社会主义强国的关键时期，国内风险和国际风险接踵而至，要大力弘扬民族精神，指引正确的思想道路，实现大范围的民族动员，解决社会矛盾和世界风险，以巨大的民族凝聚力来面对世界百年未有之大变局。民族精神还深深地影响着国家政策的制定，在考虑到我们国家的复杂情况，国家的政策能够在最大限度地维护各民族之间的利益，在保证国家利益合理化的同时保障各个民族之间的民族利益，各个民族共享社会主义发展带来的成果。

（三）民族精神是维护社会稳定的保障

我国的人口众多，地域广阔，各地区的风俗习惯都各有差异，这也在维护社会稳定方面造成巨大的阻力。历经岁月的发展，民族精神通过强大的维稳力来确保社会的稳定，通过强大的传播力来使人民群众了解当今社会发展来之不易，认识到只有稳定的、和谐的社会才是促进人类不断进步的根本。以爱国主义为核心的民族精神是社会平稳进步的定海神针，它通过调节社会发展趋势、健全人类心理世界、传播当今舆论导向等方式维护社会稳定。人民群众内心的真善美被民族精神引导，矛盾的产生随即也会被这种精神吹散，人与人之间相互信任，通力合作，从而构建和谐社会。历史和实践也充分证明，一个具有统一民族精神的社会是繁荣向上的。澶渊之盟的签订，使得大宋军民团结一心，民族精神空前高涨，既保证了国家的安定团结，也使社会繁荣稳定的发展。人民有信仰，民族有希望，国家有力量，这句传遍大街小巷的话正是反映了当今社会的发展趋势，在民族精神的渲染下，社会平稳发展，人民群众安居乐业，国家欣欣向荣。

三、传统文化的力量

传统文化是中华民族的根植沃土，传统文化是中华民族几千年来流传的瑰宝，深刻把握传统文化所传递的精神，对我们不忘历史、砥砺前行具有深远意义。传统文化几千年的流传，是民族基因的传递，对于我们日常的道德具有规范意义，同样还可以维系我们的社会稳定，是我们国家发展的助推器。

（一）传统文化是民族基因的传递力量

传统文化在传递民族基因方面具有重要作用，正是有了传统文化，我们才可以了解到古代先贤的思想境界，明白我们作为青年一代要继往开来，不断发展。传统文化中爱国主义精神是重要的组成部分，这种爱国主义精神指导着我们要为中华民族伟大复兴而不断奋斗。杜甫的"国破山河在，城春草木深"为我们展现了一个国家的战乱时刻，让我们知道现如今的国家安定是多么的美好；宋江的"他日若遂凌云志，敢笑黄巢不丈夫"为我们展现了一个渴望实现人生抱负的英雄形象，激励着我们在日新月异的年代下应该奋勇向前，为梦想而不断奋斗；夸父逐日、精卫填海是我国传统文化的经典，激励着我们不管遇到多大的困难，都不能轻言放弃。正是因为有了传统文化，我们这个多民族国家才有了共识，促进了我国民族和谐稳定的发展，在面对外来入侵时，可以摒弃民族差异，一致对外，守护家园。中国的传统文化犹如一个黏合剂，将全国 56 个民族紧紧地黏在一起，同命运，共呼吸。

（二）传统文化是道德标杆的规范力量

传统文化的发展汇集了中国几千年的道德规范，是社会主义现代化国家建设的规范尺度。传统文化中的道德修养、人文精神、价值尺度是中国人民共同走向未来的行为准则。特别是道德修养层面，在人与人交流的时候，是我们解决现实问题的根本依据。十年树木，百年树人，一个人的成长成才离不开传统文化的滋养，成才的前提是要有道德修养，诚实守信是做人的前提，人无信不立，人类的发展若是没有诚信作为衡量尺度，将难以在人世间立足。道德修养与我国社会主义人文建设有着莫大的联系，人文建设要以道德修养为前提，道德修养要为人文建设提供坚实基础。要让以道德修养为核心的人文建设在整个国家、整个社会蔚然成风，形成良好的社会风气，让诚实守信内化于心，外化于行。同时还要加强青少年的道德修养建设，青少年是国家和民族的未来，让传统文化中的诚实守信引领青少年建立正确的世界观。

（三）传统文化是社会稳定的纽带力量

当今国际社会发展日新月异，国内社会也是关系复杂。中国历来就是一个爱好和平的国家，中国的传统文化历来主张包容、开放的态度，也正是这种主张，缓和了当今社会的矛盾冲突，维系了当今社会的和平发展，维护了国家的繁荣稳定。当面对国外一些文化思想传入中国时，中国的传统文化会对此进行甄别，秉持着和而不同的理念，对先进的外国文化进行吸收、融合，并加以利用；对于那些不良的社会思潮，也会坚决抵制。正是有了中国的传统文化，中国的社会才会不断进步，在吸收外来优秀文化的同时将其进行"中国化"，让它们成为中国人民喜闻乐见、浅显易懂的社会价值体系；也正是有了中国的传统文化，中国才能够逐步走向世界舞台的中央，成为世界和平的主要维护者。

四、文学艺术的力量

文学艺术是现实社会的反映，优秀的文艺作品是新时代文化动力的产物，它是以文学艺术的方式来诉说着人民群众的生活诉求，同时国家和社会也可以通过优秀的文艺作品来传递社会正能量、传播人世间的真善美。

（一）文学艺术是人民需要的反映力

人民需要文艺，现如今，中国的主要矛盾已经转化为人民群众对于美好生活的需要同不平衡、不充分发展之间的矛盾。我国现在是世界第二大经济体，已经走到了没有贫困的地步，不愁吃不愁穿已经有了保障，但问题也随之而来，即人民的精神生活也需要逐步提高，其中文学艺术是丰富人民群众精神世界的主要食粮。"问渠那得清如许？为有源头活水来。"文学艺术的创作要以人民群众为根基才能达到丰富人民群众精神生活的目的，人民群众的需要是文艺创作的最终目标，文学艺术的创作是为人民服务，要迎合人民群众的呼声，人民群众的满意程度是评判文学艺术创作的合格标准。同时，文学艺术还要反映人民群众的生活境况，要把文学艺术作为人民群众的生活写照，只有这样，文学艺术才能在新时代引起社会共鸣。文学艺术创作要深入人民群众的生活实践，只有在实践中才能更好地寻找创作源泉，实践的鲜活性和真实性是文学艺术创作的考量，只有在这个基础上创作出的文艺作品，才能更加贴切人民群众的真实生活。文艺源于生活，更高于生活。文学艺术的提高程度就是以实践性为标准，只有把握住这个标准，文学艺术的效果才能让人民群众信服，同时又能反映人民群众的需要。否则就是过分夸大或者表达得不够充分，以至于不能正确地反映人民群众的需要。

（二）文学艺术是现实社会的透视力

文学艺术作为丰富人民群众精神生活的一种工具，同时又是透视现实社会的一面镜子。文学艺术的创作是为了展现社会的发展境况，如《人民的名义》，这部文艺作品就是在党的十八大以来，以习近平同志为核心的党中央反腐倡廉的大环境下创作出来的影视作品，它让人民群众深深地了解党中央对于全面从严治党的决心，树立了党中央的光荣形象。通过文学艺术，可以了解现实社会的发展进程，以此了解社会所需、所想，国家的规划将文学艺术反映出来的问题作为今后发展的方向之一，为的就是更好地为人民服务，解人民之苦、排人民之忧。一个国家的发展好坏，可以通过文艺作品来判定，但是文艺作品也可以影响一个国家的发展进程和发展方向，它以改变人类思想的方式来影响国家社会的发展进程和发展方向，潜移默化、润物无声，但是作用的力量又很强大。我国现阶段正处于建成社会主义现代化强国的关键时期，一定要防止外来不良书籍、影视作品干扰我国的民族凝聚力、民族向心力，要善于吸收外来优秀书籍等文艺作品，以此来促进中国式现代化的进程。

（三）文学艺术是真善美的传递力

文学艺术以其巨大的影响力来作用于国家的发展和世界的格局，所以人民群众在创作文学艺术的过程中，一定要追求真善美，以此作为永恒价值。在当今世界百年未有之大变局的格局下，通过文学艺术来传递真善美，以达到净化心灵、美化世界的作用，让那些社会上悲观、充斥着黑暗的思想在阳光的照耀下无所遁形，在真善美的影响下，引领社会主义新风尚。通过文学艺术传递的真善美，可以使人民群众树立正确的人生观、世界观、价值观，让整个国家呈现一派繁华、欣欣向荣的景象，国家的凝聚力和民族的向心力正是在文学艺术的创作中得以提升，《我和我的祖国》这部应运而生的文艺作品在中华人民共和国成立七十周年的时候为国家献礼，为的就是提升国家凝聚力、提高民族自信心。讲好中国故事、传播好中国声音，通过文学艺术的方式，来展现中国以和为贵、命运共存的发展理念。在《习近平谈治国理政》系列丛书中，完美地展现了新时代国家发展的外交理念，传递了新时代中国谋求发展、互利共赢的发展格局。从历史的脉络看，那些能够流芳千古的文艺作品，无一不是充满真善美的哲理，都是借用文学艺术来传播正能量，教导这个世界的人类从善、和平发展……

五、科学技术的力量

科学技术是中国式现代化文化动力的重要组成部分，是国家未来竞争力的核心，对于国家未来和社会发展稳定具有不可磨灭的作用。在科学技术的引领下，更可以为国家吸引更多的优秀人才，人才的培养关乎国家的兴衰，是国家推进中国式现代化的必由之路。

（一）科学技术是国家竞争的核心力

现如今，国家竞争日益激烈，这些竞争体现在方方面面，包括经济实力的竞争、人才实力的竞争及军事实力的竞争，但在这些方面，无一例外都需要科学技术的支撑。科学技术可以使经济飞速发展、人才市场变得活跃、军事装备更加先进。深入理解科学技术在国家层面的历史地位，可以更好地贯彻习近平新时代中国特色社会主义思想关于国家富强的前进方向。

1. 经济实力是国家竞争的基础

新的工业革命到来，为我们实现中华民族伟大复兴提供了发展平台。在过去的几百年里，我们因为历史的原因错过了工业革命，导致国家走向半殖民地半封建社会，历史和实践也充分证明：只有掌握科学技术，才能牵住牛鼻子。科技的发展改变了我们传统的经济发展模式，高新技术产业的能量在经济结构中占主导地位。不仅如此，高新技术产业也同样解放了社会生产力，让更多的人民群众以多种渠道来进行物质交换，减少了时间上的浪费。科技的创新改变了我国经济的结构类型，不再以农业这种传统产业为主体，而是以航空航天、信息传媒等新兴技术产业为主要内容，许多的人民群众通过新型产业的发展，在同等的条件下获得更多的利润。我国还积极参与国际交流合作，高新技术产业的比拼越来越占据主导地位，现代金融和贸易的发展更依赖于科学技术，技术的合理化运用及高新技术产业的研发已经成为衡量一个国家发展水平的尺度，只有掌握了核心技术，才能以最少的代价获得最丰厚的经济效益。美国苹果公司在核心技术的支持下，利用我国廉价的劳动力，既减少了对本国环境的污染，又获得了苹果手机90%的利润，这样鲜明的例子证明了只有科学技术的强大，才能支撑国家始终站立在世界舞台中央。

2. 人才实力是国家竞争的核心

科学技术的发展对于人才的培养是至关重要的，在国际竞争激烈的全球化形势下，人才资源的利用已经成为国家的战略储备。科学技术推动了新的生产生活方式，这些新的改变极大地吸引了科技人才的思想解放，周而复始，就形成了一个良性循环。美国的硅谷是全世界顶尖人才的聚集地，在这个城市里面产生的社会效益远远超过多个国家，事实证明：人才的利用对于国家的战略安排具有高屋建瓴的作用，拥有大量的科学技术人才，是现在世界上各个国家的战略目标。人才的竞争在国际上是具有前瞻性的，因为人才的培养可以使这个国家发生质的改变，它通过思想的解放、新型工具的利用等使得国家和社会在逐步改变，由资本主义社会到共产主义社会正是在人才的领导下才得以完成，在共产主义社会，生产力的空前繁荣是以往任何一个社会形态都不能比拟的，人类社会的发展正是得益于人才对物质社会的解读才有了新的认知，整个人类社会是如此，更何况国际之间的竞争。人才通过丰富知识的掌握，可以准确预见未来国家发展将会面临什么样的问题、国际社会的发展趋势将会走向何方，国家对此作出相应的部署安排，这样才能够时刻紧跟世界的时代潮流，把握国际机遇，这在工业革命的发展历程中是极其重要的。

3. 军事实力是国家竞争的保障

通过鸦片战争，我们国人深切地感受到落后就要挨打，为此魏源提出"师夷长技以制夷"的战略目标。长技就是科学技术的学习，只有在军事武器上不落后于其他国家，我们才能得到长远发展。新时代军事发展将科学技术融入其中，炮弹的射速、准确性以及轰炸范围等都是由科技来掌握，不再是以前那种人力的军事，现代大规模的战争将是以科技为主导，通过消耗最小的人力来获得更大的利益，只有拥有核心技术，才能保卫国家领土安全，人民才能幸福安康。不仅如此，科学技术的创新将促进我国武器的推陈出新，随着时代的发展，那些落后的武器装备将逐渐被淘汰，取而代之的是新型尖端武器的闪亮登场，我国自主研发的东风导弹以其精确的打击和长远的射程在世界层面上鹤立鸡群，这不仅显著地提升了我国的国防力量，还提高了中国人在国际竞争中的底气。中国自古以来就是一个爱好和平的国家，但是也绝不允许别的国家对我们进行欺辱，军事力量的强大不仅是我国国际地位的有力支撑，更是我国维护世界和平的中坚力量，只有自己的军事力量足够强大，才能够有能力维护世界和平，实现人类命运共同体的伟大构想。科学技术从狭义层面来看，是国家军事实力的创新动力，从广义层面来看，是人类世界和平的助推器。

（二）科学技术是社会发展的保证力

科学技术在时代发展中，对社会进步的重要性不言而喻，它是社会变革的助推器，为社会实现产业结构优化、协调社会和谐稳定发挥了重要的作用。邓小平同志曾经论述科学技术是第一生产力，科学技术的地位又进一步得到提升，指明了在未来社会发展中，将依靠科学技术助力中华民族伟大复兴这个历史使命。

1. 科学技术推动社会生产力变革

我国是一个传统的农业型国家，在改革开放以前，仅仅是依靠农业和低层次的工业来维持社会发展，但仅仅是农业和工业，也是简单的物质交换，效率低下。随着改革开放的影响，将科学技术引进生产中，这极大地促进了资源配置的合理性，避免了产业浪费。科学技术在提高生产力的同时，解放了多余的劳动者，使得这些劳动者可以从事其他的物质生产，促进了劳动者生产的积极性。科学技术对于劳动者、劳动工具以及劳动对象的实践关系也作出了系统性的改革，让生产的产品不仅可以作为劳动成果来供应消费者消费，还可以作为生产资料来促进劳动者的再生产。科学技术还提高了劳动者的整体素质，让他们作为新型人才来进行创新研究，这不仅可以拓宽生产的渠道，还可以增加产品的多样性。劳动者一旦掌握了科学技术，就会产生巨大的力量。这些高科技人才善于利用和改进生产工具，极大地促进了生产力的发展，而且生产出来的产品质量良好，简单的物质交换将转化为高新技术的交流，这对于我们人类进行未来世界探索、缓解能源危机都具有革命性的突破。只有全世界各国的生产者齐心协力，才能应对未来地球的不确定因素，新型产品的研发、新能源的利用、新型生产方式的推广都依赖于科学技术的发展。

2. 科学技术推动社会产业结构优化

在我国社会发展迅速的同时，也带来了极大的隐患，特别是环境污染问题十分严重，对于产业结构的优化也刻不容缓。将科学技术融入产业结构的优化中，淘汰那些低劣产能，减少环境的污染。对于旧产业集群，用科学技术进行产业升级，可以极大地促进生产力发展。我国目前正在进行深化供给侧结构性改革，要求调整产业结构，生产匹配世界潮流的产品，跟随世界发展的步伐，时刻保持我国产业年轻化、先进化。深化供给侧结构性改革，"三去一降一补"就是为了减少生产的物质投入，以最少的社会投入获得最大的社会产能，以此来缓解当今世界能源不足、发展动力减弱的态势。科学技术将引领资源节约型、环境友好型工业集群的诞生，这将不再是那些传统粗放的生产模式，即使是工业生产的垃圾，也能够进行回收利用，既可以减少资源的消耗，还可以缓解大自然的自我修复压力。科学技术的研发加快了对新能源的利用，新能源汽车、磁悬浮列车、风能发电、太阳能发电等一系列绿色产品已经逐步成为人民群众的生活必需品，人们可以避免限号、汽油价格上涨等外部因素带来的压力，生活幸福指数有很大的提升。产业结构优化是科学技术在具体实践中的现实影响，对于人民、社会、国家以及全人类社会都有着现实意义。

3.科学技术推动社会稳定

科学技术为我们人类社会发展带来了新的认知，将公正、法治、文明等新思想引入人类大脑，促进社会稳定。在新思想的"入侵"中，人民群众不断对其产生更深层次的感悟，人类的意识在客观世界的影响下不断作出社会实践，社会公平、法规法律规范着整个社会的运行秩序，那些暴力、抢劫等社会现象将荡然无存。科学技术将这些新的认知带给人类社会，帮助人民群众进行"真、善、美"和"假、恶、丑"的辨别，为人类精神境界的提升与塑造增添助力。在科学技术引入文明思想的同时，也极大地鼓舞了人民群众与社会不良现象作斗争的勇气，人类秉着阳光执法、科学执法的态度，使得过去二十年的冤假错案得以平反，这不仅是对被诬陷者的人格尊重，更能显示社会主义法治社会为人民解忧、为公正扬帆的光辉形象。对于那些因犯错误受到处罚的人，科学技术以及新的思想将不断激励着他们进行改正，教化那些人做好事、积善德，重新塑造灵魂，促进社会和谐稳定、平稳发展。大力宣传科学技术模范标兵，把他们的光辉事迹发扬光大，号召全国各族人民努力学习他们这种为科技献身的革命精神，推动社会凝聚力的融合，让全体人民心往一处想、劲往一处使，为中华民族伟大复兴贡献自己的力量。

（三）科学技术是人才培养的支撑力

科学技术不仅在国家竞争和社会发展中起到重要的作用，更在人才培养中发挥着无可比拟的作用。科学技术对于人才的培养是从意识形态和物质手段两方面起作用，更是现阶段我国人才筑巢引凤的关键一招。

1.科学技术塑造人才的人生观

先进的人才是国家未来发展的希望，担负着国家民族命运的兴衰，人才的渊博知识是支撑人才的不竭动力，正确的人生观是人才发展的前提。科学技术的实施者是人才，先进的技术有助于人才全方位、多角度地了解人类社会发展以及环境保护等现实问题，特别是在党的十八大以来，习近平新时代中国特色社会主义思想让科学技术为人才培养了正确的人生观，塑造了人才要一心为国、任劳任怨、保护自然等积极向上的精神。

2. 科学技术是人才管理的重要手段

先进的科学技术通过人才的应用，可以优化管理方式，可以不断更新管理目标、协调各要素之间的配合方式，在危险困难面前集中最大优势，发挥人才与科技的力量。当今世界飞速发展，先进的管理水平可以让中国在世界舞台上逐步走向中央，同时先进的科学技术是提高管理水平的应有之义，它可以减少金钱、时间的不必要浪费，提高管理效率，优化人才的才能，使得各个方向的人才都能物尽其用，凸显现代化国家新型管理手段的巨大优势，保障人才、物质资源、思想文化动力等有条不紊地运行，促进和谐社会的无间隙运转。

3. 科学技术是人才吸收的试金石

科学技术的发展对于人才的引进是至关重要的，人才的引进程度是检验国家科学技术发展的试金石。美国的硅谷集合了全世界最高端的新兴科学技术，也是全世界高端人才的集聚地。科学技术需要高端人才的应用才能够发挥其主要价值；同理，高端人才也需要科学技术的平台来实现自己的理想，二者相辅相成，相互影响。在科学技术的帮助下，人才可以更好地了解人类社会的发展规律，对新时代如何提升国家综合实力有更准确的判断；科学技术以其高端性、科学性引领世界，但是科学技术的应用需要在高科技人才的操控下才能推动人类社会的发展。每年我国的人才远赴重洋，进行科学技术的学习，但是却只有很少的人回来，这对于我国科技发展是一个艰巨的挑战。

第三节　现代化文化动力的实践路径

现代化文化动力以其独特的形式影响着我国的发展，对于现阶段文化动力存在的问题，要充分发挥文化力量推动中国式现代化，使文化成为中国式现代化道路上的主要推动力；用社会主义核心价值观引领中国式现代化，让它成为国家、社会、人民的行为规范；将主流意识形态贯穿于中国式现代化全过程，为国家发展提供正确的方向；用文艺创作人民性和时代性为中国式现代化服务，不断巩固我国精神文明建设的成果；在科技创新中实现中国式现代化，用科学技术的力量解决现实问题。

一、充分发挥文化力量推动现代化

中国文化对外传播是促进国际认同的主要方式，要通过中国故事展现中国的历史积淀，通过中国声音提升中国文化的别样风采。在实践的过程中，要将党的全面领导和马克思主义指导思想作为首要前提，同时还要占领网络文化阵地，对网络文化阵地加以引导，满足人民日益增长的精神文化需求。

（一）坚持党的全面领导和马克思主义指导思想

在中国特色社会主义文化建设的关键时期，首先要坚持党的全面领导。中国共产党是中国特色社会主义的核心，也是中国特色社会主义最本质的特征，若是没有中国共产党的领导，中国特色社会主义文化建设将会失去方向。中国共产党对中国文化具有统领性的作用，在文化交锋的时候，中国共产党将给予文化崭新的动力。坚持马克思主义指导思想是题中应有之义，中国共产党是马克思主义政党，其目的是解放全人类和人的自由而全面发展，因此马克思主义指导思想将指导文化强国的建设始终是围绕人民群众而建立，为了丰富人民群众的精神文化需要而发展。"满足人民过上美好生活的新期待，必须提供丰富的精神食粮。"①在文化交流的过程中，要坚持以马克思主义指导思想为主，不断深入推进各国文化相互融合，让各国优秀文化"中国化"；在文化建设的过程中，要坚持党的全面领导，共同促进中国式现代化进程不断发展。从历史的发展轨迹来看，只有中国共产党的领导才有了中国革命的胜利，中国共产党不仅要带领人民群众推翻三座大山，更要带领中国人民走向富裕，最后是走向共产主义，这一系列过程都需要中国共产党的带领才能完成，只有中国共产党的领导，中国的各项事业才有正确的方向。

（二）发展文化事业和文化产业为人民服务

建立健全中国特色社会主义文化事业和文化产业，满足人民日益增长的美好生活需要是当务之急。因为在经过四十多年的改革开放进程中，我国的经济已经能满足人民群众的基本物质保障，但是精神文化层面与物质需求层面还没有协调。建立社区文化艺术长廊，让那些退休的老人能够在锻炼身体的同时享受精神文化的滋养；免费提供图书馆供人民群众学习；开放博物馆供大家研究。这些措施需要我们国家加大重视力度，让这些文化事业能够惠及千家万户。大力发展文

---

① 习近平. 习近平谈治国理政（第 3 卷）[M]. 北京：外文出版社，2020：34.

化产业制度链，让文化服务产品能够及时到达全国各族人民的手中，以文化产业推动经济社会健康发展。同时还要加大文化产业的投入，使之成为我国的经济支柱。在中国电影行业发展的同时，应该加大对中国影视行业的资金投入，鼓励导演进行丰富的社会实践，让那些影视作品来自人民群众的心声，只有这样，我们中国的影视行业才能取得长久的发展。同时，对我国的文化事业和文化产业建设要加大监督管理的力度，避免别有用心的人打着建设文化强国的帽子对我国国民的思想建设进行错误的引导。

（三）抢占网络文化阵地并加强政府引导

现如今是信息网络时代，互联网的飞速发展让网络成为文化传播的主要阵地，因此对于网络文化阵地，政府一定要占据高地。目前，西方的不良社会思潮正在以网络阵地为跳板，以此对我国的社会主义文化进行入侵，如抹黑马克思主义、鼓吹和平演变的思想。对此，我国政府应该以马克思主义思想进行严厉抨击，保护网络环境的干净、纯洁。还有的人民群众和一些国外网客在网络上发布一些积极的观点和正确的思想，对此，中国政府应该对这些思想进行引导，使它们成为马克思主义指导思想的有力助手，引导这些思想为社会主义建设服务。同时，我们国家还应该灵活运用网络文化阵地，大力宣传中华优秀传统文化，通过网络直播、群众参与等多种手段来争夺马克思主义文化的话语权，用马克思主义文化来提升人民群众内心的幸福感、满足感、获得感。许多人认为，网络是法外之地，可以随便发表各种言论，甚至是一些不正当言论，对此，我们的网络监管部门应该加大惩处力度，使我们的网络环境永远阳光、正气。

二、用社会主义核心价值观引领现代化

社会主义核心价值观是习近平新时代中国特色社会主义思想的具体体现，是全国各族人民凝心聚力的催化剂。因此，培育和践行社会主义核心价值观，是坚持和发展中国特色社会主义的重要方式。培育和践行社会主义核心价值观，需要通过文化宣传、教育引领、科学实践等多种方式，而且还需要沉淀积累，只有这样，才能使社会主义核心价值观内化于心、外化于行。

（一）以教育宣传为先导培育和践行社会主义核心价值观

社会主义核心价值观是我国人民群众的心理基石，要对社会主义核心价值

观进行大力宣传教育，让人民心中有了对未来的向往，才能对社会作出实践的能动反应。党员干部是社会主义的先进代表，要起模范带头作用，企事业单位要进行社会主义核心价值观的督促学习，使得学习的习惯蔚然成风。教师是这个社会的灵魂培育者，担负着学生世界观、人生观、价值观的树立，要以身作则，在平时的一言一行中树立良好的形象，要用人格的魅力和高尚的情操展现社会主义新时代教师的光辉形象，要在教育教学的过程中传递人世间的真善美，不仅要教育学生的文化课程学习，更要培养学生争做新时代有为青年，为社会主义现代化建设作贡献。家风的气氛熏染对于社会主义核心价值观的培育也尤为重要，国家要先有国后有家，只有家庭的教育积极向上，才能使得国家的面貌欣欣向荣。家庭作为青少年教育的第一站，要从娃娃抓起，家长要从小树立孩子正确的三观，将民族精神和国家发展历史作为教育孩子的第一课，要时刻牢记中华民族的优良传统，弘扬文明家风。习近平总书记也曾提到家风的传承是我国思想文化建设的重要组成部分，要对家风的教育给予极大的重视，通过家风将中华文化发扬光大。

（二）以文化传播为承载培育和践行社会主义核心价值观

文化作为培育和践行社会主义核心价值观的重要载体，要对文化进行合理的引用，取其精华，去其糟粕。吸收外来优秀文化，为社会主义核心价值观的建设添砖加瓦，还要对外来的不良文化加以抵制，西方国家经常对我们进行文化渗透，和平演变思想、拜金主义等一直对我们的意识形态建设有巨大的威胁，我们一定要加以甄别，防范它们的侵扰。在培育和践行社会主义核心价值观的同时，我们应该通过文艺作品的传播来对其进行加强，鼓励人民群众创作出具有新时代精神的文艺作品，更要让社会主义核心价值观进行思想上的给予，《我和我的祖国》《美丽中国》《跨过鸭绿江》等文艺作品的出现对于国民的思想建设是一剂强心剂，让广大劳动人民和志愿军的伟大形象依然树立在人民群众的心中；对美丽中国的建设是那些劳动人民心中美好的祈愿，这些文艺作品对于弘扬中国传统文化具有现实意义。在如今的教育教学过程中，中华传统文化的课程显得尤为重要，文化对于学生思想道德建设和意识形态培养具有深远影响，教师要对中华传统文化进行正确解读，阐述传统文化的民族基因，同时还要结合时代发展对传统文化与时俱进，对优秀文化开放、包容、发展，将传统文化大众化、时代化，这既是中国特色社会主义文化强国建设的需要，也是培育和践行社会主义核心价值观的题中应有之义。

（三）以实践养成为落脚培育和践行社会主义核心价值观

空谈误国，实干兴邦，只是提出切实可行的建议，不去实践，再完善的理论体系也将无法实现。党员干部身为思想的先行者，要时刻严格要求自己，将全心全意为人民服务的宗旨落到实处，加强党风廉政建设，以身作则，办事高效，积极推动马路办公的常态化运行，为民生所谋，解民生之忧。身为一名青年大学生和一名共产党员，要时时刻刻发挥党员先锋模范作用，疫情面前，积极参加疫情防控战斗；在生活中，待人友善，与人和睦相处；面对不良风俗和不良习惯，要坚决说不并予以制止，做文明的实践者。国家作为文化建设的重要组成部分，要制定好的政策，大力宣传社会主义核心价值观，对先进个体及群体要予以表彰，充分体现民主、文明的社会氛围，彰显自由、平等的价值观念。在文化娱乐层面，国家应对思想文化建设方面进行大力改善，如修建文化艺术长廊，让人民群众在休闲娱乐的过程中也能进行艺术熏陶；积极投身于文化事业和文化产业的建设，让文化产业成为国家的支柱产业，让文化事业提供产能效应，共同促进国家文化建设。国家要对领导干部及党员干部进行监察，减少过度用权和滥用权力的现象发生，树立国家立党为公、执政为民的形象，对那些犯罪的干部进行大力惩处，以此来树立党在人民群众心中的光辉形象，保证培育和践行社会主义核心价值观的顺利进行。

三、将主流意识形态贯穿于现代化的全过程

现如今国家发展日新月异，对于意识形态的把握极其重要，很多国外的不良思潮侵入着我们国家的意识形态，造成了我国社会的不稳定、人民价值观的不正确树立，为此，要加强主流意识形态的解释力、规制力和感召力，让全国各族人民能够凝心聚力。

（一）提升社会主流意识形态的解释力

要提升社会主流意识形态的解释力，就要对这些意识形态进行"中国化"，防止将马克思主义生搬硬套，要用百姓喜闻乐见的词语进行解释，让大家能够通俗易懂。我国人口众多、幅员辽阔、民族各异，对于意识形态的理解本来就很难达到统一的认识，若是再用生硬的词汇进行解释，就很难让人民群众真正地理解

马克思主义,接受马克思主义。在我国的历史上,很多的专业词汇通过"中国化"的解释,都会被广大劳动人民接受,马克思主义在我国的广泛传播正是基于此。我们中国共产党坚定走马克思主义道路,但是在将马克思主义运用于中国的发展时,就要具体问题具体分析。在国家不断发展的过程中,要与时俱进,将那些时代的、潮流的词汇引入大众的视角,在坚持主流思想的同时使得这些意识形态为大众所接受,发挥引领作用,让全国各族人民心往一处想,劲往一处使。毛泽东同志在运用马克思主义解决中国的现实问题时,善于将马克思主义中国化,《反对本本主义》《论持久战》等经典著作,更是详细地将马克思主义理论大众化,给陕甘宁的人民进行解释时更是通俗易懂。只有将社会主流意识形态融入人民群众的思想中,才更有利于推动社会主流意识形态的凝心聚力的作用。

(二)提升社会主流意识形态的规制力

现如今各种社会思潮相互争锋,我国同样面临着不良思潮入侵的风险,为此,要提升社会主流意识形态的规制力。特别是在国家集体利益等大是大非的问题上,一定要发挥社会主流意识形态对思想的规范引导作用,树立正确的政治站位,坚定正确的思想立场,保护国家和民族的利益。社会主流意识形态的规制力要对大众思想潮流起到规范性、引领性的作用,这种规范性要以人的普遍接受为目标,要引导大众思想和习近平新时代中国特色社会主义思想相契合,在人类接受新思想、转变新思想的同时应用于实践,做到内化于心,外化于行。在规制大众思想的同时,要避免强制、霸道的手段,要以温情的方式来进行引导,以免发生意识形态的暴力冲突。

(三)提升社会主流意识形态的感召力

社会主流意识形态要被人民群众接受,就要将意识形态与人民群众的切身利益相结合,想群众所想,忧群众所忧。社会主流意识形态要多关注网络上关于民生、民主、环境保护等热点问题,将网络性与真实性有机结合,达到人民群众意识形态的有机统一。这些社会主流意识形态要根植于现实社会,要避免虚无缥缈的意识形态,让这些思想要有正确的理论根源,对社会起到进步作用,让人民群众获得更多的幸福感,这些思想还应该对现实社会的公正是非作出正确判决,让人民群众感受到社会的公平正义,只有这样,人民群众才能够对其认同。社会认同的社会主流意识形态的力量是无穷的,它可以在国家面临危险的同时凝聚全国各族人民的心，可以面对巨大的风险挑战。

四、用文艺创作的人民性和时代性为现代化服务

文艺创作是反映社会现实的，是人类透过现象看本质的载体，因此文艺创作要具有现实性，这就要求我们进行文艺创作的时候要紧跟时代步伐。人是现实社会的主要部分，人的发展规律是马克思主义的根本，所以文艺创作的火花要从人民群众中寻找，并且要为人民群众服务。

（一）为人民服务是文艺创作的基础

"党的根本宗旨是全心全意为人民服务，文艺的根本宗旨也是为人民创作。把握了这个立足点，党和文艺的关系就能得到正确处理，就能准确把握党性和人民性的关系、政治立场和创作自由的关系。"① 文艺创作要反映人民群众的现实生活，突出人民群众的现实矛盾，以此来呼唤大家解决现实问题。文艺的创作要传递人世间的真理，要站在人民的立场，为人民发声，将人民的需求与思想高度统一，还要传递人世间的真情故事，讴歌民族英雄，以此来达到教育人民群众的目的。文学艺术的创作要满足人民群众的精神文化需要，充实人民群众的思想活动，让人民群众在物质生活逐步提升的同时可以得到精神上的丰富，只有物质生活和精神生活同步协调，才是马克思主义所叙述的自由而全面的发展。

（二）扎根于人民群众是文艺创作的保障

文艺工作者要想创作出人民群众喜欢的文艺作品，就要根植于人民、扎根于人民、向人民请教、与人民群众紧紧地联系在一起。著名作家刘震云之所以能够写出优秀的文艺作品，其根本原因是深入基层，了解最广大劳动人民的真实生活状态，他的作品之所以能够被大众喜爱，是因为他的叙事都是人民群众日常发生的现实状况，人民群众能够很容易看懂他的作品，这二者是相互结合、相互影响的。其实也只有在人民群众当中，文艺作品创作者才能够接收到最真实的民间材料，创作的灵感也是由此而来。若是脱离了人民群众，那么创作出来的文艺作品将失去它的真实性，也就失去了文艺创作的现实意义。文学艺术创作不仅需要从群众中来，到群众中去，还需要文艺创作者高超的文学艺术功底，创造出源于生活且又高于生活的文艺作品，只有高于生活的艺术作品，才可以将作者需要表

---

① 习近平.论坚持党对一切工作的领导[M].北京：中央文献出版社，2019：73.

达的情感发挥得淋漓尽致，引起社会的共鸣。

（三）跟随时代步伐是文艺创作的摇篮

文艺创作是一个时代的集中体现，将文艺创作与时代相结合，可以引领时代的潮流。当前中国，需要将文艺创作与现代化相结合，激发全国各族人民为中华民族伟大复兴而不懈奋斗。文学艺术的创作正是与时代结合，才可以及时地暴露国家发展进程中所面临的问题，减少我们国家发展的不正当决定。要将文艺创作紧密地与时代相结合，就要主动把握时代发展的脉搏，对当今国际形势的发展作出正确判断，对当今社会具有敏锐性的观察，深入社会实践，掌握第一手资料，亲身感受社会、国家的变化，只有这样，文学艺术的创作才具有研究的实用性。

五、在科技创新中实现现代化

科学技术本身就是一种文化，是我国面对现实困难的制胜法宝。面对新时代国家发展的巨大压力，要善于将科学技术运用于现实问题，让科技创新为国家未来提供驱动力；同时还要完善科技保障机制，只有这样，才能正确实施科教兴国战略，完善人才评价制度，让国家将人才放在第一位，人才的汇集与培养是我国逐步走向世界舞台中央的关键一步。

（一）推动科技创新是走出现实困境的有力武器

科技创新对于我国解决现实问题至关重要，是实现中华民族伟大复兴的重要组成部分。"创新是引领发展的第一动力。"[①]在现阶段我国产业产能正在逐步转型的情况下，创新可以引领我国走向新的发展道路，面对传统工业存在的一系列问题，可以通过创新来得到解决。同时科技创新也可以推动新的人才选拔和产学研深度融合，这是促进我国整体经济健康发展的必由之路。

1. 思想解放是科技创新的前提

利用科技创新来解决现实问题，首先要解决好思想问题，要减少对科学技术探究的精神束缚，促进思想解放。科技创新要以国家发展为出发点，要以国家和人民的利益为落脚点，对那些为了个人利益和荣誉而进行科学技术研究的思想要加以引导、批评、改正。对待科学技术，我们全国各族人民都要秉承着尊重科学的态度，对于科学技术人才，应该怀揣着崇高的敬意；对于以前诋毁科技，甚

---

① 中共中央文献研究室.习近平关于科技创新论述摘编[M].北京：中央文献出版社，2016：7.

至谩骂科技为"臭老九"的不良风气要坚决打击，使得全社会热爱科学、尊重科学的境况蔚然成风。对待先进的科学技术，我们不能固执和偏激，要秉承着开放、包容的态度来欣然接受，不管那些先进技术来自哪里，来自哪些人的创造，只要是能够推动社会进步、能够解决社会现实问题的，都要接受、学习。在黄岩岛事件中，我们很多的群众都把自己的日产汽车给砸坏了，一定要避免这种现象再次发生。日本汽车以其先进的技术闻名世界，特别是节能省油方面更是鹤立鸡群，所以我们一定要理性看待日本人生产的汽车，努力学习别人的先进技术，用来缓解我国能源紧张的局面。只有在思想上彻底解放，才能对科学技术的研发扫清障碍，这不仅能够减少外界环境对科技研发的影响，更能提高科技人才进行科技创新的积极性。

2. 人才培养是科技创新的应有之义

科学技术的创新离不开人才的开发与利用，人才既是科技的载体，也是科技创新的能量来源。中国要加强高层次人才建设工程的实施，在国内和国际两个市场，不断发现人才并将其带入中国社会。对于高新技术人才，我们中国要礼贤下士，给予这些人才与之相匹配的薪资待遇，使他们能够对中国的科技创新、科学研发有足够的信心。对于那些有不良记录的科技人才，我们要有开放、包容的宽阔胸怀，只要是能够对国家发展起作用，我们都能重新启用，为国效力。中国的人口有十四亿，很多的科技人才都在基层，没有进入大众的视线，所以我们一定要完善人才发现制度，对于那些现在默默无闻的，但是未来却是有潜力的人物，一定要大胆发掘。"我劝天公重抖擞，不拘一格降人才"，那些基层有能力的干部，可以破格提拔，不一定非得按照正规的党员任用干部程序。新时代青年是国家的未来，一定要重视青年科技人才的培养，对那些有特殊才能的青年、在国家的各种竞赛中脱颖而出的优秀青年，国家可以将他们根据种类选拔出来，集中培养，引导他们树立正确的科技观，为以后国家的长远发展储备人才。鼓励青年人才勇于创新、推陈出新，大胆进行科技创新，并对作出贡献的青年人才给予奖励，以此来激励他们科技创新的积极性。

3. 处理好政府与市场的关系是科技创新的调节器

我国的社会主义市场经济体制，市场在资源配置中起决定性作用。要加强市场与科学技术的深度融合，主动把握市场导向，但是政府还是要放权，以此来加强市场的灵活性，避免国家过度干预带来的市场停滞不前。对于市场经济，政府要做的就是善于引导，但是不能代替市场做决定，要引导市场合理化分配资源，减少资源的浪费。在市场经济中，不仅是国有企业，个体经济也是市场的重要组成部分，要鼓励个体经济多进行企业自主研发，为社会主义公有制经济增加新鲜血液。但是市场调节也有其弊端，很多企业因此也作出了违法的事情，所以国家就要对此坚决打击，任何企业发展都要严格遵循市场发展的规章制度，严守法律底线。对于企业竞争，这是一把"双刃剑"，一方面，这样的竞争可以促进市场活力，推动经济转型，增加国家经济收入；另一方面，不合理的竞争也会使得市场变得肮脏，所以政府一定要引导企业进行合理竞争，对于那些微型企业受到大企业的严重打击时，政府对其要进行适当的保护，因为企业的发展不仅关乎社会主义市场经济的稳步进行，更关系到千家万户人民群众的生产生活及就业问题。这些问题的产生都是市场不能够妥善解决的，需要政府的干预才能保证国家和谐稳定。

（二）健全科技保障制度是优化市场环境的重要力量

科学技术要正确实施，确立科教兴国的发展战略，因为这是推动科技蓬勃发展的必由之路，还应该完善科技保障机制，这是对科教兴国战略实施的保驾护航。只有在这两个方面做到尽善尽美，才能使得我国的科学技术发展稳步前进。科技保障机制的完善要以审查和监管为主导、以宣传和教育为方向，强化科技治理保障标准，做到科学技术事业在前进、科学人才水平在提升。

1. 健全科学技术审查与监管

对于科学技术的监管与审查，要建立相应的监管与审查机制，对于已经发生的不良问题要做好及时反映，做好相应措施。建立健全风险预估机制，对于走在科技前沿的问题要进行风险预估，对可能存在的问题要及时出台相应的政策加以防范。我国目前还存在专利权受侵害、科技造假等问题，对此要加强惩罚措施，保障我国的科学技术研发环境风清气正。科学技术的研发是为了全人类共同进步，所以要进行国际交流，要建立国际交流监管机制，加强合作，任何有损国家安全、世界和平的不良技术都要坚决打击，对于举报者更要有相应的奖励措施，确保科学技术的研发是为了全人类集体利益，而不是牺牲大部分人的利益使得个别人获得非法利益。

2.强化科学技术治理保障

对于科学技术的研发要有统一的规范标准，建立审查制度，国家对于每一项新研发的技术都要进行实验，确保切实有效，只有在检测后没有不利于人类发展的因素，才能正式投入使用，这既是对国家负责，更是对人民负责。要提高科学技术的研发水平，对于低端制造业等要减少研发的程度，多集中于高新技术产业的研发，如互联网技术、人工智能技术、金融投资技术和现代医疗保障技术等。还有就是要注意科学技术研究的伦理性问题，胚胎的移植一直是人们关注的问题，国家要对此进行立法说明，确保科学技术研究始终在伦理范围内。

3.深入开展科学技术教育与宣传

要重视科学技术的教育，不能只让学生坐在教室里进行传统文化课程的学习，要鼓励学生进行手工实践。将科学技术课程融入大学生的必修课程中，同时还要进行学业测试，严格保证科学技术课程的教育学习，对于那些不及格的学生应延缓毕业，直至这门课程顺利达标。还要大力宣传科学技术的先进性、创造性，为青年大学生树立正确的科技观，提高人们对科学技术研发的敏感性、正确性，避免居心不良的人通过科学技术的研发来破坏世界和平、国家安全。

（三）完善人才评价机制是人才引进的核心力量

科学技术的研发离不开人才，只有大量的人才才能为科学技术的研发注入新鲜血液，保证科学技术的前进拥有无限动力。要完善科学技术人才的评价制度，确保科学技术人才都能够在付出辛勤的汗水后，能获得相应的报酬。人才评价制度要灵活运用，将书本知识与实践运用相结合，同时兼顾人才团队奉献精神。

1.破除"三唯"定论

对于科技人才的评价，要破除"三唯"定论，即"唯学历、唯论文、唯职称"的传统评价标准，对那些作出贡献的科学技术人才，国家要给予相应的荣誉，促进科学技术人才的研发积极性，即使是那些默默无闻，没有任何职称和论文发表的科技人才，只要他们的科技研发有利于国家和社会的发展，我们都要给予他们相应的报酬和荣誉；破除"三唯"定论并不代表着学历、论文、职称不重要，而是要将文化知识与实践相结合，既要在理论知识的背景下寻找人才，又要以实践成果为其中的标准，发现全能型科技人才。

2. 大力挖掘底层人才

对于那些一心为国、不在乎个人荣誉的先进科技分子，我们要大力宣传他们的光辉事迹，鼓励全国人民都来发扬他们这种无私奉献的伟大精神。对于科学技术人才的评价，要全方位、多层次地进行考量，不仅是他们的个人贡献，更要考虑他们对于集体、国家的贡献。近年来，对于黄旭华、屠呦呦等一批默默无闻的科学技术人才的表彰也是国家对于人才培养的重要组成部分，不要让那些科技人才既流汗也流泪。对于那些埋在深处的科技人才，我们国家要大力挖掘，这不仅是人才的保护，更是我国筑巢引凤的关键一招，有利于我国营造人才培养的活跃气氛。

3. 注重理论与实践相结合

要灵活地运用科技人才评价制度，紧跟时代发展的脚步，与时俱进，将创新实践作为衡量科学技术研发的重要指标，要让这些创新的科学技术用来解决现实问题，如资源紧张、环境恶化等现阶段急需解决的问题。要看那些新兴技术发明对于现实问题的价值意义，鼓励发明创造来解决人类困境、促进世界发展。同时将那些无现实意义的发明创造要减少专利批准，以此来纠正我国现阶段人才培养的误区。只有将科学技术人才评价制度全方位、多角度落实，才是新时代科技发展的前进方向。

第四章　现代化的青年力量

第一节　现代化理论的青年意蕴

作为马克思主义中国式时代化的创新理论成果、科学社会主义的最新重大成果，中国式现代化理论具有深邃的理论意涵和实践伟力，特别是对新时代青年成长的深切关怀与全面关照，是贯穿在中国式现代化理论中的重要价值旨趣。

一、现代化鲜明特色中的青年意蕴

青年群体的现代化水平和我国现代化的成色与进度息息相关。就人口规模而言，我国 14 亿多人口超过现有发达国家人口的总和，而"整体迈进"现代化的人口必然包括青少年，青少年人口的现代化实现质量，将在很大程度上影响我国现代化的进度和成色。就全体人民共同富裕而言，青年作为共同富裕实现和享有主体的一部分，其能否树立勤劳创新致富理念，能否在实践中自觉反对一切不劳而获、崇尚暴富、贪图享乐的错误思想，以及能否主动提升自身创新创业能力，事关共同富裕目标的最终实现。就物质文明和精神文明协调发展而言，青年作为引风气之先的社会力量，不应局限于物质生活的富足，更应关注和追求精神生活的富有，避免物质发达而精神空虚或精神异化等缺陷。就人与自然和谐共生而言，就是要引导青年坚定"绿水青山就是金山银山"的理念，在保护自然生态中潜心科学研究、自觉做美丽中国建设的先行者。就走和平发展道路而言，就是要青年树立全球思维和世界眼光，以家国情怀立心、为人类关怀立命，弘扬中华文化四海一家、天下为公的大同精神，为构建人类命运共同体贡献青春力量。

二、现代化本质要求中的青年意蕴

党的二十大报告系统提出了中国式现代化九个方面的本质要求，坚持中国特色社会主义和中国共产党领导为现代化提供正确政治方向和根本政治保证指明了方向。"促进人与自然和谐共生""实现全体人民共同富裕""丰富人民精神世界""发展全过程人民民主""实现高质量发展"对现代化的总体布局进行了强调，这五个方面要求青年应当全面认识和主动参与"五位一体"总体布局的建设，积极配合党和国家重大战略部署，把报国之志转化为建设富强民主文明和谐美丽的社会主义现代化强国的现实力量。"创造人类文明新形态""推动建立人类命运共同体"为人类文明发展层面现代化的要求进行了强调，这表征着新时代青年作为丰富和发展人类文明新形态的中坚力量，要摒弃狭隘民族本位主义偏见，以欣赏包容、互融互鉴的开放态度看待各国文明发展。

三、现代化重大原则中的青年意蕴

一是坚持党的领导，意味着青年在实践中要践行伟大建党精神，无论经历乱云飞渡的复杂环境、泰山压顶的巨大压力、糖衣炮弹的轮番轰炸，还是面对西方所谓"普世价值""宪政""新闻自由""司法独立"等错误思潮的隐蔽性渗透，都要提升政治鉴别力，坚定不移听党话、感党恩、跟党走。二是坚持中国特色社会主义道路，蕴含着青年在"举什么旗、走什么路"问题上要保持清醒坚定和如磐定力，深刻把握中国特色社会主义道路的历史、理论和实践逻辑，坚定道路、理论、制度和文化自信。三是坚持以人民为中心的发展思想，这一原则深层次要求着力解决包括青年在内的广大人民群众急难愁盼问题，为青年高质量发展提供宝贵机遇和根本保障；同时青年要深刻领悟立身为民的道理，一切以人民利益为重，虚心向人民群众学习，在成长成才中体察世间冷暖、民众忧乐，以真才实学服务于人民之所需。四是坚持深化改革开放，这一原则的青年意蕴在于，广大青年既是改革开放的见证者和受益者，也是将改革开放进行到底的参与者和贡献者，必须用改革开放精神塑造新时代青年。五是坚持发扬斗争精神，增强青年底气、骨气、志气，做到不信邪、不怕鬼、不怕压，与困难角力、与阻力对垒，把"不可能"变成"一定能"，当好开路先锋、事业闯将。

第二节 青年在现代化进程中的责任与力量

实现现代化是近代以来中国人民矢志奋斗的梦想。中国共产党团结带领人民追求民族复兴的一百多年，也是探索和推进中国式现代化道路的一百多年。青年人朝气蓬勃、思维敏捷，具有视野格局开阔、求知欲旺盛的优势，是标志时代最灵敏的晴雨表。在现代化历史进程中，广大青年在党的领导下始终坚守责任，洞悉时代的风云变幻，贡献着源源不断的力量。

一、青年是奏响时代变革的先声，为实现现代化创造了根本社会条件

新民主主义革命时期，我们党团结带领人民推翻帝国主义、封建主义、官僚资本主义三座大山，建立了人民当家作主的中华人民共和国，实现了民族独立、人民解放，为实现现代化创造了根本社会条件。这一时期，青年勇立时代潮头，率先点燃传播新思想的激情火焰，义无反顾地投身于革命的洪流中，奏响时代变革的先声。

（一）青年以新理论唤醒时代

鸦片战争爆发后，洋务运动、戊戌变法、义和团运动接连而起，各种救国方案轮番出台，但都以失败告终。孙中山领导的辛亥革命推翻了统治中国几千年的君主专制制度，但未能改变中国半殖民地半封建的社会性质和中国人民的悲惨命运。这让广大青年认识到无论是通过器物变革捍卫传统的封建老路，还是变革制度实施西方宪政民主，都无法改变中国贫穷落后的现实，中国迫切需要新的革命思想指导革命道路。为开创思想先河，陈独秀创办《青年杂志》，掀起了轰轰烈烈的新文化运动。李大钊发表了《青春》一文，"吾族青年所当信誓旦旦，以昭示于世者，不在艰艰辩证白首中国之不死，乃在汲汲孕育青春中国之再生"[1]，以饱含激情的语言号召鼓励青年投身于爱国运动。马克思列宁主义在中国的广泛传播，首先也是在知识分子和青年学生中。广大青年渴求知识、向往真理，纷纷撰写文章、翻译著作、创立社团，宣传马克思主义。1919 年，李大钊在《我的马克思主义观》中对马克思主义作了比较全面和系统的介绍，指出"现在世界改造的机运，已经从俄、德诸国闪出了一道曙光"[2]。1920 年 3 月，北京大学马克思学说研究会成立，逐渐成为中国北方宣传马克思主义的中心。一部分具有初步共产主义思想的青年知识分子在研读马克思主义书籍的基础上进行社会活动，加深了对马克思主义的了解，产生了进一步组织起来开展革命斗争的强烈要求。这一时期，青年知识分子纷纷投身于民族复兴的浪潮之中，以饱满的激情各抒己见，

---

[1] 李大钊全集（第 1 卷）[M]. 北京：人民出版社，1999：189.
[2] 李大钊全集（第 3 卷）[M]. 北京：人民出版社，1999：18.

在唤醒民智、清除愚昧、传播科学的现代化理论的过程中发挥着先锋作用。

（二）青年立时代潮头创立党团组织

马克思列宁主义为中国人民点亮了前进的灯塔，中国共产党的成立使中国人民有了前进的主心骨，为中华民族自主探索现代化道路提供了方向指引和组织保证，也标志着中国"主动现代化"的肇始。青年具有高度的革命自觉性，在党的成立过程中发挥了先锋引领、筹备组织、宣传教育的作用。青年知识分子穿起工人的服装、学习工人的语言、从事工人的工作，深入工人群众之中进行组织和动员。1921 年 7 月，党的一大在上海召开，代表中最年长的何叔衡不过 45 岁，最年轻的刘仁静只有 19 岁，毛泽东当时 28 岁。正是这些理想高远、情怀深厚、具有高度革命自觉性的知识青年，开创了中国历史的大事变。1922 年 5 月，在中国共产党的直接关怀和领导下，中国社会主义青年团宣告成立，提出团的具体任务，"一方面为改良青年工人、农人的生活状况而奋斗，并为青年妇女、青年学生的利益而奋斗；一方面养成青年革命的精神，使青年向为解放一般无产阶级而奋斗的路上走"[1]。中国青年运动在中国共产党的领导下、在中国共青团的带领下开始了不平凡的奋斗历程。

（三）青年在革命斗争中坚定救国之志

中国青年不畏生死，在革命运动中始终站在英勇斗争的最前列，在党的领导下反抗外来侵略、反对独裁统治，在救亡运动中锤炼成长，在革命战火中担当起时代重任。"五四运动"标志着中国青年作为重要的政治力量登上民族复兴的历史舞台。"中国的青年运动有很好的革命传统，这个传统就是'永久奋斗'。"[2] 面对国家和民族的生死存亡，一批爱国青年挺身而出，奏响了浩气长存的爱国主义赞歌。全面抗战爆发后，数万爱国青年跋山涉水、冲破各种阻力奔赴延安，为中国革命造就了一批骨干力量。据统计，到抗日战争结束时，中国共产党领导的八路军、新四军壮大到 120 万人，其中青年占 90％以上。解放战争时期，面对国民党反动派违背人民意愿的暴行，青年学生在"一二·一"运动、抗暴运动、"五·二〇"运动等爱国运动中展现出身先士卒、一马当先的精神勇气。中华人民共和国的成立，使近代以来帝国主义列强侵略压迫中国、欺凌奴役中国人民的

---

① 中国共产党重要文献汇编（第 2 卷）[M]. 北京：人民出版社，2022：123.
② 毛泽东文集（第 2 卷）[M]. 北京：人民出版社，1993：190.

苦难历史彻底结束，为实现现代化创造了根本社会条件。经过革命洗礼的青年，共产主义的信仰更加坚定，渴望报国的热情更加热烈，以钢铁般的意志在社会主义革命和建设中发光发热。

二、青年积极响应党和国家号召，共筑中国式现代化开局奠基之路

社会主义革命和建设时期，我们党团结带领人民进行社会主义革命，确立社会主义基本制度，推进社会主义建设，实现了中华民族有史以来最为广泛而深刻的社会变革，为中国式现代化建设奠定了根本政治前提、宝贵经验、理论准备和物质基础。这一时期，青年积极响应党和国家的号召把青春献给祖国，在党的领导下以敢为人先、扎实苦干的精神面貌向科学进军、向困难进军、向荒原进军。

（一）青年在农业现代化建设中扎实苦干

农村广阔天地，青年大有可为。青年率先开展了爱国丰产运动，带头冲破阻碍生产发展的保守思想，实行科学耕种，成为农业战线上革新生产技术的一支主力军。为了提高生产力，增加粮食产量，广大青年带头组织互助组，积极酝酿成立合作社，创造和推广了"温水浸种"和"剪股式"运泥等科学方法。截至1956年3月，全国绝大部分农村团员和90%以上的青年都加入了农村合作社，成为推动农业合作化发展的重要力量。"从80%的人口中扫除文盲，是新中国的一项重要工作。"[①]为使广大农民掌握先进农业生产技术，青年发挥学习能力强、思维敏捷、善于创新的优势，使其成为扫盲运动的主力军。1956年1月，共青团中央发出了《关于普遍建立青年扫盲队的通知》，要求全国农村团组织普遍建立青年扫盲队，组织农村知识青年承担扫盲教育任务[②]。团组织依靠农村3000万识字青年，帮助其余7000万青年脱盲，青年继承了革命年代与工农结合的优良传统，不怕苦、不喊累，为战胜经济困难将青春热血洒在祖国广袤的大地上。

（二）青年在工业现代化建设中顽强拼搏

工业化是现代化的核心。青年朝气蓬勃，蕴含无限潜力，是实现工业现代化的一支青春战斗队。正如毛泽东强调的，"青年人朝气蓬勃，正在兴旺时期，好像早晨八、九点钟的太阳"[③]。大批高校和各类技术学校的毕业生服从国家分配，

---

① 毛泽东选集（第3卷）[M].北京：人民出版社，1991：1083.
② 历史的轨迹：中国共产主义青年团90年[M].重庆：重庆出版社，2012：169.
③ 中共中央文献研究室.毛泽东著作专题摘编（上）[M].北京：中央文献出版社，2003：1104.

到祖国需要的地方进行建设。截至 1952 年 12 月，共组建 650 支青年突击队，奔赴祖国各地，在"急、难、险、重"的工业现代化建设中发挥了重要作用。在全民支援工业化建设的浪潮中，青年知识分子服从国家指挥，毫无保留地发挥骨干优势。新中国成立初期，被派往苏联学习的第一批留学生在现代化建设中发挥了骨干作用，推动新中国自然科学和社会科学飞速发展。"一五"计划规定，5 年内计划派出留学生 1.01 万人，其中到苏联的是 9400 人，留苏预备部招生 1.28 万人①。去苏联留学的中国青年顺应工业建设的需要学习地质、建筑、铁路、冶金等专业，对中国工业化建设起到了开拓和奠基作用。截至 1956 年年底，"一五"计划建设取得重大成就，我国工业产品产量增长迅速，工业技术水平极大提高，建立了一系列新型工业部门，在工业现代化的道路上迈出了坚实的一步。

（三）青年为科学技术、国防现代化提供新兴力量

青春的精彩在于创造。在国家最需要的时刻，青年立志以科技报国，在科技创造中实现生命价值。在探索社会主义建设道路的十年里，青年对于科学技术现代化建设作出了重要贡献，是科技创新的生力军，是我国实现科技自立自强的重要支撑。早在 1956 年 1 月，"向科学进军"的号召就极大地鼓舞了广大知识分子尤其是青年专家学者的政治热情和工作积极性。"要高度重视青年科技人才成长，使他们成为科技创新主力军。"②在基础科学研究中，满腔热血的青年科学家勇攀高峰——人工合成牛胰岛素结晶，为人类探索生命奥秘的征途迈出重要一步；在航天探索领域，"东方红一号"的成功发射拉开了中国人探索宇宙奥秘的序幕，为中国航天事业的发展奠定了坚实基础。核力量是维护国家主权和安全的战略基石，核武器研制需要高水平科技人员通力协作。以邓稼先为代表的一大批青年科学家隐姓埋名投入以"两弹一星"为代表的国防尖端科研试验工程中，为我国国防建设作出重要贡献，全国大专院校的毕业生和归国留学生的加入使研制核武器的队伍得到进一步充实。在经济建设中，一大批优秀的青年知识分子在老一辈科学家的率领与指导下挑起现代化建设的重担，牺牲个人利益，为民族复兴大业挺身而出。广大青年直面国民经济困难的挑战，紧密团结在中国共产党周围，发愤图强、乐于奉献，将青春的汗水汇入打造崭新江山的建设大潮。

---

① 王伟.振兴伊始：新中国向苏联派遣第一批留学生 [M].长春：吉林出版集团有限责任公司，2011：39.
② 习近平.在科学家座谈会上的讲话 [M].北京：人民出版社，2020：9.

三、青年投身改革大潮开拓创新与现代化的突飞猛进

改革开放和社会主义现代化建设新时期，我们党作出把党和国家工作重心转移到经济建设上来、实行改革开放的历史性决策，为中国式现代化提供了充满新的活力的体制保证和快速发展的物质条件。这一时期，青年散发着解放思想的锐气，牢固树立"以四化建设为中心"的指导思想，充分发挥主动性投身于改革大潮中开拓创新，在争当新长征突击手、"五讲四美三热爱"、青年文明号等一大批青春气息浓烈的创造性活动中展现出敢闯敢干、引领风尚的精神风貌。

（一）青年勇立潮头争做现代化建设的突击手

1979 年 3 月，共青团中央发布了《关于在全国青年中开展争当新长征突击手活动的决定》，以树榜样的方式调动广大青年推动社会主义现代化建设的积极性。"新长征的突击手，应该是各条战线上为实现四个现代化做出优异成绩又红又专的青年先进人物。"[1]青年广泛响应号召，参与到公共交通、基本建设、农业战线和财贸战线的突击队活动中。到 1982 年，全国有 300 万团员和青年职工参加了青年小发明竞赛活动，创造发明的成果达 10 万项，将科学技术成果引入生产活动中，促进了生产现代化。在第一届"五小"智慧杯竞赛中，全国有 1000 多万青年职工参加，创造成果 40 万项，为国家创造经济价值超过 7 亿元。在推进农业现代化建设方面，围绕着巩固、完善家庭联产承包责任制和调整农村产业结构的需要，广大农村青年积极学科学、用科学，推动农村商品经济的发展。"新长征突击手"活动形式灵活，内容丰富，遍及各行各业。工业矿业建筑行业开展"突击工程"等活动，企事业单位开展"青春在岗位上闪光"等活动，农村开展"科学种田""绿化建林"等活动，部队开展"标兵赛"等活动，它们都与改革相适应，以丰富多彩的形式掀起了青年大干"四化"的热潮。

（二）青年以身作则争做社会文明建设的排头兵

青年生机勃勃，向往美好，锐意进取，在扭转社会风气、提高社会文明程度方面发挥了排头兵的作用。为了提高全社会文明程度，1981 年 2 月，全国总工会、共青团中央等 9 个单位联合发出《关于开展文明礼貌活动的倡议》，倡导广大人民开展"五讲四美"活动，广大青年开展了多种形式的志愿服务活动，传播正确价值观。"凤凰青年服务队"是全国第一支青年志愿服务队，在倡导社会

---

① 李玉琦 . 中国共青团史稿 [M]. 北京：中国青年出版社，2009：296.

新风的 1000 余次活动中为 20 万人提供了各类服务①。除此之外，广大青年也认识到精神文明建设和学习文化知识密不可分，标志着青年一代对自身责任和使命认识的"学习热""成才热"在现代化建设的过程中酝酿、萌发起来，1.2 亿青年积极主动参与读书活动开展自我教育，在提高自己科学文化水平的同时，助推全社会形成尊重知识、尊重人才的良好氛围。"精神文明建设，说到底，是要提高全民族的素质，培养有理想、有道德、有文化、有纪律的社会主义新人。"②共青团员张海迪以顽强的毅力自学外语，翻译了 16 万字的外文著作，并学习医学知识和针灸技术，为群众无偿治病高达 1 万多次。她以乐观自强的人生态度和为人民服务的精神成为广大青年学习的榜样，激励着亿万青年为建设现代化国家奉献青春力量。2007 年，共青团中央启动实施"青年马克思主义者培养工程"，锤炼出一批批政治坚定的青年骨干，充分发挥青年在思想政治引领工作中的主动性和能动性。精神文明建设活动的开展，使广大人民在正确价值观的引导之下克服了消极社会思潮的影响，理想信念更加坚定，凝聚了建设现代化国家的强大精神动力。

（三）青年要锐意进取争做新世纪的弄潮儿

进入 20 世纪 90 年代，为了把亿万青年的力量凝聚到深化改革和加快发展中来，"跨世纪青年文明工程""跨世纪青年人才工程"两个青年工程开始实施，青年在多个领域忘我劳动为现代化建设创造佳绩。"跨世纪青年文明工程"将蕴藏在青年中的精神力量转化为促进改革开放和现代化建设的物质力量。1993 年，青年志愿服务在全国迅速展开，共青团以现代化转型为主题，引导广大青年树立实践意识与行动自觉，号召广大青年在社会实践中增强责任感。到 2011 年，我国青年志愿服务站已超过 17.5 万个，正式注册的志愿者达到 3392 万人③，百万青年大学生利用自身知识面广、学习能力强的优势，深入农村开展扫盲活动，为人民群众提供文化、科技、卫生服务。在经济协调发展方面，大学生志愿服务西部、"三支一扶"等计划促进区域协调发展，在帮助贫困地区脱贫致富中贡献了青春力量；在生态环境建设方面，青年绿化垦荒队、"保卫母亲河行动"等项目致力于绿化和生态工程，为改善国家生态环境作出积极贡献；在弘扬社会主义先

---

① 历史的轨迹：中国共产主义青年团 90 年 [M]. 重庆：重庆出版社，2012：169.
② 社会主义精神文明建设文献选编 [M]. 北京：中央文献出版社，1996：358.
③ 历史的轨迹：中国共产主义青年团 90 年 [M]. 重庆：重庆出版社，2012：205.

进文化方面，"青年文化园"主张建立健康的文化市场，为全社会营造了有利于现代化建设的良好文化氛围；在培养科技人才方面，"跨世纪青年人才工程"面向 21 世纪，顺应社会主义市场经济的要求，培养了一大批具有创新性的科技工作者和经营管理人才，产生了巨大的社会效益。

把建设有中国特色社会主义事业全面推向 21 世纪，这是时代向跨世纪中国青年发出的召唤，是历史赋予跨世纪中国青年的重任。在改革大潮涌动、处处充满希望的神州大地上，一代又一代有理想、有道德、有文化、有纪律的中国青年奋勇图新、敢闯敢创，为推动中华民族"富起来"的理想贡献青春力量。

四、青年胸怀"国之大者"与现代化的推进和拓展

中国特色社会主义进入新时代，我们党在已有基础上继续前进，不断实现理论和实践上的创新突破，为中国式现代化提供了更为完善的制度保证、更为坚实的物质基础、更为主动的精神力量。这一时期，广大青年喊出了"请党放心，强国有我"的誓言，用火热实践赓续奋斗初心、肩负时代使命，成为党领导全国各族人民实现中华民族伟大复兴的奋进者、开拓者、奉献者。

（一）青年在脱贫攻坚战场上堪当大任

打好脱贫攻坚战，是全面建成小康社会的底线任务。经过全党全国各族人民共同努力，在迎来中国共产党成立 100 周年的重要时刻，我国脱贫攻坚战取得了全面胜利，为开启全面建设社会主义现代化国家新征程打下了坚实基础。无数优秀的青年以时不我待、只争朝夕的精神投身脱贫攻坚战，在劈波斩浪中开拓前进，在披荆斩棘中开辟天地，在攻坚克难中创造业绩。

2021 年，中共中央、国务院表彰的 1981 名全国脱贫攻坚先进个人和 1501 个先进集体中，有很多青年典型；1800 多名同志将生命定格在了脱贫攻坚征程上，其中很多是年轻的面孔。用秀美人生谱写青春之歌的驻村第一书记黄文秀，扎根泥土去往脱贫攻坚一线工作，2018 年百坭村贫困发生率从她上任时的22.88% 降至 2.71%；26 岁的大学生村官蒋富安，在海拔 3000 多米的四额吉村担任第一书记，在笔记本上写下"担当显本色，实干成大业"的豪情壮语，为扶贫事业献出了宝贵的生命。一代人有一代人的长征，一代人有一代人的担当，青年在基层一线经受磨砺，以更加激昂的斗志奋战在实现中华民族伟大复兴的征程上。脱贫攻坚、全面小康、共同富裕，贯穿于中国共产党团结带领人民艰苦奋斗的不

平凡历程，体现了社会主义现代化建设连续性和阶段性的统一，也体现了中国共产党对解决贫困问题在认识和实践上的深化。为进一步巩固脱贫攻坚成果，广大青年以新发展理念推动高质量发展，根据自身优势领办专业合作社、推广现代农业科技、壮大农村新产业新业态，带头移风易俗、改善农村人居环境、倡导文明乡风，带动农民增收致富，在乡村振兴建设中贡献青春力量。

（二）青年为实现强国梦求实创新

世界正在经历前所未有的百年大变局，新时代的中国青年富有想象力和创造力，思想解放，开拓进取，成为创新创业的有生力量。面临复杂的国际形势和国家科技发展战略要求，科技攻关要坚持问题导向，奔着最紧急、最紧迫的问题去，"青年是社会上最富活力、最具创造性的群体，理应走在创新创造前列"[①]。敢拼、敢闯、敢为天下先的特质使青年始终活跃在科技创新的最前沿。在党和国家创新驱动发展战略引领和"揭榜挂帅""赛马"等制度的激励推动下，更多有担当的青年科技团队承担关键核心技术攻关等重点任务，一批具有国际竞争力的青年科技人才脱颖而出。越来越多的"90后"登场，青年人才在科技创新的第一线"冒尖"，一支支青年科创队伍如同奔涌的浪潮正汇入大国创新的海洋。中国电科国基北方第三代半导体技术团队，90%以上的成员是博士和硕士，这些高新技术人才为我国载人航天、北斗导航、5G通信等重大工程作出了重要贡献；航空工业集团首席技能专家方文墨带领的"文墨班"在航天工业领域不断攻坚克难，协调改进工艺问题40余项，拥有12项国家专利；北斗卫星团队核心人员平均年龄为36岁，量子科学团队平均年龄为35岁，中国天眼FAST研发团队平均年龄仅30岁。新时代的青年受益于党和国家的良好政策，必然不辜负党的期望、人民期待、民族重托，一定能承担起"天将降大任于是人也"的时代使命，成为加快建设教育强国、科技强国、人才强国的有生力量。

（三）青年展现出锐不可当的中国力量

以现代化全面推进中华民族伟大复兴，青年在平凡的岗位用臂膀扛起如山的责任，展现出青春激昂的风采。新时代中国青年要坚守"永久奋斗"光荣传统，始终冲锋在党和人民需要的地方。为打赢疫情防控的人民战争、总体战、阻击战，各行各业的青年拼搏在前、奉献在前，作出了重要贡献。参加抗疫的医护

---

① 习近平. 习近平谈治国理政（第1卷）[M]. 北京：外文出版社，2018：51.

人员约 50% 为 "90 后" "05 后"，32 万支青年突击队、550 余万名青年奋战在医疗救护、交通物流、项目建设等抗疫一线。在奥运竞技赛场上，青年运动员发扬奋勇争先的精神为国争光，在建设体育强国的新征程上凝聚澎湃的青春力量，17 岁的苏翊鸣成为中国单板滑雪首枚冬奥会男子奖牌获得者；24 岁的闫文港顶住压力，拿到中国男子钢架雪车项目一枚突破历史的铜牌。国家安全是建设现代化国家的坚强保障，在保卫祖国的边疆，在冰封雪裹的高原，在荒无人烟的戈壁，青年戍边战士不畏寂寞、不怕艰苦，将保家卫国作为终身追求，24 岁的戍边战士肖思远在营救战友时壮烈牺牲，19 岁的陈祥榕烈士写下"清澈的爱，只为中国"，用生命捍卫祖国领土安全，他们赤诚报国的家国精神激励着更多青年以青春伟力共筑国家安全的防线。

党的二十大擘画了全面建成社会主义现代化强国、以现代化全面推进中华民族伟大复兴的宏伟蓝图，明确了新时代新征程党和国家事业发展的目标任务。"实现强国建设、民族复兴的宏伟目标，需要全党全国各族人民包括广大青年团结一致、全力以赴，继续爬坡过坎、攻坚克难。"① 新时代青年要自信自强、担当奋斗、团结一心、开放包容，把建设社会主义现代化强国这一宏伟蓝图变为现实。

五、青年在现代化进程中坚守责任与贡献力量的主要经验

习近平总书记在庆祝中国共产主义青年团成立 100 周年大会上的讲话中指出："党和国家的希望寄托在青年身上！"② 广大青年是现代化的建设者和接班人，肩负着实现中华民族伟大复兴中国梦的时代重任，在中国共产党的领导下发挥先锋作用、坚持用科学理论武装头脑推动实践、树立人民至上的价值理念、在拓宽国际视野中坚持独立自主是青年在现代化进程中坚守责任与贡献力量的主要经验。

（一）在中国共产党的领导下发挥先锋作用

党旗所指就是团旗所向，毫不动摇地坚持中国共产党领导是中国青年运动的根本经验。青年是全社会思想最活跃的群体，本身蕴含着变革社会的巨大能量，

---

① 习近平在同团中央新一届领导班子成员集体谈话时强调：切实肩负起新时代新征程党赋予的使命任务　充分激发广大青年在中国式现代化建设中挺膺担当 [N]. 人民日报，2023-06-27（1）.
② 习近平. 在庆祝中国共产主义青年团成立 100 周年大会上的讲话 [M]. 北京：人民出版社，2022：14.

但这种能量并不是自然而然就能迸发并凝聚起来的，需要有主心骨将其组织汇聚起来。"中国共产党始终向青年敞开大门，热情欢迎青年源源不断成为党的新鲜血液。"①中国共产党从成立伊始就将青年视为推进伟大社会革命的有生力量，把青年工作作为一项关系根本、极端重要的工作。只有在党的领导下，青年才能明确前进的方向，凝聚起强大力量参与现代化建设。新时代的伟大成就、伟大变革充分证明：有中国共产党领导，有习近平总书记掌舵领航，中华民族伟大复兴的历史潮流不可阻挡，现代化的道路就会越走越宽广。一部百年青年运动史，就是一部共青团带领广大青年矢志不渝跟党走的历史。从革命年代勇立潮头、冲在挽救民族危亡第一线的"五四青年"，到改革开放后顽强拼搏在工农业生产运动中的"四有青年"，再到新时代主动创新、积极求变，在现代化建设各条战线上奋勇前行的"时代新人"，党始终重视青年、关怀青年、信任青年，始终代表广大青年、赢得广大青年、依靠广大青年，团结带领一代又一代中国青年为实现中华民族伟大复兴的中国梦接续奋斗，推动中国青年运动始终与国家同呼吸、与人民共命运、与时代齐奋进。在新的历史起点上走好新的长征路，广大青年要坚持党的全面领导，继承和弘扬伟大建党精神，增强做中国人的志气、骨气和底气，增强"四个意识"、坚定"四个自信"、做到"两个维护"、牢记"国之大者"，在思想上、政治上、行动上始终同以习近平同志为核心的党中央保持高度一致，为党和人民贡献自己的聪明才智和青春力量。

（二）坚持用科学理论武装头脑并推动实践

坚持用科学理论指导实践活动为青年投身现代化建设指明了方向。追求进步，是青年最宝贵的特质，也是党和人民最殷切的希望，主动学习新思想、积极传播新理论是广大青年渴求真理、向往科学的生动体现。马克思主义是我们立党立国、兴党兴国的根本指导思想。在现代化建设过程中，青年要牢固树立马克思主义信仰，用中国化时代化马克思主义不断武装头脑，做理想远大、信念坚定、敢于担当的模范。广大青年在毛泽东思想指导之下不怕牺牲、敢于斗争，投身轰轰烈烈的新民主主义革命、社会主义革命和建设中，为社会主义革命和建设勇于拼搏、甘于奉献。广大青年在中国特色社会主义理论体系指导之下开拓创新、勇立潮头，用青春力量推动生产力迅速发展，推动综合国力显著提升。广大青年在

---

① 习近平. 在庆祝中国共产主义青年团成立100周年大会上的讲话 [M]. 北京：人民出版社，2022：13.

习近平新时代中国特色社会主义思想指导之下刚健自信、胸怀天下，投身于民族复兴、强国建设中，与国家同呼吸、与人民共命运。回顾百年现代化历程，理论武装青年的过程，也是凝聚共识的过程，关系到人心向背，关系到党的执政基础。"心中有阳光，脚下有力量，为了理想能坚持、不懈怠，才能创造无愧于时代的人生。"①在实现第二个百年奋斗目标的新征程上，要加强对广大青年的理想信念教育，引导广大青年树立共产主义远大理想，坚定中国特色社会主义共同理想。一方面，青年要当好党的创新理论的传播者，推动习近平新时代中国特色社会主义思想更加深入人心，转化为坚定理想、锤炼党性和指导实践、推动工作的强大力量；另一方面，青年要守好意识形态阵地，坚决同一切反马克思主义的错误思潮作斗争，为巩固马克思主义在意识形态领域的指导地位、巩固全党全国人民团结奋斗的共同思想基础作贡献。

（三）树立人民至上的价值理念

始终同人民群众站在一起，贯彻人民至上的价值理念，是青年推动现代化建设的重要经验。青年有最远大的理想信念，有最强烈的爱国热情，有最真挚的民族感情。毛泽东勉励青年要为中华民族的解放而奋斗到底，"不是为了自己，而是为了全国四万万五千万同胞，不是为了自己的家，而是为了四万万五千万同胞的家，牺牲一切"②。广大青年在党的领导下始终站稳人民立场，不断克服艰难险阻，为革命、建设和改革贡献了青春、建立了重要功勋。在革命斗争中，青年干部与人民群众培养深厚情感，从政治上、军事上发动组织人民，把成千成万的人民变成有组织的队伍，汇聚成一股不可战胜的磅礴力量。在生产建设中，青年以饱满的激情深入各行各业的劳动者中，向劳动人民学习，以劳动人民为榜样，用自己的智慧和才干在扎实苦干中创造一个又一个生产奇迹。在文化建设中，"社会主义文艺，从本质上讲，就是人民的文艺"③，不同时代的知识青年发挥才干、扎根人民，到人民群众中汲取创作的源泉，创作人民群众喜闻乐见的艺术作品，从精神上鼓舞人民、唤醒人民、动员人民。今天，中华民族伟大复兴进入关键时期，一方面，青年要自觉践行人民至上的价值立场，保持对人民群众朴素深沉的热爱，把"小我"的青春奋斗融入"大我"的时代洪流之中；另一方面，青年要

①　习近平.在知识分子、劳动模范、青年代表座谈会上的讲话[M].北京：人民出版社，2016：11.
②　毛泽东文集（第2卷）[M].北京：人民出版社，1993：119.
③　习近平.习近平谈治国理政（第2卷）[M].北京：外文出版社，2017：314.

做群众路线的践行者，扎根基层，向人民学习，同人民一起梦想、同人民一道奋斗，共同创造社会主义现代化建设的宏图伟业。

（四）在拓宽国际视野中坚持独立自主

青年善于发现和接纳新事物，具有宽阔的格局和视野。新民主主义革命时期，青年冷静客观分析国内外局势的风云变幻，从俄国"十月革命"的胜利中吸取经验，将开创现代化道路的正确理论播种在中国大地上。新中国成立伊始，面对百废待兴的状况，中国共产党以开阔的视野认识到苏联社会主义工业化建设的成功经验，适时地对农业、手工业和资本主义工商业进行社会主义改造，并且对苏联现代化探索中暴露出来的弊端进行深刻反思，开创了一条独立自主的中国式现代化建设道路。当经济全球化成为世界经济发展的大趋势，科学技术在现代化建设中的作用日益突出，广大青年密切关注世界发展动态，立足国情现实，充分激发自身创造力，推动现代化建设高质量发展。

现代化是一个在主动对接世界中抓住机遇发展自己的过程。今天，世界正在经历百年未有之大变局，"青年是国家的未来，也是世界的未来。推进人类社会进步、创造世界美好未来，中国青年责无旁贷"①。面对复杂的形势和艰巨的任务，新时代的青年一方面要具备战略眼光，树立全球视野，全面把握"两个大局"，不断提高自主创新能力，发扬斗争精神；另一方面，要胸怀天下，站在历史正确的一边，投身于推进和拓展现代化的宏伟事业中，既发展自身，又造福世界。

青年的责任从来都同时代发展紧密相连，从来都同民族命运休戚与共。在前进道路上，青年要认识到推进现代化是一项前无古人的开创性事业，必然会遇到各种可以预料和难以预料的风险挑战，必须更加紧密地团结在以习近平同志为核心的党中央周围，坚持以习近平新时代中国特色社会主义思想为指导，全面把握世界百年未有之大变局和中华民族伟大复兴战略全局，在中国式现代化建设中挺膺担当，让青春在全面建设社会主义现代化国家的火热实践中绽放绚丽之花。

---

① 阿东.在习近平新时代中国特色社会主义思想指引下动员引领广大青年为全面建设社会主义现代化国家而团结奋斗——在中国共产主义青年团第十九次全国代表大会上的报告 [N].中国青年报，2023-06-26（1）.

第三节　现代化视域下新时代青年培育的实践路径

一、以高质量发展筑牢新时代青年培育的物质基础

高质量发展是全面建设社会主义现代化国家的首要任务，也是破除人的全面发展桎梏的基础和关键。没有发展，现代化就缺乏物质基础。唯有立足于生产力高度发达的社会基础之上，才能使劳动的功能发生转变，即从人的谋生手段转变为实现自我价值的需要。因此，在新的发展阶段，贯彻新发展理念，构建新发展格局，坚持高质量发展新方位，把我国建设成教育强国、科技强国、人才强国，成为推进教育现代化、科技现代化，筑牢时代青年培育物质基础的重要前提。

（一）加强科技创新能力

高质量发展是科技、文化具有创新性的发展。推动高质量发展，培育时代青年，就要全面贯彻创新、协调、绿色、开放、共享的新发展理念，坚持创新在我国现代化建设全局中的核心地位，大力推进改革创新，积极识变应变求变，充分激发全社会创造活力。

纵观人类社会历史发展，科技创新早已成为实现生产力飞跃的核心驱动。时至今日，立足百年未有之大变局要靠科技创新牢牢掌握核心技术的所有权，"实现中华民族伟大复兴，必须集中力量推进科技创新"。[①]党的二十大报告强调"完善科技创新体系"，将科技创新摆在了我国现代化建设全局中的核心地位。我们要坚持教育优先发展，实现高水平科技自立自强，需要加大创新资本投入力度、健全创新人才培养机制、完善知识产权保护制度、增强创新成果的流动性。聚焦社会主义现代化国家建设需要，着力推进青年科技人才和高水平创新团队建设，使创新更好地引领经济高质量发展，是全面提高人才自主培养质量的首要前提。

---

① 　中共中央文献研究室.习近平关于科技创新论述摘编 [M].北京：中央文献出版社，2016：21.

（二）推进区域协调发展

高质量发展是城乡、区域、经济社会相协调的发展。党的二十大报告指出，现阶段我国发展不平衡不充分问题仍然突出，中国不同区域间经济发展水平差距较大，城乡区域发展和收入分配仍有较大差距，公共服务发展不均衡问题突出。在充分认识各区域经济发展客观条件的基础上，加大对欠发达地区的支持力度，有序推进区域重大战略，缩小区域发展相对差距，振兴特殊类型地区，在区域协调发展中推进共同富裕，助力实现教育公平。

要加快构建高质量教育体系，优化区域教育资源的配置，必须始终坚持教育优先发展的原则，不断促进教育公平。一方面，必须防止乡镇地区、中部地区与东北地区在区域教育资源配置中被边缘化，扩大对上述地区的教育经费支持，改善其办学条件，防止现有差距进一步扩大。另一方面，要谨慎应对高等教育资源过度集聚于东部发达地区的问题，继续在国家层面搭建高等教育东西部结对帮扶、对口支援机制，发挥东部地区高等教育资源的辐射带动作用，推进高等教育资源向中西部流动。除此之外，还可以大力发展网络支教，利用信息化手段扩大优质教育资源的覆盖面，构建"互联网＋教育"的新生态，同时要预防由区域间数字鸿沟带来新的教育不公平。

（三）引领新型城市化发展

高质量发展是高水平、可持续的发展，是高素质人才的竞争。高阶人才竞争背后，不只是薪资待遇的竞争，还是城市活力、宜居环境和产业结构的竞争。引领新型城市化发展，要求以经济发展为根本动力，要求将城市发展与资源优化配置、切实转变增长方式结合起来，就人才培养而言，要深入实施人才强国战略，加快建设世界重要人才中心和创新高地，加快建设国家战略人才力量，着力形成国际竞争的比较优势，努力培养造就更多大师、战略科学家、青年科技人才、卓越工程师、高技能人才。而中国拥有世界上规模最大的高等教育体系，完全能够源源不断地培养造就大批助力经济发展的高端人才。

在新型城市化的发展规划中，首先，要注重平台牵引。依托构建国家重点实验室等高水平科研平台，以大项目、大平台来吸引人才、培育人才。同时，有意识地挖掘更多具备战略科学家潜质的高层次复合型人才，培养一大批一流科技领军人才和创新团队，造就具有国际竞争力的青年科技人才后备军。其次，要加强基础研究。全面规划基础学科人才自主培养，改革创新，突破常规。加大对原始创新人才培养力度，对其创新思维、科学精神等方面给予更多的关注，促使优秀学子投身于基础研究。最后，要创造积极的环境。营造尊重劳动、尊重知识、尊重人才、尊重创造的创新环境，建立鼓励创新、鼓励合作、允许失败、容忍失败的意识共识。遵循人才成长规律与科学研究规律，对人才的评估制度进行优化，为人才"减负松绑"，努力让青年人才享受优渥待遇，得到更多的发展机遇。着力造就拔尖创新人才，聚天下英才而用之。

二、以政治引领强化新时代青年培育的根本遵循

政治引领是新时代青年推动现代化发展过程中的关键性概念。坚持政治引领，不仅是时代青年推动现代化建设的奋斗方向，还是新时代青年坚持和发展中国特色社会主义的内在要求与现实要求。通过加强对新时代青年的政治引领，有利于确保新时代青年厚植爱党、爱国、爱社会主义情感，自觉践行社会主义核心价值观，不断增强其永远跟党走的信仰信念信心，做"有理想、敢担当、能吃苦、肯奋斗"的时代青年。

（一）坚持中国共产党对教育事业和人才工作的全面领导

在我国各项事业的发展中，中国共产党始终发挥总揽全局、协调各方的领导作用，教育事业和人才工作均是如此。坚持中国共产党对教育事业和人才工作的全面领导，要从政治领导、思想领导和组织领导三方面来落实，这既是为党育人的根本要求，也是培育新时代青年的根本基点。

首先，坚持中国共产党对教育事业和人才工作的政治领导，积极落实党的教育方针政策，用党的方针培育时代青年。党发布教育方针政策是党在教育事业上进行政治领导的体现。因此，坚持中国共产党对教育事业和人才工作的政治领导，就要积极贯彻党的教育政策方针，将立德树人作为育人主线，坚持德育优先，五育并举，深化教育教学改革，培养德智体美劳全面发展的社会主义建设者和接班人。

其次，坚持中国共产党对教育事业和人才工作的思想领导，加强思想政治教育工作，用科学思想引领时代青年。要通过三全育人将思想政治理论教育贯穿于教育教学的全员、全方位、全过程，加强顶层设计，构建思政一体化运行的体制机制，集聚主渠道与主阵地育人合力，并在教育教学实践上发力，构建"大思

政"育人工作格局，实现第一课堂与第二课堂的无缝对接，同时在线上线下、课上课下合力，拓展育人的空间维度，实现全员、全过程、全方位培育时代青年。

最后，坚持中国共产党对教育事业和人才工作的组织领导，建立健全党组织，以健康组织服务新时代青年。各类学校要加强党委党支部建设，优化党员干部队伍，提高党员质量。同时要加强党的基层组织建设，健全民主评议会等党委制度，从而为时代青年提供健康良好的成长环境，为时代青年的成长成才添砖加瓦。

（二）坚持中国特色社会主义共同理想对培育新时代青年的价值引领

加强对新时代青年的政治引领要明确政治引领的基本内容。首先，爱国主义教育是进行青年政治引领的永恒主题和明确要求，要旗帜鲜明地突出爱国主义教育，坚持爱国与爱党爱社会主义相统一。其次，中国梦教育具有新时代特征，通过树立历史自信、把握历史主动，立足大历史观，坚定"四个自信"，坚持中国特色社会主义的共同理想，笃信马克思主义的坚定信仰。最后，社会主义核心价值观教育是价值观层面的教育，是新时代中国精神的集中体现，有利于广大青年举旗定向，培养高尚品格。

思政课的基本功能在于其政治引导与价值引领，落实上述教育功能就要着眼于思想政治理论课的实践开展，着力构建"三全育人"思想政治教育机制。习近平总书记将"立德树人"放在国家战略层面考察，而落实立德树人根本任务的关键正是办好思政课，是培养新时代中国特色社会主义建设者和接班人的关键环节。深入开展爱国主义教育、中国梦教育、社会主义核心价值观教育，有助于对新时代青年予以正确的价值引领，把握青年脉搏，高扬爱国主义旗帜，以活动和实践为平台，改进创新联系服务青年的方式方法，使其始终坚守共产主义的崇高信仰。

（三）坚持走中国特色社会主义教育发展道路

坚持走中国特色社会主义教育发展道路，坚守教育事业的社会主义方向，是中国共产党领导教育事业的根本体现。坚持走中国特色社会主义教育发展道路，坚持教育的社会主义方向，就要以马克思主义、毛泽东思想、中国特色社会主义理论体系铸魂育人，这是新时代青年培育工作的根本遵循。

首先，坚持马克思主义对教育事业的指导地位。马克思主义是中国特色社会主义的理论根基，坚持走中国特色社会主义教育发展道路，坚持教育的社会主义方向，就要以马克思主义为根本性指导来培育时代青年，将"以人民为中心"作为培育时代青年的根本立场，将"人的全面发展"作为培育时代青年的根本目的，将"唯物论""辩证法""认识论"作为培育时代青年的根本方法。

其次，坚持毛泽东思想对教育事业的指导地位。坚持走中国特色社会主义教育发展道路，坚持教育的社会主义方向，就要以毛泽东思想为指导来培育时代青年，将思想政治工作作为经济工作和其他一切工作的生命线，加强对时代青年的思想引领；发展民族的、科学的、大众的社会主义文化，为时代青年创设健康的文化环境；将教育与生产劳动相结合，为新时代青年提供广阔的实践场域。

最后，坚持中国特色社会主义理论体系对教育事业的指导地位。中国特色社会主义理论体系是中国特色社会主义的思想指引，坚持走中国特色社会主义教育发展道路，坚持教育的社会主义方向，就要以邓小平理论、"三个代表"重要思想、科学发展观、习近平新时代中国特色社会主义思想培育时代青年，让中国特色社会主义理论思想进教材、进课堂、进头脑。

（四）健全新时代青年的培养机制

培养与现代化建设相适应的时代青年，就要致力于破解桎梏时代青年成长成才的体制机制，建立健全时代青年培养机制，全方位引进好、培育好新时代青年人才，为其政治引领保驾护航。

第一，构建有助于青年就业和发展的社会保障制度，促进青年公平合理就业。大多数青年属于弱势群体，政府应当在政策制度等方面对公平就业予以重视，完善相关就业法律法规，消除不合理的差别待遇。注重对青年的关爱，取消在性别、年龄、体貌和学历等方面的就业歧视，为青年人才就业提供平等的竞争环境，增强青年群体的就业积极性。

第二，着力改进人才培养和激励保障等制度措施，完善全链条人才培养机制，推动培养机制高效联动。首先，完善以公开、公平、竞争、择优为导向的人才选拔机制，实行公开透明的人才任用制度，健全以实干为导向的评估体系，促进优秀人才脱颖而出。其次，建立科学合理的激励保障机制，健全以政府奖励为导向、用人单位和社会奖励为主体的人才激励机制，加大对人才培训的投入力度和创新人才的激励力度，强化专业培养、定向培养、梯次培养，着力推进岗位技能人才向专业化发展，专业型人才向复合型人才发展。

第三，优化人才流动配置和引进机制。成长通道窄、实干机会少等问题是新时代青年在成才发展过程中所不可避免的问题。一方面，以中国式现代化道路为基点，以面向未来和科技前沿的眼光发展新兴人才，促进高阶人才不断涌现。通过发挥高等教育和职业教育的主阵地作用，拓宽各领域各阶层的青年群体职业发展的平台渠道，激发青年人才的无限潜能，使其大有作为、大有可为。另一方面，也要着眼于基层一线和乡镇选拔中择优选人，优化人才引进与流动机制，强化人才制度保障。营造"尊重劳动、尊重知识、尊重人才、尊重创造"的成长氛围，兼顾推行人才减负和用人放权的培养机制，激励时代青年不断进行知识积累与科技创新，策勉时代青年不惧于向偏远地区及农村乡镇流动，充分激发时代青年的奋斗激情和创新活力。

三、以富足精神增强时代青年培育的文化力量

现代化是物质文明和精神文明相协调的现代化。坚持推进文化建设培根铸魂，汲取中华优秀传统文化的思想伟力，赓续红色革命文化的奋斗精神，学习社会主义先进文化，把社会主义核心价值观嵌入时代青年的生活场景和精神世界，引导他们在多元价值的碰撞和激荡中形成正确价值判断和价值选择，既符合中国式现代化道路的发展需要，又适应新时代青年的成长期待。

（一）弘扬优秀传统文化的滋养作用

优秀传统文化是一个民族和国家文化赖以发展繁荣的根基所在。中华优秀传统文化饱含着中华文化的精华，是社会主义先进文化建设发展的思想渊源。党的二十大报告重点内容的"两个结合"其中之一，就是同中华优秀传统文化相结合。大力阐发弘扬中华优秀传统文化，以文化启迪思想、浸润心灵、熏陶品行，引导时代青年厚植家国情怀、坚定文化自信、笃定前行方向，对于培养时代青年具有重要意义。

党的十八大以来，中国共产党对继承弘扬中华优秀传统文化予以了高度重视，提出了中华优秀传统文化创造性转化和创新性发展的时代课题。创造性转化，是指要顺应时代发展趋势，对当前仍然具有借鉴意义的内容与固化过时的形式予以扬弃，使其呈现崭新的时代内涵与现代化的表现方式，使其焕发勃勃生机；创新性发展，是指要紧跟时代的步伐，不断丰富拓展中华优秀传统文化的时代内涵。这就将中华优秀传统文化推进到新时代，更好地与新时代青年的学习生活相结合。

需要注意的是，实现传统文化的转化发展，并不是简单地把传统文化的优秀部分在当代加以挖掘并大力宣传这么简单，而是要我们清醒地认识到中华优秀传统文化的当代价值，建设具有中国特色的社会主义新文化，为更好地滋养青年心灵提供精神动力支持。

（二）发掘红色革命文化的当代价值

红色革命文化是由中国共产党人、先进分子和人民群众在革命时期共同创造的文化，其极具中国特色，包蕴着深刻的革命精神和深厚的历史内涵。青年对于革命文化的认同程度直接关系到他们的价值取向，新时代青年对红色革命文化的认同是增强文化自信的前提和基础。新时代发掘红色革命文化的当代价值，有助于深化新时代青年对红色革命文化的理性认知，深入了解红色革命文化的历史演进，深刻领悟红色革命文化所蕴含的巨大精神力量，从而增强文化自信；有助于新时代青年领会红色革命文化的精神内核，提高革命素养，培养拼搏向上、吃苦耐劳、勇于担当、积极进取的革命品格，从而成长为中国特色社会主义事业的合格建设者和可靠接班人；有助于激发时代青年的爱国情怀，增强社会责任感和历史使命感，并将爱国情感内化于心、外化于行。

与此同时，我们还需要清楚地认识到，精神文明建设的过程是现代文明与历史和现实中存在的精神愚昧相决裂的过程。随着这一过程向纵深推移，必将遇到新的阻力，激化各种矛盾。社会主义精神文明建设具有长期性、艰巨性和复杂性。随着世界多极化和经济全球化的深入发展，各种西方思潮不断涌入，历史虚无主义等错误思潮竭力贬损和否定革命，丑化和诋毁伟大领袖或英雄人物，甚至虚构事实诋毁和嘲弄中国共产党领导中国人民进行革命与建设的历史，致使少部分青年被模糊了政治信仰、扭曲了价值取向，影响青年健康成长。中国共产党人"既不是历史虚无主义者，也不是文化虚无主义者"[①]，旗帜鲜明地反对各种唯心主义和虚无主义谬误。通过弘扬革命文化，发掘红色革命文化的当代价值，深刻批判、揭露腐朽没落的错误思潮，用革命历史和事实提高青年的思想政治觉悟，培养爱国情怀和社会责任感，帮助青年克服自身弱点和不足，树立革命的人生观，真正担负起复兴中华民族的历史重任。

---

① 薛新国.社会主义核心价值观思想来源论析[J].西华大学学报（哲学社会科学版），2023（1）：5.

（三）加强先进理论知识的教育引领

想要培育时代青年的文化自信，培育其对中国特色社会主义的真心认同，首先需要加强先进理论知识的教育引领，在道理上折服人。马克思主义早就明确提出，理论只要说服人，就能掌握群众，而理论只要彻底，就能说服人。马克思主义是最根本的指导思想，是研究事物根本规律的科学理论。然而马克思主义从来不承认任何僵化的教条，其活的灵魂便是具体问题具体分析，即实事求是。一切理论的先进都是相对的先进，党的二十大报告强调，"要把握好新时代中国特色社会主义思想的世界观和方法论，坚持好、运用好贯穿其中的立场观点方法"。①

先进理论知识在精神文明建设中的引领作用，集中体现在社会主义先进文化的发展与弘扬之上。社会主义先进文化，是以马克思主义为指导，继承和弘扬中华优秀文化传统和"五四运动"以来形成的革命文化传统、吸收借鉴世界优秀文化成果、集中体现全国各族人民在新的历史条件下的精神追求，是党带领人民在马克思主义创造性发展中形成（面向现代化、面向世界、面向未来）民族的、科学的、大众的先进文化形态。社会主义先进文化有着自身发展逻辑，它既囊括着优秀传统文化、革命文化的优质基因，又反映着中国道路、中国理论、中国制度中的伟大价值理念，尽显中国智慧在新时代的先进样貌，是中国特色社会主义文化发展的"现实形态"，是中国特色社会主义文化自信的主要内容与力量支撑。党的二十大报告两次提出要"发展社会主义先进文化"，面对新的历史机遇期，坚持以社会主义核心价值观为引领繁荣发展社会主义先进文化，以新时代中国精神不断开辟现代化新境界，有助于持续推进新时代青年培育的时代性与实效性。

四、以和谐理念营造新时代青年培育的社会与国际环境

培养时代青年是一项需要多方合力的系统工程，社会是家庭、学校之外对青年产生影响的重要环境，培育时代青年，需要营造与之相适应的良好的社会环境，这就是要营造和谐健康的人际环境、打造主旋律充沛的和谐舆论环境、创设和谐发展的国际环境。

（一）营造全体人民共同富裕的和谐社会环境

新时代青年看似是一个抽象的整体概念，但其实不然，我们培育的新时代

---

① 习近平. 高举中国特色社会主义伟大旗帜为全面建设社会主义现代化国家而团结奋斗——在中国共产党第二十次全国代表大会上的报告 [M]. 北京：人民出版社，2022：18-19.

青年，是一个个活生生的社会个体，是生活在现实社会中的"现实的人"。早在《1844年经济学哲学手稿》中，马克思就已指出"人的对象性关系"与"类存在物"本质，在《关于费尔巴哈的提纲》中，进一步提出了我们所熟知的著名论断："人的本质不是单个人所固有的抽象物，在其现实性上，它是一切社会关系的总和。"①正如马克思所言，每个人都不是完全孤立的，总是生活在一定的社会文化圈中，社会环境是否和谐健康，无疑会影响时代青年的培育成效。一般情况下，生活在和谐社会环境的青年群体，无论是生活态度、学习成绩还是主观满意度和幸福感体验都会更强，会较少体验负面情绪，增进对集体的归属感。反之，生活在不够和谐的社会环境的青年群体，往往容易产生负面情绪，个人对于集体的归属感受挫，出现心理危机事件的风险急剧上升。

我国在民生领域上存在一些短板，如城乡区域发展仍有较大落差，教育、就业、医疗、养老等领域仍存在较多困难，这些不稳定因素较大程度上影响了社会和谐，为我国新时代青年的培育工作带来了挑战。这些问题是我国社会发展不均衡的体现，这就要求我们推进全体人民共同富裕，防止两极分化，为新时代青年营造和谐的社会环境。第一，要完善分配制度。坚持多劳多得的理念，鼓励勤劳致富的途径，驱动社会机会公平，增加低收入者收入，扩大中等收入群体，从而缩小收入分配差距，推动全体人民共同富裕，营造和谐的社会环境。第二，全面推进城乡协调发展与区域协调发展。一方面，实施乡村振兴战略，农业农村优先发展，畅通城乡要素流动，推动城乡融合发展，促进城乡协调发展。另一方面，深入贯彻区域协调发展战略，对重大生产力布局进行深刻优化，从而搭建高质量发展的国土空间体系和区域经济布局。通过以上两方面推动城乡、区域的平衡发展，促进全体人民共同富裕，营造和谐的社会环境。第三，推动教育公平。坚持以人民为中心发展教育事业，加快义务教育优质均衡发展，优化区域教育资源配置，完善覆盖全学段学生资助体系，让每位学生获得平等的受教育机会，以此推动全体人民精神上的共同富裕，营造和谐的社会环境。

（二）打造主旋律充沛的和谐舆论环境

培育新时代青年对国家与集体的自觉认同，需要培育其对主旋律意识形态的自觉认同。舆论是普遍大众对某种社会问题或现象表达出来的相对一致的观点

① 马克思恩格斯文集（第1卷）[M]. 北京：人民出版社，2009：505.

和意见、态度与情感的总和。党的十八大以来，习近平总书记三复斯言，"新闻舆论工作是党的一项重要工作，是治国理政、定国安邦的大事"①。舆论导向关系意识形态安全，二者密切联系、相辅而行，社会舆论是国家意识形态重要的外显形式，主旋律充沛的舆论环境有助于夯实国家意识形态安全，而主流意识形态对公众舆论也起着主导作用，安全稳定的意识形态方能长久带引健康舆论。

新时代青年作为社会存在的人是理智与情感并存的存在物，他们的思维和意见也是理智与情感并存。与此同时，新青年作为时代的晴雨表，对于舆论变化最为敏感，他们对社会现象的了解或对社会问题的认识不能保证每一次都是十分清楚正确的，因此也最容易受舆论导向的影响。为此，培育新时代青年需要打造主旋律充沛的舆论环境，要及时发现和解决社会问题，决不能小事拖大，任由社会热点引发群体性事件，引起舆论风波；要强化法律在舆论管理和导向中的作用，加强公众尤其是公众人物的法律修养和政治素质，为敢于对消极舆论亮剑的个体、部门提供坚强且持久的法律保障；要正确有效地进行舆情应对和舆论引导，形成全社会共建、共治、共享积极舆论环境。

（三）以人类命运共同体创设和谐的国际环境

当今时代全球化向纵深推进，这使得时代青年不仅立足本国，同时面向世界，和谐的国际环境无疑是培育时代青年的良好土壤。因此，要推动人类命运共同体的构建，营造和谐稳定的国际环境，为新时代青年创设广阔的发展空间。

首先，坚持对外开放的基本国策，奉行独立自主的和平外交政策，摒弃冷战思维、零和博弈，反对霸权主义与强权政治，坚定维护国际公平与正义。完善外交总体布局，构建以相互尊重为前提、以公平正义为准则、以合作共赢为目标的新型国际关系。积极展示负责任的大国担当，力求探寻国家之间的合作联结点与利益共通点，务求和同，与全球各国协力同心建设和平和谐的国际社会，为时代青年创设和谐稳定的国际环境。

其次，中国作为全球治理的主要引领者和推动者，要秉持面向未来发展和科技前沿的视野，着眼于培育具有国际竞争能力和前瞻性视野的时代青年，使其成为世界和平发展的捍卫者与推动者。一方面，加强对外平台搭建，依托高校与企事业单位，鼓励青年走出去，拓宽时代青年的国际视野。另一方面，积极推进

---

① 习近平. 习近平谈治国理政（第 1 卷）[M]. 北京：外文出版社，2017：331.

高水平科技创新和高层次人才聚集，加快建设世界重要人才中心和创新高地，与世界各国携手共建美好和谐的国际社会，推动构建人类命运共同体，为时代青年创设和谐稳定的国际环境。

五、以和谐共生推进时代青年培育的生态文明教育

习近平总书记旗帜鲜明地讲到"中国式现代化是人与自然和谐共生的现代化"，从现代化发展的高度对于人与自然的关系做了深刻论述。因此，推进生态文明教育对于培养新时代青年具有重要意义。对此，我们要完善生态文明教育课程设置、加强生态文明教育师资队伍建设、完善生态文明教育评价体系。

（一）完善生态文明教育课程设置

课程是开展生态文明教育的基础环节，关于生态文明教育的理论知识以及实践指导都要依靠完整的课程体系作为载体，大学生关于生态文明教育的知识首先是通过课程延展而来的，完整的课程体系能够集中体现生态文明教育的思想和观念，同时为开展生态文明教育提供了培养目标和教育蓝本。因此，生态文明教育课程设置要做到精准定位社会需求、切实贴合学生实际，尊重教育客观规律，既要有丰富的生态文明理论知识，也要涵盖生态文明实践导向，真正对焦现实的生态文明需求。基于此，生态文明课程设置要注重以下几点。

第一，课程设置要具有多样性。生态文明教育本身就具有跨学科特征，其中包含非常丰富的教育元素。因此，开展生态文明教育课程设置，不仅要注重课程内容的多样性，也要注重课程设计方式的多样性。就课程内容而言，生态文明课程不能仅仅局限于环境理论内容的设置，要将生态文明课程广泛地与各个学科相结合，同时要将课程内容与区域环境特色相结合，既能体现出课程一体化，也可显现出教材多样性的优势，最终形成富有理论深度和区域特色的生态文明课程体系，以保障有效地渗透生态文明价值理念。就教育课程设计多样性而言，要做到显性课程与隐性课程相结合、理论课程与生活实践课程相结合的原则，充分体现出学生主导性和社会需求性的双向结合，根据不同专业特点和各专业人才的培养要求来设定大学生生态文明教育内容的重点和切入点，使其既有普遍性，又有特殊性，满足学生个性化的发展和全面发展的需要。

第二，要推动生态文明教育课程一体化设置。生态文明教育是一种素养性教育，单纯凭借某一个阶段的教育很难达到预期的目标，需要具有长效性的课程

予以保障。目前，我国大、中、小学生态文明教育课程各环节脱节严重，各个阶段教育过于碎片化。在义务教育阶段，生态文明课程设置过于集中在书本学习当中，忽略了实践课程的重要作用。在高中教育阶段，为达到应试目的生态文明教育基本属于断层，少数开展生态文明教育的高中学校也基本流于形式，缺乏课程设置的针对性。在高等教育中，生态文明教育为了弥补前几个阶段的缺失，体现出急于求成的局面。涣散的课程体系使得各个阶段的教育难以形成整体化教育效果，也难以达到最终的教育目的。因此，生态文明教育要着手构建一体化的课程设置，确保各个阶段的生态文明课程相互关联，紧密衔接，一脉相传，并且各个阶段的课程设置要做到具有针对性，能够符合本阶段学生生态文明教育的现实要求，尤其是义务教育阶段，课程设置要为后续的生态文明教育筑牢良好的实践基础。

第三，课堂是落实课程目标的重要环节，要把更新课堂模式作为课程改革的前沿，转变学生在传统课堂模式中的角色。传统课堂形式以教师讲授为主，这样的传统课堂授课模式往往忽略了生态文明教育中大学生的情感体验和直观参与感，将生态文明教育转变为机械的理论教育。生态文明教育最终的目的是引导大学生养成良好的自主探索能力、独立分析能力、团队协作能力等。要想实现预期的课程改革目标，就要在课堂实施过程中进行"角色置换"，充分开发学生在课堂当中的主体意愿，将课程进度交由学生把握，教师在授课过程中积极发挥"穿针引线"的作用，要以多样性、一体化的课程内容作为基础，以学生的兴趣爱好作为教育导向，穿插多媒体教育手段，采用课堂讨论、活动参与、模型演示、体验观察等教育手段，引导学生在课堂中积极主动思考，提升生态文明综合能力和实践能力，同时要在各类实践教育中注重培养学生团队合作能力，让学生在相互配合的过程中发现问题，讨论问题，最终解决问题。

（二）加强生态文明教育师资队伍建设

教师队伍建设是生态文明教育中的关键环节，然而目前仍存在生态文明教育师资队伍专业性不强、责任意识不到位、生态行为不规范等诸多现实问题。因此，提高生态文明教师队伍数量，提升生态文明教师质量，是当前进一步推进生态文明教育亟需解决的关键问题。立足当前生态文明教育现实背景，打造一支专业化的生态文明教师队伍就要聚焦于以下几点。

第一，要提升生态文明教育在师范教育中的地位。师范类院校肩负着培养合格教师的重要责任，要想打造一支高素质、高水平的生态文明教师队伍，就要落脚于师范教育的培养过程，从源头上狠抓落实生态文明教育。一方面，要将生态文明教育纳入师范教育培养体系。师范院校应当完善培养方案，制定相关标准，明确要求学生在校期间应当修够与生态文明教育有关的必修、选修课程学分。另一方面，要广泛开展各类教学实践活动，使得学生能够很好地将所学专业与生态文明教育相结合，致力于提升学生生态文明教育能力。同时应当鼓励师范专业学校积极开展以生态文明教育为主题的合作活动。生态文明教育本身就涉及多学科、多领域，因此要积极鼓励各个师范专业学生共同进行课题研究、实践探索等活动，并且邀请专家学者对相关活动作出专业指导，以便提升各个专业之间的生态素养以及团队协作能力。

第二，要提升在职教师队伍的生态文明素养。教师是生态文明教育实施过程中的重要环节，也是生态文明教育中最具直接性的影响因子。教师的行为举止、理念素养往往会对学生产生潜移默化的持久影响。因此，提升教师生态文明素养对于后期的教育效果而言具有直接性的影响。一方面，教师个人应当严格要求自己，在教学过程当中要坚决摒弃各类功利主义，在日常工作生活当中要规范个人的行为，做到不在公共场合吸烟、不随意乱扔垃圾、坚持积极的生活态度和健康的审美取向，坚持做到以身作则。另一方面，应当完善在职教师培训体系。传统的在职教师培训主要以讲座、研讨等方式为主，很难起到相应的作用，因此创新培训模式势在必行，通过系统制定职前和在职培训方案，开展符合教师自身发展需要和专业基础的培训。

第三，要提升生态文明教育队伍的管理能力。为了取得更好的教育效果，生态文明教育队伍在实施教育过程中也要充分发挥生态文明教育管理职能。首先，应当制定合理的教育计划。生态文明教育是一项长期性的教育活动，制订教育计划时既要符合生态文明社会建设的客观要求，也要符合受教育群体的客观需求，教育计划应当循序渐进，在不同的阶段要利用一切资源，有目的、有步骤地实施教育计划，切忌急于求成。其次，要充分激发教师参与生态文明管理的主动性。校园中，教师和学生都属于良好校园生态环境的受益者，要充分调动教师参与校园生态文明建设的积极性，动员教师为校园生态文明建设建言献策，在情感上始终保持对校园建设的"家园情怀"和对校园生态治理建设的参与感，在行为上始终以生态文明行为范式严格要求自己。最后，生态文明教育部门应当充分发挥组织、协调手段，积极调动各类因素为生态文明教育服务。影响生态文明教育的因素具有复杂性，因此在开展教育过程中，一方面要制定合理的组织手段，将生态文明教育中的人力、物力进行合理配置，以此规避教育过程中不确定性和无序性。另一方面要积极进行协调工作，协调统筹好教育活动中的各个环节，使教育过程中的各个部门能够实现相互配合，努力规避不利影响，使各类教育资源能够发挥正向作用，最终形成有益于生态文明教育的教育合力。

（三）完善生态文明教育评价体系

生态文明教育评价工作旨在在对上个阶段的教育工作进行回顾与总结，是系统反馈教育现状的重要指标，科学合理的评价体系不仅能够修正现阶段教育工作中的误区，也能够为开展下一步教育工作提供可靠的参考指标，开展生态文明评价工作能够对现阶段教育结构、教育动态以及教育环节作出能动的反馈，是调整生态文明教育方案的重要手段，因此，有效制定正确的评价体系要注重以下几个方面。

首先，要丰富评价主体。"生态文明教育督导评估的主体主要包括国家教育督导机关和人员、社会代表、生态文明教育及评价的专家及专业人员、被督导对象自身管理工作相关人员等。"多元化的评价主体要能够有效覆盖生态文明教育的各个维度，具体包括从事生态文明教育的相关专家，这类评价主体能够依据自身扎实的专业基础和丰富的实践经验精确判断实施教育的效果，精准定位实施教育的问题。评价主体中也应当包含接受生态文明教育的大学生，大学生群体对生态文明教育活动开展自评能够充分激发其主体意识，有助于形成"发现问题，制定方案，实施方案，检验成果"的自主学习思路。评价主体中也应当包含第三方评价机构，这类评价主体应当满足评价手段科技化、评价内容多元化的要求，既能够对于理论知识开展多角度评价，也可以制定符合大学生群体的实践评价体系，并且能够依据评价结果反馈合理的调整方案。

其次，要创新评价方式。传统的生态文明教育评价方式主要包括参评单位自述、教育管理部门审阅相关教学活动资料以及评价单位实地进行考察等，这些评价方式尽管能够有效开展评价活动，然而也面临工作量大、工作方式繁复、耗费大量人力物力等问题，在一定程度上背离了生态文明教育的理念。因此，要想实现评价方式的创新，就要有效利用互联网资源建立专项评价平台，丰富比对信息及数据，从而实现有效整合评价资源，达到省时省力且评价结果准确的理想状态。此外，也应当鼓励高校之间实施"同行评价"，高校之间相互开展评价，不仅能够实现评价结果的专业性与权威性，同时能够达成生态文明教育领域的专项交流，以便实现优势互补，规避短板的交流局面。

最后，要制定全面的评价内容。生态文明教育本身具有极强的综合性，要想达到既定的教育目标，全面的评价内容是必不可少的，评价内容既要反映生态文明教育培养"生态人"的价值诉求，也要能够真实地体现生态文明教育的客观现状，具体可以涉及以下几个评估内容：首先，要有对教育资源的评估，主要涉及高校中开展大学生生态文明教育所应具备的教育设备、教育场地、教育环境等基础设备，同时还要包括对大学生生态文明教育课程研发、教材的编订以及师资力量的建设等。其次，要有对教育活动的评价，"主要考察申报单位开展生态文明教育活动的形式、效果、时效性、针对性等情况"。再次，要有对教育效果的评估，具体针对青年群体是否养成了合理的生态价值观、健康的消费观、正确的生命观以及健康绿色的生活习惯。最后，要有开展对协同参与的评价，主要考察评估对象在开展生态文明教育过程中的协同合作与相互交流情况，包括政府的参与、环保组织的参与、社区与家庭的参与、大中小学校的参与、研究机构的参与、企业的参与等。

第五章　现代化视域下绿色生活方式研究

第一节　现代化视域下推行绿色生活
方式的价值

在巨大的现实环境破坏的压力下，人们要求现代社会的生活方式也应该是"绿色的"，人们的生活观念更加贴合绿色、循环、可持续的理念，绿色生活方式具有深刻的理论意义的同时，对于生态文明建设、保全自然环境之美、生活和谐平衡以及实现人的全面发展也具有现实的实践价值。

一、绿色生活方式有利于生态文明建设

在现代化进程中构建绿色生活方式，是人们在生活方式上的一次重大选择，绿色生活方式成为人们的主动选择，具有极高的实践价值。绿色生活方式作为对绿色发展理念的认同与实践，是实现生态文明的关键和基础。在促进美丽中国建设、提升发展质量以及实现可持续发展中具有推动作用。

绿色生活方式体现生态文明。绿色生活方式在微观层面处处体现着生态文明，绿色生活方式是由绿色理念指导绿色行为实践，绿色生活方式的形成表现了个人在衣食住行等日常方面来响应生态文明建设的要求。比如：个人的绿色消费行为，购买环保节能产品，高效节能的电器、节水节电设备、新能源汽车等；个人的绿色生活细节，自带餐具，不使用一次性用品、自带可循环利用购物袋、随手关灯等。这些都是绿色生活方式响应生态文明的具体表现，为我国的绿色发展提供助力。

绿色生活方式助力美丽中国建设。在全面建成小康社会之后，我国正向实现美丽中国的现代化建设的目标奋进。坚定推进绿色生活方式，把握社会主义生态文明建设是建设美丽中国的必然之路，绿色生活方式是与现代生态文明相一致的生活方式选择，最贴合当下民众的需要。新时代人民群众主动用绿色美化自己

的行为实践，通过点滴的绿色行为呵护祖国的蓝天绿水，推动建设美丽中国的中国梦的实现。

绿色生活方式提升发展质量。推进绿色生活方式就是要在人与自然的关系中找到平衡，目的不是要战胜自然，而是要在提升人的生活品质的同时，注意环境保护和人自身的发展。科技创新是推进社会经济发展的重要途径，但只单单强调突破技术难题以求得经济增长，而忽视环境保护的要求，就会造成技术在生态方面的失败。因此，需要寻求突破绿色技术的发展，既能够保护自然，也能够提升人民生活水平的绿色科技。绿色生活方式围绕人的发展和利益，倒逼绿色技术突破，提高发展质量。

绿色生活方式有助于缓解资源环境约束，实现可持续发展。绿色生活方式是缓解资源环境约束、实现可持续发展的重要措施之一。我国是一个人均资源相对不足以及环境承载能力较弱的发展中国家，中国国情决定了我国的现代化发展道路不能照搬西方国家的高耗能、高污染的道路。我国在加速现代化进程中，面对越来越严重的资源紧缺、环境污染等问题，与此同时，社会生活中还存在许多不良消费和严重浪费的现象，加重了我国的现实困境。因此，构建绿色生活方式需要从生活端、消费端甚至生产端出发，缓解我国资源约束、支撑我国的可持续发展。

二、绿色生活方式利于保护自然环境之美

倡导绿色生活方式，就是看清自然之美的宝贵价值，理解人类社会与自然环境的整体性、系统性关系，明白自然环境之美是人们美好生活的根基。人与自然界本就是相互融合的统一整体，人存在于自然界之中，自然界包含人的存在，因此我们需要从实践角度，保护自然环境之美，降低对自然界的伤害，而在我们日常中践行绿色生活方式是渠道之一。

（一）绿色生活方式维护自然发展

绿色生活方式具有维护自然发展的作用。马克思和恩格斯提到人与自然的关系是辩证的，我们应该尊重自然，顺应自然的发展规律。在马克思的观念中，自然是先于人类社会的存在，自然界支配着人类社会的发展，制约着人类的行为。因此，必须践行绿色生活方式以维护自然的发展，促进人与自然的和谐共处。人类想要获得可持续发展，就必须为维护自然环境之美作出贡献，维护人类社会发

展与自然保护的平衡。只有如此，才能够确保人类社会能够持续实现高品质的生活需求，否则就会遭到"自然无情的报复"。

绿色生活方式体现在人类的衣、食、住、行之中都有利于自然的发展。从"衣"来看，当人们选择绿色生活方式，在衣物材料的选择上更多地偏向于更好处理、更好洗涤、更好回收的布料，而不是用动物的皮毛来制作衣物；在衣服购买的选择上，更多的会偏向按需购买，而不是浪费性消费。这些做法既反映了对动物的保护，也体现出一种更加节俭、低碳的生活方式。从"食"来看，绿色生活倡导的是人类对基础生存需要的满足，而采取节制的、不铺张浪费的生活方式。绿色生活方式倡导健康饮食，倡导"光盘行动"和"打包"行为，既满足了人们的基本需求，有利于身体健康，还解决了食物浪费问题，也是一种保护资源的方式。从"住"来看，人们对居住环境的选择主要是基于生态需求，绿色低碳、环境优美的居住地更加符合人们的选择，绿色生活方式指导人们在居住的选择上要以环保为中心，不过度装修、多使用节能家电、购买可循环利用物品、自觉进行垃圾分类以及节水节电等行为，过有节制的生活，符合发展自然环境之美的要求。从"行"来看，绿色生活要求的是一种低碳环保的出行方式，选择公共交通、步行、自行车骑行等方式，既可以舒缓交通阻塞的压力，又能够减少二氧化碳的排放，减少大气污染的同时能够强身健体，保护环境。绿色生活方式正是体现在一件件生活中的小事之中，积少成多对环境作出改变，有利于自然的可持续发展。

（二）绿色生活方式降低对自然的伤害

回顾人与自然关系的发展历史，在农业文明时期，人与自然是一种简单而又原始的关系，人类对自然界知之甚少，又极度依赖自然界的物质资料进行生存。在工业文明时期，人类逐渐发现自己的力量，成为利益的中心，这个时期人类充满了改造自然、控制自然的欲望，为了满足自己的利益还肆意地破坏自然。在这个阶段内人们的生活方式总是"以消费为导向"和"以经济发展为导向"，还带有浓郁的享乐情怀。这种生活方式是不可持续的，是对自然有极大伤害的生活方式。在这种情况下，人们的实际需求和利益被边缘化，人们更加偏向社会引导的对自然伤害极大的价值选择。而绿色生活方式伴随着生态文明新形态出现，对以往的生活方式进行纠偏。

第一，绿色生活方式纠正了错误的消费主义观念。西方消费主义的思潮对我国绿色生活方式的构建具有重大阻碍。消费主义的错误观念主要表现为人对物质生活的过度追求，以"物质利益"为根本的评判准则，错误地将消费商品作为人生的全部意义和人的价值地位的体现。绿色生活方式就是要纠正这种错误的观念，避免造成资源的浪费和环境的破坏。绿色生活方式倡导要进行绿色消费，是一种以节俭、绿色、健康为特征的消费方式，以此改变错误的消费主义观念，减少对自然的伤害。

第二，绿色生活方式纠正了个人中心主义思想。对于利己的个人中心主义者，他们只在乎自身的生活水平和生活成本，而忽略他人和社会的发展，将个人利益置于首位。这种错误思想导致了社会的不和谐发展，违背了每个人应该承担的责任和义务，对于人生只想着享受。而绿色生活方式批判了这种个人中心主义思想，认为每个人都应该承担起责任，推进人与自然的和谐共处，而且要将集体利益置于个人利益之前，形成良好和谐的社会风尚。

第三，绿色生活方式纠正了人类中心主义错误。这种思想认为人类是万物的尺度，是一切事物的领导者，而自然只是为人类的生存而服务，是人类征服的对象。这种对自然界的完全漠视，将导致自然对人类可怕的报复。绿色生活方式认识到了自然界与人类社会同等重要的地位，要在人类社会实现发展的同时保护自然环境，减少人类的活动对环境带来的伤害。

三、绿色生活方式利于引导生活方式之真

在人类的实践活动中，实现绿色生活方式是对于生存改善的一种基本诉求，意味着形成一种社会生活的理想状态。绿色生活方式归根结底就是为了人们能够更好地进行生活，在生活中实现自身的发展。因此，立足于最基本的生活概念，绿色生活方式引导人们进行合理的生活，展现其基本的实践价值。

（一）适度的物质消耗满足生活需求

绿色生活方式是适应生态文明建设的生活方式，是人类对工业文明发展中物欲极度扩张的理性反思，是人类全面重新思考人生意义的生活方式。不同于铺张浪费的生活方式，绿色生活方式强调以适度的物质消耗来满足生存需要。

绿色生活方式在精神上要求人们具有"节欲"意识，即节制自身无限膨胀的物质欲望，减少对自然无节制地索取，克制享乐的思想，理性地对待自然界。这种理想中的绿色生活方式要求，是人们对实现生活之真的切实领悟。意识到物

质欲望是没有限度的，重点是人类要控制好自己不合理的欲望，对物质的过度追求不仅不会提升人们生活的幸福感和满足感，相反，在短暂的过程之后，对人的身心健康和环境都会带来巨大伤害。因此，人类应该将追求的目标投向精神世界，追求精神的满足和愉悦。最终达到生活的本真状态，才能获得实在、体面的生活状态。

绿色生活方式要求人们理性认识自身的真正需求。了解什么才是我们的真正需要，进而降低虚荣的、奢侈的消费欲望，减少浪费和消耗。在绿色生活方式的影响下，通过解决人类对自然资源的过度需要的问题，最大限度地减少人类活动对自然环境的破坏，来建立人与自然平衡和谐的关系。同时，人类还可以重复利用自然资源，凭借人类的主观能动性，借助科学技术发展，生产可再生能源和提高资源利用效率，实现循环、高效利用。绿色生活方式帮助人们重新审视自身需求，以实现经济社会的可持续发展。

（二）简约而不简单的生活方式

绿色生活方式是一种简约而不简单的生活方式。绿色生活方式的"简约"体现在其要求人们在日常生活中"化繁为简"，去掉不必要的修饰，回归生活本身，回归人的发展本身。绿色生活方式的"不简单"则体现在绿色生活方式不是简单地禁锢人们的生活欲望，而是在深刻认识生活的真正意义的前提下，将人们从对物质欲望的关注中解救出来，去寻求一种符合人性本真状态的幸福感受，实现生活品质的质变性提升。

绿色生活方式要求人们要树立绿色的生活观念和消费观念，践行绿色低碳。低碳生活是绿色生活方式的其中一面，这一方面代表了人类对可持续发展应担负的环保责任；另一方面也表示人们的生活可以实现合理利用能源、享受绿色经济的目标，要求人们也尽量采用低能耗、低排放的生活方式。绿色生活方式体现出绿色健康的生活观。在当代中国现代化的发展中，更要意识到自然资源对现代化建设的重要作用，要留住美丽环境，在简约的绿色生活方式中，实现可持续发展的目标。

四、绿色生活方式有利于实现人的全面发展

构建绿色生活方式是一场关于人的生活方式的深刻变革，而人的生活方式本质上也体现了人的生活样式，即人如何生活的问题，与人的发展密切相关。因

此，构建绿色生活方式与人的全面发展具有密切联系，甚至二者相互促进、相互作用。绿色生活方式基于人的全面发展的前提和条件，又反过来促进人的全面发展；人的全面发展又在绿色生活方式上得到一定程度的体现。基于二者之间的相互关系，构建绿色生活方式既是人的全面发展的原因，也是人的全面发展的结果。

实现人生意义的自我超越。构建绿色生活方式有助于公民找到有意义的人生价值，实现精神层面的升华和塑造。过去以过度消费、奢侈享乐为主的生活方式是生态危机的重要原因之一，在环境破坏的现实背景下，以追求可持续、低碳循环的绿色生活方式成为人们的现实需要。绿色生活方式以生态理念为指导，指引人们在追寻适合自己的生活方式之中，找到生活的意义。在现实生活中，面对生态环境利益和个人利益冲突的情况下，选择符合时代要求、符合自然要求的一面，理性面对人与自然的平衡与和谐，不再从自己的私利出发，而是选择合乎道德和发展的生活方式，在一次次价值判断中，实现人生意义的自我超越。

实现道德素养的自我完善。绿色生活方式的践行同样是人的道德素养得到完善的过程。道德素养完善的第一层次思想转变，就是从人类中心主义的"人是价值的尺度"到万事万物都具有存在的价值意义，不再以人类自我的利益为中心去判断自然的存在价值。实现绿色生活方式就是让我们重新审视自身的生活方式是否有利于人类社会和自然社会的发展。因此，对绿色生活方式的践行就是人们完善道德素养的过程，自觉承担起对自然的责任和义务。

实现人的全面发展。绿色生活方式是围绕"人的发展"这一核心观念，合理节制人的物质欲望，从物质引向精神的享受和发展，从整体上提高人们生活的幸福指数。这符合人的发展规律，是推动人的全面发展的必然选择。马克思恩格斯提出要将人放在经济社会发展中的主体地位，人的发展作为核心内容成为关注重点，社会的发展最终就是为了人。而绿色生活方式就体现了人的发展之善，以人为中心，将自然纳入社会发展的过程之中，通过彰显人性之善来满足人的发展诉求，使人的发展向善向上。

第二节　现代化视域下推行绿色生活方式的逻辑

一、推动绿色生活方式形成的理论逻辑

"绿色生活方式"这一概念是随着西方的工业化发展提出的，然而"绿色生活方式"从广义上来讲，可以泛指一切以实现可持续发展的目的，对环境发展友好的社会实践活动，因此其作为人与自然关系中的重要一部分，具有一定的理论逻辑。本节着重从马克思主义经典作家的生活方式理论，中国传统文化中儒家、道家以及佛教的生态智慧，我国现代化进程发展中的绿色生活方式理念以及西方生态马克思主义对绿色生活方式的概括中汲取理论精华，为绿色生活方式的构建奠定理论基础。

（一）马克思恩格斯所形成的生态思想

马克思主义作为我国的指导思想，对于我国的生态文明建设、我国现代化进程中的绿色生活方式构建都具有重大的影响作用。而马克思恩格斯在其著作中广泛涉及的生态问题，具有碎片化特点，如何更好地理解马克思主义生态思想及其对绿色生活方式构建所产生的影响，就要抓住对马克思主义生态思想的主线——人与自然的关系的阐释，正如习近平总书记提出："学习马克思，就要学习和实践马克思主义关于人与自然关系的思想。"①以此来更深刻地揭示环境问题的根源，助力现代化进程中的绿色生活方式构建。

马克思主义十分重视人与自然的关系，在他们的著作中强调人和人类社会发展形成的过程体现了人与自然之间的辩证关系，他们对人与自然关系的认识表明了鲜明的生态意识，是马克思恩格斯生态思想的起点。人是自然界的有机组成部分，人的实践活动都要受自然规律的制约，人类社会是自然界演化发展的结果。但是人在与自然界的关系中又不是完全被动的，人类具有主观能动性和创造性，可以依据客观规律利用自然。随着自然界被改造为"人化自然"，必然要求形成绿色发展方式和绿色生活方式来处理人与自然的关系。

---

① 习近平.在纪念马克思诞辰200周年大会上的讲话[N].人民日报，2018-05-05（2）.

　　马克思恩格斯在探讨人与自然的关系时，强调必须借助实践这一要素，实践是人与自然发生关系的重要中介。一方面，人的发展不能脱离实践，一旦脱离实践，人就无法在自然界中生存和发展，人类必须通过实践活动从自然界中获取生存生活所需的物质资料。另一方面，人类的实践活动也在改造着自然界，符合规律的实践活动不仅可以使人类自身得到发展，也有利于人与自然的和谐统一。绿色生活方式就是一种对自然环境友好的人类社会实践活动，深刻理解马克思主义中的科学实践观点，有利于正确处理人与自然的关系，明确人类实践活动的重要作用，为构建绿色生活方式提供指导。

　　在对人类社会历史进程的研究之中，马克思恩格斯较多地使用了生活方式这一分析概念，在多层面、多角度对其进行阐释分析，为我们今天理解生活方式这一复杂的概念提供了理论基础。生活方式思想理论的起源主要萌芽于马克思的《博士论文》，随后生活方式的最具框架性理论的内容在《德意志意识形态》中得到体现，马克思恩格斯对"生活方式"的概念作出广泛定义，认为基于马克思主义唯物史观生活方式就是不同阶段的人们的现实生存状态和人们的生活形式。马克思恩格斯对生活方式的理解主要包含以下几点内容。

　　第一，"现实的人"是现实生活的主体。无论是探究社会发展的起源还是社会历史演变过程，都无法离开对人的基本生存需要的研究，现实的人是历史唯物主义的重要前提，也是唯物史观确立的标志。因此，从事社会实践活动、进行物质生产的现实的人就成为生活方式理论研究的起点，而马克思恩格斯对未来共产主义的设想，最终目标是要实现人的自由而全面的发展，实现全人类的解放。这就说明，现实的人也成为马克思恩格斯生活方式理论研究的重点。

　　第二，生产的"生活"维度。人类为了维持现有的生活状况必须不断进行物质资料和生活工具的再生产，并进行人的生产和社会关系的生产。因此，生产的"生活"维度也是马克思恩格斯生活理论的重要方面。在物质资料和工具的生产方面。马克思恩格斯提出，"人们为了能够'创造历史'，必须能够生活"。[①]意指要实现人类生命得以延续就必须进行生产生活实践。在人类社会历史的演进过程中，无时无刻不进行着物质资料的生产实践活动，这是人们求得生存的基础，物质需要的满足才使得人们追求更高层次的需要。随着人们在物质生产方面的不断精进，基础的衣、食、住、行得以满足，经济、政治、文化也随之产生，社会

――――――――
① 　马克思恩格斯选集（第 1 卷）[M]. 北京：人民出版社，2012：158.

发展到更高层次的形态，刺激生产力发展，生产工具和手段不断改进，机器的产生使得人们的劳动逐渐被固定，人们的生活方式状态也固定下来，生产方式和物质条件决定了人们的生活状态。

第三，共产主义的自由生活状态。马克思主义就是要为人们的幸福生活而奋斗，追求人与自然和谐共处。马克思恩格斯致力于解决人、社会、自然三者之间的矛盾，追求社会的和谐统一，因此要实现共产主义的自由生活状态。首先，要实现每个人自由而全面的发展。一方面人们可以过上物质资料富足的生活，享受人类文明成果，社会提供巨大的社会物质财富满足人们的精神生活需要，促进人的全面发展。另一方面无产阶级必须"扬弃"一切不正当的资本主义私有财产关系，以此来实现人的自由解放。其次，实现自由生活的手段是革命。共产主义是一种革命运动，在物质条件十分发达的前提下，消灭制约工人阶级生存与发展的"异化劳动"，使人们真正实现共产主义"自由"生活的状态。最后，自由是生活状态的表现。人们选择职业自由，劳动不再是人们谋生的工具，而是为了实现自我价值而进行的自然生活状态，每个人自愿分工，不存在利益冲突；每个人实现财产自由，物质资料极大丰富，每个人按需分配，人们和谐相处，社会稳定发展；人们实现交往自由，人们在世界范围内达到广泛的自由交往，不存在阶级的限制，人人平等。马克思恩格斯的"自由"生活状态是他们对未来的一种设想，是随着时代变化和各个国家的国情不同而变化的，对人们的现实生活具有指导意义。

（二）中国传统文化中体现的生态智慧

绿色生活方式在中国的发展必须立足于中华民族源远流长的优秀传统文化，汲取其中的生态智慧，在继承的基础上创新性地进行发展。2018 年，习近平总书记在全国生态环境保护大会上指出："中华民族向来尊重自然、热爱自然，绵延 5000 多年的中华文明孕育着丰富的生态文化。"[①]中华优秀传统文化中所蕴含的丰富绿色生活智慧，以儒家、道家、佛教三家的文化为代表，内涵人与自然和谐共生理念，为现代化进程中推行绿色生活方式提供了坚实的理论基础。

儒家文化作为中华传统文化中的重要组成部分，包含着十分丰富的自然智慧理念，对后世绿色生活方式的发展产生了深远的影响。儒家学者认为，天地间

---

① 习近平在全国生态环境保护大会上的讲话 [N]. 人民日报，2018-05-20（1）.

存在的万物是人们生存发展的现实基础，认识到人应该以平等、和谐的态度对待自然，不然自身的利益就会受到损耗，由此，提出了许多顺应自然生活的智慧理念，对当代绿色生活方式的发展提供源流借鉴。儒家的"仁爱""天人合一""以时禁发"等思想给当前人们的绿色生活方式构建带来了许多有益的启示。一方面是，要注重社会发展与自然环境保护之间的协调，要把发展生产力与保护生态环境有机结合起来，把人们的日常生活需要与自然发展规律统一起来，科学地、合理地利用和开发自然资源；另一方面，在面临当前严重的生态环境问题时，必须立足于人、社会以及自然三位一体的分析视角，从人自身的全面发展到社会进步再到对自然的保护，三者要求共同进步。这与西方强调征服自然，倡导人与自然对立的观念形成强烈对比。

在中国传统文化中，道家文化所蕴含的对于人与自然关系的深刻把握更是深深影响着中国人的现实生活。道家以"道法自然"为核心，主张人的发展应当顺应自然规律，同时强调"无为而治"的实践方式，充分发挥人的主观能动性，适度发展，最后立足于"物无贵贱"的生态平衡的思想，实现人与外部环境的平衡和统一。这些思想虽然存在一定的妥协性和消极色彩，但其体现了古人对生态环境的保护、对自然的内在规律以及对人的自我价值的深刻思考，为构建绿色生活方式提供了重要的思想资源。

佛教自古印度传入中国，与中国本土的儒家文化和道家文化长期结合，形成"具有中国特色的佛教文化"。中华民族在坚持佛教本源的同时，又结合中国实际进行创新性发展，使其更加面向现实的社会和个人，具有浓厚的人文精神。佛教在处理人与自然关系时强调"万物一体"，主张人与自然不存在明显的界限，生命与环境二者构成一个不可分割的统一整体，二者是和谐统一的，这与儒家的"天人合一"思想、道家的"道法自然"思想有异途同归之处。佛教还从"无我"主张中引申出一切众生皆平等，这种思想体现在对待自然与生命的态度上，形成独树一帜的佛教生态思想，主要包含尊重生命、敬畏自然以及人与自然平等的价值理念。此外，佛教主张在生活方式上追求节俭、朴素，以清心寡欲的态度进行生活，摒弃各种欲望，少私寡欲，回归自然。总体来说，中国佛教学者提出了一系列有关尊重生命和保护环境的思想，这些思想虽然带有朴素性和直观性，但表达了人们对于自然和生命的感悟，深深影响着人类的伦理道德演进和生活方式习惯。

儒家、道家以及佛教的生态思想观念各有各的特点，其中虽存在部分与现实不相符合的观点，但从本质上来说，异途同归地指向要与万物、与自然达到一种和谐共生的局面，是我国传统文化中的宝贵财富。传统的生态环保意识主要是从人与自然为一体的认知入手，从主体的自发性出发来阐释生态伦理道德，按照客观规律办事情，开发自然资源，抵制奢侈浪费、过度捕杀动物。这些宝贵而富有哲理的传统思想，为当前我们在现代化进程中构建绿色生活方式提供了智慧帮助。

（三）西方绿色思潮的生态文明观

自 20 世纪中叶以来，随着工业社会的不断发展，在生态环境不断恶化的压力下，西方国家的学者开始反思粗放的工业化发展方式对环境带来的巨大破坏，并针对不同国家的情况，分析解决办法，形成了各种生态主义思潮，形成了众多生态理论。比如，生态中心主义、人类中心主义以及生态学马克思主义等生态文明理论，上述理论在生态文明核心问题上存在根本上的不同，深入研究分析他们的理论性质及其对我国生态文明建设的影响，能够为推动构建绿色生活方式提供借鉴意义。

生态中心主义是在质疑和批判人类中心主义价值观的基础上形成和发展起来的，反对只重视人类自身的利益，而是要将关注点放在整个生态系统之上。在生态中心主义者看来，人类不仅需要对有生命的动物保持敬意，对自然界的无生命之物也应该尊重，自然环境问题是主体的人肆意妄为地掠夺自然引起的。因此，应该重新阐释人与自然的关系，把自然抬高为"人"而把人作为宇宙中微不足道的一粒尘埃，以此来说明自然具有极高的内在价值，进而揭示人对自然应尽的责任和道德义务。

面对人与自然的关系破裂，生态中心主义的观点在一定程度上对自然环境中人的行为作出了反思，对人们的生活方式提出去能动性的要求，主张提高自然主体地位，这种寄希望于人与自然关系倒置，以此走向人与自然和谐的解决办法，实际上是一种浪漫主义的退想，面对现实问题并不能大有作为。生态环境的保护要求人类必须树立有意识的环境理念，并且在行动中有目的地凸显关爱自然、保护动物的责任，消弭人的主体性既不切实际又不利于环境保护。必须正确地诠释人与自然关系的真实图景，走出一条科学协调的辩证道路。

　　人类中心主义学者强调任何物种都是以自我为中心的，保护生态环境就是为了捍卫人类的利益，这就说明人类中心主义是合理并且必要的。与此同时，因为近代人类中心主义规避作为生物链顶端的人类应该承担的保护环境的责任和义务，将人与自然的关系演变为控制与被控制的关系，造成人与自然关系的紧张和失衡，人类中心主义学者认为，这种人类中心主义是一种"人类专制主义"，是不利于整体人类利益的错误价值观。按照这种说法，必须对此进行修正和改进，从而产生了现代人类中心主义价值观，不仅更好地保护了人类的整体利益，还强调了人类应该担负的责任。

　　生态学马克思主义是将生态学和马克思主义结合起来，用以历史唯物主义为基础的马克思主义来揭示现实社会。以工人阶级的利益为出发点，将资本主义制度和生产方式视为生态危机的根源，认为在资本主义制度指导下的技术发展必然会导致人与人、人与自然关系的异化，强调只有破除资本主义制度和生产方式，以及与资本主义相联系的个人主义、消费主义和物质主义价值观，构建一种劳动幸福价值观，建立生态社会主义，才能从根本上解决生态危机，使经济发展满足人的需要，或使人避免生态危机的伤害。生态学马克思主义对资本主义逐利性、消费主义的分析与批判，以及对生态学社会主义的描述，为构建中国形态的生态文明理论和推进中国生态文明实践具有重要价值，对绿色生活方式的构建也具有相当重要的指导意义。

　　西方社会较早地开启了工业化进程，自然环境污染、生态环境破坏等问题也较早地出现在社会环境之中，在面对这些问题时，西方学者提出了备受推崇的可持续发展理念，并将其转化为一种实践行动，即循环经济理念，为国家经济发展提供指导。1987年世界环境与发展委员会对可持续发展概念作出定义，可持续发展就是既能够全面满足当代人现实生活的需求，也不会对后代人产生不良影响的发展模式。可持续发展具有三个基本特性：一是持续性，就是说当前开展的所有活动需要都要在自然资源能够承受的界限内，在此基础上促进人类生活水平的提高；二是公平性，可持续发展的公平就是要在时间和空间不同的人之间达成公平；三是共同性，就是在国家界限之外，全人类都只有一个地球。自然资源是人类社会持续进步和社会繁荣的关键因素，面对有限的自然资源，经济如何取得更好地发展，必须长期、全面地注重生态文明和绿色发展，同时必须注重对绿色生活方式进行构建，从生产、生活两方面科学合理地解决可持续发展问题。

二、推动绿色生活方式形成的实践逻辑

面向实现中华民族伟大复兴的第二个百年奋斗目标，生态环境问题是党和国家以及全体人民都关心的现实问题。各种在现代化进程中凸显的生态环境问题，最终都可以归因于不当的生产生活之中，为人们不当的生活方式敲响警钟，在有限的资源环境下，要实现现代化就必须重视生活方式问题。

（一）助力实现人民的美好生活需要

党的十八大以来，中国特色社会主义进入新时代。我国人民对美好生活的需求从"有没有"转向"好不好"，人们对生活的要求不仅要提高物质生活水平，更要在民主、法治、公平、正义、环境等方面提出更高需求。与此同时，随着社会生产力总体水平的提高，发展不平衡不充分转化为矛盾的主要方面，成为制约实现人民美好生活需要的关键因素。绿色发展理念是解决美丽中国建设中面临的不平衡不充分问题，要实现更舒适的居住条件、更优美的环境，推动绿色生活方式形成必须发挥重要作用。绿色生活方式不仅是解决生态环境问题的重要途径，是公众参与生态文明建设的重要方式，而且是满足人们的美好生活需要的必要条件。

生态环境与人息息相关，生态环境问题的出现一方面是由于人们不合理的生产方式，另一方面是人们的非绿色生活方式。随着我国经济社会的发展，由不合理的生活方式带来的生态环境问题越来越突出，人们的日常生活和身心健康受到严重威胁，生态文明建设面临严峻挑战。绿色生活方式作为绿色发展的重要实践途径，是个体始终将保护生态环境和降低自身对环境的负面影响作为自身生活方式构建的基本前提，具有积极的现实意义，每个人既是生态环境保护的主体，也是环境保护效益的受益者。

美好生活要基于人们对美好生活环境的需要。以绿色生活方式为要求，尊重原有的生态、自然格局，对自然取之有度，合理确定空间利用程度，注重对生态环境的保护，同时提升居民的美好生活品质。绿色生活方式是美好生活的重要内涵，具有丰富的价值意蕴。美好生活环境以优美的生态环境为基础，绿色生活方式与人们对美好生活在认识上和实践上相统一，同时，代表着人类价值和自然价值的和谐。运用新发展理念促进对美好生活的实践引领，发挥好"绿色"理念的内在指引力。

现实的境况告诉我们，美好生活必定是绿色的，绿色是美好生活的基础色调。绿色生活作为一种方式展现了人与自然相和谐的基本维度，是符合人性的。同样地，绿色生活作为绿色生产的内在动力，从生产和消费、供给和需求两对矛盾中探索实现绿色生产的路径，以满足人们不断转型升级的美好生活需求。无论对美好生活的需求如何展开，绿色生活都是美好生活的基本样态。

（二）为美丽中国建设注入绿色新动能

现代化进程昭示着中华民族伟大复兴的光明前景，社会主义现代化强国的实现离不开良好的生态环境。推动形成绿色发展方式和生活方式，是发展理念和实践的一场深刻变革，对于建设美丽中国、实现中华民族永续发展意义重大。因此，建设美丽中国进程作为现代化强国的重要内涵，是推动构建绿色生活方式的实践来源。

过去传统粗放式的发展方式在为中国经济带来巨大成就的同时，使中国的环境污染加剧和生态破坏，产生了资源短缺、水土资源污染、空气恶化等问题，严重威胁人们的健康生活。这是受西方工业文明影响，过于追求经济利益而忽视对自然资源和生态环境的保护的结果，最终导致二者发展不平衡，这种不平衡既展现在社会发展中又不断衍生出新的现实问题，产生不合理、不科学的非绿色生活方式，加剧现实困境。当前的生态危机状况已经成为建设美丽中国征程中的突出问题。

根据《2021 中国环境状况公报》，在空气污染领域，2021 年全国 339 个地级及以上城市中，仍然有 121 个城市环境空气质量超标，占 35.7%。在水资源方面，我国水资源总量为 29638.2 亿立方米，我国人均水资源量约为世界人均水资源量的 1/4。且我国存在水资源分布不均的问题，北方地区绿化覆盖率低，水土流失严重。在农业生产过程中，不合理的作物处置方式，也给环境带来巨大污染。例如，农村居民将秸秆焚烧的行为，不仅污染大气环境、威胁人民的身心健康，产生的大量黑烟还有可能妨碍交通安全，更危险的还将破坏土壤结构，影响农业收益。而根据报告，2021 年，卫星遥感监测到全国秸秆焚烧火点仍然存在 7729 个。从生活方式来看，过度消费、浪费性消费的现象依旧存在，生活领域的资源消耗、污染物排放、废弃物产生量依旧快速增长。总体来说，我国的环境污染治理问题仍然任重而道远，是建设美丽中国征程中的制约"瓶颈"。

可以看出，中国现代化道路面临的内在困境之一，就是人口与资源、发展与环境之间构成的两难问题。实现中国的现代化之梦，这个梦既是红色的，也是绿色的。这就是说，在中国共产党的引领下，走绿色发展道路，推动构建绿色生产方式和绿色生活方式。人们作为生态环境保护和受益的主体，在一些行为上损害了自身的利益，推动绿色生活方式的构建可以在公众生活的具体表现中，解决生态环境问题，从源头遏制对生态环境的污染。

（三）为建设美丽地球提供中国智慧

生态环境问题是一个全球性的问题，也是人类文明发展进程中不可回避的历史潮流，推动生态环境问题的解决不仅是实现人民美好生活需要的必要条件，而且关系美丽中国的建设进程，还对全球的可持续发展具有重要意义。2022年六五环境日的主题为"共建清洁美丽世界"，是中国在推动美丽中国建设的同时，承担国际责任，进一步地展现出在全球生态文明建设中发挥的重要作用。现代化进程中绿色生活方式的形成是中国作为世界第二大经济体向世界提供的中国智慧和中国方案，中国推动构建绿色生活方式的理论和实践探索是对全体人类发展自我革命理论的完善与创新。

中国式现代化进程中的绿色生活方式实践与西方工业文明的生活方式具有显著的差别，中国的绿色生活方式是社会主义性质的生活方式，中国的绿色生活方式实践是对消费主义、享乐主义的超越，为其他国家进行绿色生活方式构建提供中国智慧。

中国以负责任的大国身份主动参与到国际绿色治理行动之中。构建绿色生活方式的基本内涵是节约资源和保护环境，是在生态文明这一文明新形态中实现人类幸福健康和自然生态存续的目标。面对全球的绿色发展趋势，中国主动参与到绿色治理行动之中，包括积极参与应对气候变化的国际合作，支持发展中国家共同应对气候挑战；大力推进"绿色丝绸之路"建设，帮助沿线国家建设水电、光能等可再生能源项目，推动沿线国家实现能源绿色转型；中国正积极参与到国际社会推动可持续发展的行动之中，践行落实2030年可持续发展议程；中国从自身国情出发作出力争2030年前实现碳达峰、2060年前实现碳中和的庄严承诺，为国际社会的"控碳"事业作出贡献。

中国积极探索绿色生活实践丰富实现人与自然和谐共处的方式方法。习近平总书记在多次讲话中提到绿色生活方式的相关论述，包括"要形成低碳、节俭的生活方式""资源节约、环境友好成为主流的生产生活方式""倡导勤俭节约、绿色低碳、文明健康的生活方式"等，这些说法都蕴含着绿色生活方式是一种节约资源、保护环境以及促进人与自然和谐共生的生活方式。在我们这个 14 亿多人口的最大发展中国家推进生态文明建设，建成富强、民主、文明、和谐、美丽的社会主义现代化强国，其影响将是世界性的。用生态文明造就人类新型文明形态，指引世界未来发展方向，这是中华人民承担的伟大使命，是中华民族对全人类的重要贡献。

第三节　在现代化视域下推行绿色生活方式的路径

一、绿色生活方式在宏观层面的路径选择

绿色生活方式是从理论指导到具体实践操作的社会行为，而具体的实践发展又反过来促进理论的修正和改变。实践绿色生活方式的最终目标是要实现人与自然的和谐共生，实现人的全面发展，使得"自然—社会—人"的完整系统保持良性可持续发展。绿色生活方式的具体实践受自上而下的顶层设计安排、空间布局、发展结构以及生产方式的影响，需要从宏观的全局性角度进行把握。

（一）完善顶层制度设计

制度顶层设计具有鲜明的政治倾向，是国家对社会行为决策中的意见表达方式。完善的顶层制度设计为我国现代化进程中绿色生活方式的发展提供政策性指引，并对当前绿色生活方式实践中的不合理导向进行纠偏。构建绿色生活方式要符合社会发展实际，需要国家从社会总体布局、转变发展理念以及完善发展规划中，明确绿色生活方式发展规划，强化绿色生活方式实践的政治导向。

社会总体布局。绿色生活方式虽然落实在个人具体生活实践上，但是并不是个人力量能够解决的事情，也不是单个部门或者组织的事情。绿色生活方式是涉及国家、政府、社会、企业以及个人等多元主体，是关系经济、政治、社会、文化、生态等多个方面的全方位的变革。构建绿色生活方式是在生态文明建设布局下，由上述主体和各个领域共同推进的事项。因此，不仅要在生态文明建设制

度下推进生活方式绿色转型，更重要的是要协调各个领域之间的关系，形成协调统一、合理有效的制度布局。

转变生活理念。"理者，物之固然，事之所以然也。"理念是行为的先导，决定制度设计的方向。绿色生活方式的顶层制度设计之一就是要深刻转变生活方式理念。一方面，是要转变旧的生活观念。绿色生活方式是与生态文明社会新形态相对应的生活方式，与过去工业文明背景下的生活方式截然不同。过去以满足人的需求为根本出发点，忽视对环境的消极影响，群众的绿色意识淡薄，环境保护与管理方面的公共服务也比较落后，非绿色生活方式会影响生态环境的保护。为构建绿色生活方式，就必须革除旧的生活观念，树立基于生态环境保护和人的发展的绿色生活理念，促进人与自然相协调。另一方面，是要建立公平的责任理念。生态环境的受益者是全体人民，每个人都拥有平等享受良好环境资源的权利，同时负有维护生态环境的责任。树立公平的责任理念，防止城乡、区域之间的不平等状况，也防止个人的生态权益受到威胁等情况。通过公平理念的制度安排，实现环境资源的公平配置和合理利用，明确各个主体的责任和义务。

完善发展规划。推行绿色生活方式的形成需要科学合理的发展规划。绿色生活方式与生产方式、消费方式具有密不可分的关系，是生态文明建设的重要方面。在现代化进程中推进绿色生活方式需要合理制定长远规划和年度工作计划，打造政府主导、社会响应、公众参与的长效机制，规范政府、企业以及公众的责任和义务，明确分工。根据政府出台的《关于加快推动生活方式绿色化的实施意见》结合新《中华人民共和国环境保护法》的相关规定，各地区合理制定发展规划，科学合理推进绿色生活方式构建。

（二）坚持新发展理念指引

发展理念是行动的先导。"推动形成绿色发展方式和生活方式，是发展观的一场深刻革命。这就要坚持和贯彻新发展理念"①，从根本上解决生态环境保护和经济发展的问题。新发展理念是关于我国社会发展目的、动力、方式和路径等一系列理论和实践的问题，也是阐明我们党关于发展的政治立场、价值导向、发展模式以及发展道路的重大政治问题。其中，绿色发展理念与其余四个发展理念紧密联系、相互作用，又决定着发展的底色。"新发展理念就是指挥棒、红绿

---

① 中共中央文献研究室习近平关于社会主义生态文明建设重要论述摘编［M］.北京：中央文献出版社，2017：36.

灯"，必须将其贯彻落实到生产、生活实践的方方面面，推动绿色生活方式形成是新发展理念的内在要求，与此同时，也必须坚持新发展理念指导践行绿色生活方式。

坚持以新发展理念促进绿色生活方式构建，就是要从创新、协调、绿色、开发、共享五个方面处理好社会中的矛盾关系。处理好传统绿色生活理念继承与创新的关系、绿色生活方式在地区之间发展不平衡的关系、满足人民美好生活需要和保护环境的关系、对国外绿色生活方式理念的扬弃和破除消费主义侵蚀的关系，以及坚持社会公平正义问题和促进人民群众共建共治共享绿色生活方式的关系。

第一，要坚持贯彻落实创新发展理念为构建绿色生活方式提供动力。要以制度创新和方法创新推进绿色生活方式创建活动的开展，结合时代发展的新手段创新开展绿色生活方式宣传、绿色生活创建活动开展，通过创新方式将生态文明理念融入人们的日常生活之中。第二，要坚持贯彻落实协调发展理念，处理好构建绿色生活方式的过程中存在的发展不平衡的问题。一方面是经济社会发展各领域面临的不平衡和不充分发展，另一方面是存在发展的地区差异，这就需要充分考虑各个地方、各个领域发展的特殊性，因地制宜地进行分类指导，具体问题具体分析解决人民群众践行绿色生活方式的问题。第三，要坚持贯彻落实绿色发展理念，这是构建绿色生活方式最主要也是最根本的理念指导。要将"绿色"融入生活中的方方面面，将保护自然环境和推进经济社会发展作为一切生产和生活活动的重要前提，促进人们在生产方式、消费方式、出行方式、休闲方式等方面实现绿色化变革。第四，要坚持贯彻落实开放发展理念，发挥内外联动的合力共同践行绿色生活方式。既要继承中华优秀传统文化中的绿色生活习俗，做好构建绿色生活方式的宣传，又要结合国际先进绿色生活方式经验，促进全人类共同保护环境，构建绿色生活方式。第五，要坚持贯彻落实共享发展理念，在促进绿色生活方式形成的过程中关注社会公平正义的问题，坚持以人民为中心，尊重人民群众在社会实践中的主体地位，既发挥人民群众强大的力量，共同构建绿色生活方式，又维护好人民群众良好生活环境的权益，在满足人民最基本的物质需要的基础上，引导人们向往精神世界的丰富，促进绿色生活方式公平惠及每个人。

总而言之，新发展理念为推动形成绿色生活方式提供了直接的指引，五大新发展理念在推动构建绿色生活方式的基础上是互联互通的，相互协调、相互促进，共同推动绿色生活方式的形成。

（三）广泛推行绿色生产方式

工业文明下传统的生产方式对能源和资源的粗放式利用给环境带来了巨大伤害，使得生产与消费的关系倒置，人们不是为了具体需要而生产，而是为了消费而生产。这就需要转变传统生产方式，广泛推动绿色生产方式形成，满足人们的实际需求。实现由政府主导推进绿色生产方式、生活方式变革，从健全绿色产业发展、推动产业结构优化以及扩展绿色产业发展空间，促进绿色生产方式发展从而促进绿色生活方式的构建。

1. 鼓励企业进行绿色生产

一方面要形成完善的激励机制。完善激励机制可以充分地调动企业参与绿色生产方式的积极性和创造性。第一，推动绿色财政税收制度。政府可以有意识地对财政和金融制度进行调整，降低企业选择绿色生产方式的成本。根据市场变化完善税收机制，采取减免税等措施扶持绿色技术企业，对环保产业的税收进行调控，为更加便捷的绿色选择服务。第二，开通绿色技术补贴。政府提供对企业、社会环境绿色科技的投入，可以扩张居民生活方式的选择范围。由于绿色技术在短期效益上较弱，而在长期上又较为具有比较优势，政府可以制定对绿色技术提供阶段性资金支持的方案，关注绿色技术的前期发展。政府还可以简化企业申请资金补贴的程序，在行政服务效率上增加社会对绿色技术体系的信心。另一方面要健全约束机制，政府要以强有力的制度对企业违法违规行为进行约束。采取强制措施限制一切与环境保护背道而驰的行为，要落实严格的考核监督工作，保证生态环境达标。在制度执行方面，严格执行设定的标准，捍卫制度体系的权威，要争取群众的配合与帮助。鼓励群众进行监督，多方协作，开展各种形式的监督活动，确保企业的绿色生产。

2. 推动产业结构优化

第一，要加快绿色企业的转型升级，增加优质绿色产品的供给。推动优质绿色产品工程的建立，以消费者的需求为导向，建立优质绿色产品生产机制。产业结构的转型要遵循社会需求变化，才能建立完整的供需链条，不浪费产能。第二，对产业结构进行优化调整，在满足大多数消费者的基本需求下，扩展对多元化、个性化服务的供给，以适应不同消费者的需求。随着消费水平的不断上升，居民对绿色产品的要求必然相应提高，这代表了社会需求的发展方向，是企业转型升级的助力。第三，以绿色发展为方向。提高对企业节能减排指标的控制标准，倒逼企业转型升级，实现绿色企业的建立。政府要严格制定对不同企业的耗能标准，突出对重点产业的关照，鼓励相关企业进行绿色技术改造，落实目标责任制，实行严格的监察和问责。要严格淘汰落后的产能，对失去比较优势的产业进行疏散和转移，为绿色产业发展腾出空间。

3. 构建绿色产业发展空间

坚持深化改革，构建绿色产业发展空间。第一，要培育壮大绿色产业主体，增强绿色产业发展的活力。政府鼓励企业根据国家对绿色产业发展的扶持政策，转变传统经营模式，向绿色生产靠拢，培育具有竞争力、影响力的优质企业，鼓励多元主体参与到绿色生产的合作之中，形成绿色生产、绿色物流、绿色采购等完整的绿色链条。第二，创新绿色产业发展方式。促进绿色贯彻全产业链的发展方式，上游贯通到绿色原材料的获取，下游联系绿色物流和地方服务网络，搭建绿色全产业贯彻的网络。推动"互联网＋"与绿色产业融合，发展线上线下合作，构成新的发展业态。第三，加强对绿色科技创新人才的培育。推动科技人才与企业的有效对接，鼓励企业与高校、科研院所合作，完善人才引进机制，搭建创新创业平台。第四，加快绿色科技成果的转化。政府组织建立绿色科技信息共享平台，促进绿色科技成果投入产业使用，加快示范基地、实验室的建设，为科技创新提供基本的服务平台。

4. 强化企业的绿色生产责任

企业推动绿色生产。构建绿色生活方式，必须强化企业的绿色生产责任。"十四五"规划提出，"广泛形成绿色生产生活方式"，这就需要为群众提供更优质的绿色产品。企业要树立绿色生产责任意识，加大绿色科技创新投入，在实行绿色生产方式的同时，实现居民的绿色消费，形成生产—消费系统的绿色化。一方面，企业要培育绿色生产理念。只有当企业将"绿色"内化为自身的行动理念才能有效指导实践的开展。秉承在生态环境允许的范围内进行生产的绿色理念，将理念转化为实际行动，进行绿色生产。另一方面，要提供优质的绿色生态产品。企业必须积极响应国家号召，推动供给侧结构性改革，生产更多绿色生态产品，增加供给。

二、绿色生活方式在中观层面的路径选择

推进绿色生活方式离不开完善的政策制度、法律法规保障，政府作为承担

服务人民重任的权力机构，是推行绿色生活方式的主导力量。完善环境制度体系、健全绿色生活相关法律法规必须发挥政府的主导作用，为推行绿色生活方式提供坚实保障；同时必须协调社会各方积极参与，为绿色科技创新营造良好的氛围，落实推行绿色生活方式的技术保障。

（一）建立健全环境规制政策体系

我国在环境保护方面的理念和意识不断增强，治理力度显著加大，治理成效不断显现。但在绿色生活方式构建层面，还存在明显不足，绿色生产和绿色消费都需要进一步得到发展。环境规制对企业绿色生产具有良好的促进作用，需要适度把握环境规制的力度，建立健全环境规制政策体系，服务企业的绿色生产，从而促进绿色生活方式的构建。

充分发挥激励型环境规制政策的作用。降低绿色生产技术应用成本，将有力促进绿色生产，当这种成本降低源自外部时，会因时效性强而更具激励作用。一方面是加大政府对绿色技术补贴的力度。为了短期内获得更多盈利，企业无法为绿色生产投入大量资金，这就需要政府加大对绿色技术的财政补贴和支持，刺激企业的积极性，同时简化政策审批程序，便捷申请渠道，让政府为企业服务。另一方面是注重制度创新，环境规制政策要充分考虑企业绿色生产的实际，把握好正面积极发挥企业优势的方法，采取适当的环境规制举措。

加快环境规制手段创新。环境规制应该充分发挥政府的主导作用，但构建绿色生活方式是一场系统工程，公民作为绿色生活方式的主体具有责无旁贷的责任，而市场协同作用是环境规制手段创新的主要手段。第一，加快完善环境治理和生态保护的市场化机制。促进企业绿色生产就是要让企业看得见绿色效益，构建绿色市场体系，将企业的经营发展与绿色生产效益相联系。第二，有序推进排污权、碳排放权交易市场建设。落实我国的"双碳目标"达标方案，全面推进市场化交易，活跃交易市场，丰富市场企业主体及行业，完善市场规则。

推进环境规制与各项政策融合。建立健全环境规制体系，需要与财税、金融、创新政策相融合，形成发展合力，构建适当的激励和约束机制，解决环境保护问题。首先，在财税方面，完善落实企业税收优惠政策，对绿色生产企业采取优惠、返税、补贴等方法，积极引导企业履行绿色环保责任，自主应用绿色技术和高效能绿色设备生产绿色产品。其次，充分发挥金融政策的作用，推动国有资本对绿色产业的投资，鼓励更多社会资本进入绿色产业，为产业发展提供资金支持。最后，实施创新政策，完善企业主体的技术创新体系建设，推进绿色技术研发。

（二）健全法律法规并提供法治保障

绿色生活方式的全面构建需要"软硬兼施"，"软性"是指对公众绿色理念的教育引导，"硬性"则是指完善相关法律制度，为绿色生活方式行为兜底。环保领域的法律法规建设是构建绿色生活方式的强力保障。法律法规具有强制性作用，我国大力加强环保领域立法升级，生态文明入宪。除了基本的法律法规和专门法的制定，还出台了推进绿色生活方式、提升公民生态文明意识、绿色生活创建行动方案等方案意见，为推进绿色生活方式提供全面的指导。但在立法层面、执法监管方面，仍然存在一定不足。由此可见，在现代化进程中推进构建绿色生活方式仍然需要进一步加快环境保护法律制度创新，加大监管执法力度。

完善相关法律法规。尽快完善与生态环境保护相关的法律法规，细化生态环境保护责任落实到多元主体，抓住环境保护空白领域的法律法规建设，做到有法可依。联系国家制定的各项政策法规，绿色生活方式规章制度的制定要因地制宜、具体问题具体分析。明确立法的根本原则是促进人与自然和谐共处。一方面，要加快推进绿色消费制度的法律法规建设，我国对于绿色消费、反对浪费等方面还存在建议倡导层面，主要依靠公众的道德素养，没有形成硬性的法律规章。不良的消费方式和浪费资源等行为对生态环境伤害巨大，我国应该加强这方面的立法，完善公众实行绿色消费的准则。另一方面，要完善生态补偿制度。生态补偿制度有利于调整不同主体之间的利益关系，推进生态公平实现。通过对在生态环境保护方面作出贡献的个人进行补偿，对破坏环境的行为进行惩处，激励公众自觉践行绿色生活方式。

严格执法监管。严格加强绿色法律法规的执行监管，做到有法必依、执法必严。生态环境保护是每个人都应该担负的责任，面对突出的环境破坏问题，执法部门要承担起职责，严厉打击。同时，为了更加便捷生态环境的执法监管，政府部门依规在网络上不断更新环境数据、生态环境保护突出案例以及生态环境破坏情况等信息，一方面可以调动公众参与到生态环境保护的实践中，另一方面可以扩展群众的环境保护的监督渠道，有利于社会广泛参与到监管环境保护的行动中来。法律法规的严格执行还需要设立统一的执法标准，形成执法过程的程序化、合理化。还需要培育和打造一支高素质的执法队伍，对执法人员进行专业化的知识培训，提高绿色法律意识和执法能力。

（三）推进科技创新提供技术支撑

绿色创新作为企业积极履行社会责任的重要形式和驱动企业绿色转型的必要手段，是指对生产过程或产品的技术改进，实现预防和治理污染或改善生态环境的策略。这就是说，企业的绿色创新就是要将生态环境效益放在第一位，兼顾经济效益，从而实现经济社会与生态环境的协调发展。

关注绿色技术创新的现实环境。对于企业而言，首先，企业要重视外部环境的变化，根据市场环境演化态势，积极采取变革措施，注重绿色经营与绿色创新协同配合，并且加大创新力度，使绿色创新的质量有实质性突破，变被动适应环境变化为主动寻找发展机遇。其次，企业需要加强与各类利益相关者的关系，以整合和获取更多资源、转型经验，满足绿色创新的需求。最后，企业需要尽早利用绿色创新占领产业链核心位置，获得市场先机，牢牢锁住市场份额，获得竞争优势。

注重构建绿色创新机制。要从绿色创新机制方面为实现绿色生活方式提供支撑，廖小平认为，要从清洁技术、低碳技术、循环技术和环境生态技术四大系列着手。[①] 解决生活中的油烟污染、白色污染和资源浪费等普遍存在的现象；运用低碳技术是指解决能源消耗及相关问题的技术；采用循环技术实现资源回收与再利用等；环境生态技术主要是指环境生态修复与改善提质等方面的技术，用以厚植绿色发展根基，拓展发展空间。四大系列技术从不同的方面解决社会生产和生活中各种绿色化问题，构成完整的绿色创新技术体系，实现环境资源利用的最大化、无公害化和循环化，全面、系统地推动企业绿色生产。

注重建立过程治理创新体系。依据企业生产工艺流程，开展源头治理技术、过程治理技术和末端治理技术三种。建立以源头治理、过程治理和末端治理为一体的全过程绿色技术创新体系，是企业实现绿色生产的重要路径。提高源头治理相关技术创新水平主要是对企业原材料使用进行源头控制，要加强节能环保型原材料的研发和应用。强化过程治理是通过节能减排工艺技术的改进有效促进绿色生产。末端治理作为源头治理的必要补充，提高末端治理相关技术创新水平就是

---

① 谭崇台.发展经济学辞典［M］.太原：山西经济出版社，2002：383.

要加快生态环境修复技术研发、加快废弃物回收利用和无害化处理技术研发，解决环境污染问题。

绿色微观创新体系是指在技术创新的基础上，寻求产品、工艺、组织及商业模式的绿色化创新。第一，增强企业绿色产品创新能力，企业要加大节能环保领域的研发投入，在新产品开发和服务中实现绿色生产的塑造和传递。第二，提高企业绿色工艺创新水平，要加快推进重度污染行业的生产工艺改造，加快推进资源能源节约利用和循环利用工艺，通过提高资源能源利用效率，减少各类污染物排放。第三，加快企业绿色组织创新，要优化组织流程，合理布局上下游产业；加快人工智能、大数据、云计算等新兴技术在生产领域的应用，实现产业发展的经济效益和减碳减排目标。第四，探索企业绿色商业模式创新，构建企业绿色生产的使命和愿景，全力推进绿色创新活动，同时，在企业内落实绿色管理理念，全面提高企业的绿色创新能力。

三、绿色生活方式在微观层面的路径选择

推行绿色生活方式从微观着手就是要加快构建人们的绿色生活行为模式，通过转变传统生活方式观念，树立绿色生活理念，自觉践行绿色消费、绿色出行、绿色饮食等，做绿色生活方式的倡导者、践行者和受益者。

（一）推动全民提升生态环保意识

绿色生活方式实践需要理念指导，而观念转变需要从"源头"开始，教育是主要方法之一。绿色教育是指将环境保护和可持续发展作为课程教授，从而增强学生的生态环境意识，以生态和绿色为着力点，促进人的全面发展。绿色教育的开展对推行绿色生活方式起辅助作用，通过采取加强绿色教育普及、规范绿色教育内容、丰富绿色教育途径等一系列手段，有效地促进全民绿色意识的提高进而促成绿色生活方式形成。

1. 加强国民绿色教育

教育是培养新生一代从事社会生活必备途径，也是人类社会经验财富得以传承、发扬的关键环节。绿色生活方式的推进离不开绿色教育，绿色教育对人的生态环境意识形成具有奠基作用。随着人们的生活水平不断提高，绿色生活成为大多数人的现实追求，是社会发展中不可回避的现实问题。要培养公民的绿色生活自觉行动，必须从教育入手，利用各种渠道方法，逐步将绿色生活方面的教育

渗透到社会各方面的活动中，通过绿色教育积极培育民众的保护环境意识、节约节能意识，使绿色生活理念人人知晓，深化到人们的日常行为，使人们自觉选用绿色化的生活方式。

2. 规范绿色教育内容

开展相关的绿色生活方式教育要结合自然生态环境、科学技术创新和社会生活参与等多个方面，构建完整、系统的系列专题课程，重点关注生活中的实际问题。教育内容要注重层次性和渐进性，从理论上的知识理解，牢固树立人与自然和谐的观念，到形成认同自然、热爱生命、善待自然的道德认知，最后自觉践行勤俭节约、戒奢节俭的传统美德。绿色教育内容还要跟随受教育者的知识水平和年龄而变化，针对知识水平较低的受教育者，要以激发其保护自然的兴趣为主，开展丰富多样的自然感知活动，认识自然，感受自然。而针对知识水平较高的受教育者，则要引导其关注现实的生态环境问题，了解生态环境保护的决策、法规，学会自主思考，并提高其解决问题的能力。

3. 丰富绿色教育途径

绿色教育第一途径是通过学校教学与实践把绿色理念传递给学生，培养具有绿色理念并能够坚持绿色行为的人。而政府在其中的角色则是帮助学校更好地施展绿色教育。绿色教育应该在学校的课程设置中得到体现，政府必须监督学校承担起培养具有环保意识和可持续发展观念人才的责任。颁布和实施相关的政策制度要求学校将绿色教育设置为必修课程，让绿色知识、环保概念等充斥在学校的学习之中，组织实施绿色教学和实践。绿色教育开展的成功与否关键在于教育者的觉悟和素质。这就要求绿色教育人才要不断加强环境意识、绿色理念和社会可持续发展理论的学习，要面向实际，完善自身知识结构，关注绿色产业的发展，积极践行绿色行为，不断提高自身的水平。政府必须注重对这部分人才的培养，不仅要在资金上进行扶持，还要在相关的人才培养规章制度上提供便利。政府还可以通过广播、报刊、官方微博等各种媒介，宣传绿色产业、绿色消费等知识；积极开展各种讲座活动，举办生态环保知识竞赛等。

（二）促进绿色消费规范消费市场

绿色生活方式包含绿色生产方式和绿色消费方式两个维度，在消费领域促进绿色发展，基于社会公众对美好生活质量要求日益增长，为推动绿色生活方式提供了社会基础。消费和生产不是独立的两个方面，而是相互作用的完整系统，从生产到消费环节的循环建构，是促进绿色消费形成的前提条件。从公民绿色消费层面出发，绿色消费社区的建立、非理性因素的作用以及与企业绿色价值共创，都体现了人作为消费主体发挥的强大功能，从而从消费领域为绿色生活方式的构建提供支持。

1. 建立绿色生产—消费系统

推动构建绿色生活方式要从绿色生产和绿色消费两个方面着手，建立二者之间的链接，形成一个完整的系统，生产者和消费者之间的互动就构成了对绿色生活方式的回应和反馈。建立绿色生产—消费系统，前提是消费者对保护环境、减少污染的意愿，从而作出绿色消费选择，而后便要求企业对市场上使用后的产品进行回收，由企业对其进行处理或者再次利用。这种生产和消费的良性互动，是绿色生活方式在生产消费方面的最佳体现，企业和消费者共同构成价值的创造者。国家发改委、科技部 2019 年发布了《关于构建市场导向的绿色技术创新体系的指导意见》，强调环境治理从末端向生产全周期转变，打造产品绿色全生命周期。

2. 改善绿色产品属性与建立绿色消费社区

人们进行消费的目的是满足自己的需要，绿色消费需要兼顾消费目标的达成和保护环境的需要。在购买产品时，人们往往在意产品的实际功效和消费成本，绿色产品在道德属性上较高，而功能属性却不能满足人们的基本诉求。因此，必须改变绿色产品的属性，加强产品的功能效能，同时降低产品的购买成本。同时，企业还必须通过多种渠道有效传达绿色产品信息，帮助消费者简单、便捷地获取绿色产品。此外，建立绿色消费社区也是促进绿色消费的重要渠道之一，绿色消费社区的建立就是指形成一个以绿色消费为主的群体，提升社区成员的消费感知效力，并形成群体规范，影响社区成员将传统的消费习惯转变为绿色消费行为方式。

3. 利用非理性因素促进绿色消费方式

行为经济学表示，现实中的消费者往往不能通过理性决策来实施消费行为，人们的行为方式并不能与他们的认知、知识水平、价值观等完全匹配，也无法实现自身物质利益的满足。研究表明，消费者往往受"非理性因素"和认知偏差带来的影响。因此，通过非理性因素促进绿色消费方式成为必要路径。第一，由于消费者并不追求最好的消费结果而只寻求得到满意结果，这就应该尽可能通过简单、便捷的方式来传播绿色产品信息，避免复杂化引起消费者反感。第二，简化设置程序，保持绿色属性的默认设置选择。就是通过采用默认设置的方式，简单改进能够直接实现绿色消费的行为，提升事前设置的效率，比如在夏季将空调默认设置为环保的 26℃。第三，突出绿色产品长期效益的宣传，向消费者展示绿色产品的长期优势，突出竞争力。

4. 积极开展绿色价值共创

实现绿色价值共创是指企业与消费者两方相互协作，携手共创环境可持续性价值的过程。消费者和企业具有密不可分的关系，企业生产的产品最终要面对消费者，而消费者对产品的反馈又促进企业的生产与研发，二者之间的良好沟通有助于产品的创新。消费者需求的个性化、定制化特征越来越突出，企业面对生产何种产品的问题，就必须依靠对消费者的需求进行了解和把握。在促进发展方式绿色转型的背景下，绿色生产和绿色消费是企业和消费者共同面对的问题，企业开发绿色产品时应与消费者积极联系，开展更加深入的合作，根据消费者的购物倾向，开发符合消费者需求的绿色产品，以此来降低产品市场风险。消费者也会在绿色价值共创的过程中提升对绿色产品的理解，产生购买偏好。

（三）广泛开展绿色生活创建行动

绿色生活应是每个人的生活常态，必须发挥个人在践行绿色生活方式中的主体作用，开展绿色生活创建行动，力求将绿色生活理念普及到衣、食、住、行、游等方面。个人是绿色生活方式的践行者和直接受益者，在树立生态文明理念和环境保护意识的前提下，还要积极参与到绿色生活方式的行动之中，让"绿色"成为生活常态，在生活中的细枝末节展现出"绿色"理念，自觉践行。比如自觉做好垃圾分类、不使用一次性产品、绿色低碳出行、节约能源资源等，以小见大，以个人的微小力量汇聚成社会合力，促进形成社会新风尚。

1. 节约能源消耗，减少资源浪费

节能是指通过经济、技术等手段尽可能地降低现有能源消耗量，制止能源资源浪费。公民开展节能行动要意识到这是关乎自身切身利益的要紧事项，增强自身的紧迫感和危机感。第一，积极参与到节能宣传活动之中。在每年的全国节能宣传周中学习节能知识，积极投身于街道、社区以及村委举办的各种形式的宣传活动中，了解节能降碳的行动成果，分享自身绿色生活创建行动，践行节能减排。第二，满足自身的合理需求。在住房消费方面，要考虑自身及家庭的实际居住情况，而不是盲目地追求面积大和装修装饰豪华，既不符合节约能源资源的倡导，也加剧了自身的经济负担。此外，还应该注重家庭节能电器的使用，合理使用节能灯，控制室内空调温度设置。第三，尽量不使用一次性用品。重复使用节能环保购物袋，外出就餐注意不使用一次性筷子、餐具、杯子等用品，抵制过度包装的产品。

2. 进行垃圾分类，实现合理处置

随着居民消费水平持续提高，生活垃圾存量呈快速增长态势。科技不断发展进步，提高垃圾回收利用率成为必然趋势。同时，做好垃圾处理也是促进经济社会发展和人民绿色健康生活的重要保障。作为一项具有社会性、复杂性以及长期性的系统工作，垃圾分类需要广大居民从思想理念的认同到行为习惯的转变。作为居民个人，不仅是被动地配合政府提出的垃圾分类提议，还要化被动为主动，真正认识到垃圾的回收利用价值，以及垃圾分类对自身周边环境、身体健康的积极作用，落实到在生活中积极承担垃圾分类责任。与此同时，还要进行积极的反馈和监督，对垃圾分类组织活动提出有针对性的建议，监督垃圾分类各环节的程序合理，做自身健康的负责人，自觉践行绿色生活，维护生态环境。

3. 参与绿色出行，推动降污减碳

实行绿色出行方式是践行绿色生活方式的重要载体，公民要做好生态环境的倡导者和践行者，通过积极参与绿色出行方式，以自身的实际行动为降污减碳作出贡献。实行绿色出行是生活中一项随时都能涉及的小事，需要长期性地关注和坚持。在国家政府的大力推动下，全国在推进绿色基础设施建设，提升绿色出行服务方面取得了重大的成绩，城市地区新能源交通工具广泛普及，深入实施推动绿色出行相关战略措施，引导居民选择绿色出行方式。其中，居民在选择外出方式时，尽量选择乘坐公共交通，路途较短的则选择骑行或者步行；从经济适用和节约能源方面来说，家庭用车应当优先考虑新能源汽车或者节能型汽车。

第六章　现代化视域下诚信建设研究

第一节　现代化视域下诚信建设概述

一、诚信概念

诚信作为中国传统文化中的重要德目，意义深远。首先从语义学角度来分析"诚信"内涵，应先了解"诚信"的构词方式，即由"诚"和"信"两个单独语素构成的并列式复合词。据史料记载，先秦时期"诚"和"信"是作为单语素名词单独使用的。其次从文字结构来解读"诚信"，"诚"即"言"和"成"的组合体，字面意思是言语的完整表述，强调要毫无保留地表达自己的内心想法。"信"由"言"和"人"构成，包含"以身言之"之意，强调对别人说话像对自己一样，真实无妄。"诚"最早发现于《尚书》"鬼神无常享，享于克诚"，用于表达对鬼神的敬意，后逐渐被用于日常行为规范，有诚实无妄、实有、诚敬严敏之意。"信"在春秋时期即被广泛应用，起初表示人在神灵面前祷告和盟誓的诚实不欺之语。《左传·隐公元年》"郑伯克段于鄢"鲜明地表现了春秋时期的"信"观念。《论语》中记载"人而无信，不知其可也"，"民无信不立"，"上好信，则民莫敢不用情"[①]等都突出了信的重要含义：诚实不欺，言行一致、言出必行、同行相知，彼此信任。由此可见"诚"和"信"二者互训，意思相近，都追求实。但二者侧重也略有偏差，"诚"强调内诚于心，"信"偏重外信于人，相较而言，"诚"是主动，主观，"信"则是被动，客观。"诚信"一词最早可见于《管子·枢言》："先王贵诚信，诚信者，天下之结也。"

从中国传统伦理学来解读诚信，可知诚信内涵的具体表述。儒家讲诚信强调："言必信，行必果。"孔子言"信"有"足食、足兵、足信"之言（《论语·颜渊》）；孟子将"诚"上升到"天道"和"人道"曰："父子有亲，君臣有义，夫妇有别，

---

① 王永祥. 董仲舒评传 [M]. 南京：南京大学出版社，1995：312.

长幼有序，朋友有信。"（《孟子·滕文公上》）又言："诚者，天之道也；思诚者，人之道也。"（《孟子·离娄上》）。荀子在继承孔孟思想基础上，提出"人性本恶""隆礼重法"思想主张，他强调："君子养心莫善于诚。""圣人为知矣，不诚则不能化万民；父子为亲矣，不诚则疏；君上为尊矣，不诚则卑。"（《荀子·不苟》）道家讲诚信强调"无为之信"和"逍遥之信"。老子有言《"夫轻诺必寡信，多易必多难。"（《道德经·第六十三章》）又言："信言不美，美言不信。"（《道德经·第八十一章》）庄子言"诚"有"真者，精诚之至也；不精不诚，不能动人"之言。法家多将诚信与法衔接，以诚信为"信赏罚"的量刑准则之一。法家集大成者韩非子主张"小信诚则大信立""巧诈不如拙诚，唯诚可得人心。"（《韩非子·说林上》）。管仲有言"诚信者，天下之结也。"（《管子》）推崇以诚信作为行万事的关键准则。佛教修禅，重在"身口意"三业，其中口业最忌妄言、污言，即讲求修佛之人本心的向善和言行的诚信。《法句经》中记载："能行说之可，不能勿空语，虚伪无诚信，智者所摒弃。"由此可知，无论是儒家的"仁爱"、道家的"道法自然"、法家的"缘法而治"，还是佛教的"因缘所生"，无一例外都强调了诚信。诚信的基本含义即"实"，这里"实"涵盖了"言"与"物"、"言"与"意"和"知"与"行"三个维度的统一。因此，诚信内涵可概括为：诚实无妄、真实不欺，言行一致、信守承诺。这包括对于个体和客体的双重要求，突出强调品性操守层面本体的内心真诚，不欺不诈与伦理层次的道德行为输出，不欺骗别人。

诚信作为中华民族优良品德和华夏文化灿烂分子，历良久而不衰，经期年逾厚重。现代化是文明发展的时代表征，诚信是文明的深沉内涵。迈步新征程，实现中华民族伟大复兴和社会主义现代化建设，应坚定走现代化道路，聚焦诚信，重视诚信，践行诚信。以诚信筑文明，以文明创新风。

二、中外"诚信"思想

（一）马克思主义诚信思想

马克思主义诚信思想是指引社会主义道德建设的行动指南。经过理论创新和革命实践，马克思主义诚信思想不断丰富发展。

社会主义诚信思想源于马克思主义。虽然马克思恩格斯并没有针对诚信专门著述，但是他们在考察和揭露资本主义社会阶级关系及生产方式过程中，对共产主义社会的诚信建设和道德发展进行了详细阐述。首先马克思、恩格斯界定了诚信的内涵。一方面，他们指出："物质生活的生产方式制约着整个社会生活、政治生活和精神生活的过程。不是人们的意识决定人们的存在，相反，是人们的社会存在决定人们的意识。"[①] 这实际上是从辩证唯物主义的角度奠定了社会诚信的理论基础，即社会存在决定包括道德在内的社会意识。另一方面，马克思、恩格斯进一步指出"历史活动是群众的事业"。并强调："迄今为止的一切交往都只是在一定条件下个人的交往，而不是单纯的个人的交往。"[②] 从历史唯物主义角度定义了诚信的社会准则。其次揭示了经济诚信是社会诚信的本源。伴随资本主义生产力的扩张，世界市场初步形成，随之资本主义信用制度诞生。相较于道德伦理的觉醒，基于商业信用的诚信守法，可归咎为"资本主义生产越发展，它就越不能采取作为它早期阶段的特征的那些小的哄骗和欺诈手段"的事实。[③] 并且"信用作为本质的、发达的生产关系，也只有在以资本或以雇佣劳动为基础的流通中才会历史地出现"。[④] 资本主义生产方式孕育下的信用进一步激化矛盾，使得资本主义越是繁荣越是加速灭亡，所以说资本主义的经济信用是培育社会主义的胎体。最后马克思、恩格斯对共产主义社会诚信进行了阐述。马克思提出，在阶级社会"道德始终是阶级的道德；它或者为统治阶级的统治和利益辩护，或者当被压迫阶级变得足够强大时，代表被压迫者对这个社会的反抗和他们的未来利益"。[⑤] 表明道德领域的诚信问题，具有明显的阶级性。而资本主义社会所宣扬的人人平等、法律至上、契约精神，都只是形式上的假象，难以消除人际交往的对立。不同于中世纪宗教神学的狭隘、排他，资本主义政治诚信的虚伪、欺诈，马克思为领导解放全世界无产阶级构建了共产主义这一宏大价值体系，为连接全世界无产阶级战士和共产主义革命者提供精神动力和行动指南。"共产主义者不向人们提出道德上的要求"，即到达共产主义社会，生产资料全民占有将摆脱私有制束缚，这时劳动不再是手段，而是需要。社会交往也不再由利益决定，此时诚信是基于实现人的自由而全面发展的道德自律。

此后，马克思主义诚信思想不断充实发展。基于社会主义国家实际情况，列宁、斯大林在继承马克思诚信思想的基础上，就共产主义道德和纪律提出了

① 马克思恩格斯选集（第 2 卷）[M]. 北京：人民出版社，1995：32.
② 马克思恩格斯选集（第 1 卷）[M]. 北京：人民出版社，1995：127.
③ 马克思恩格斯选集（第 4 卷）[M]. 北京：人民出版社，1995：419.
④ 马克思恩格斯全集（第 30 卷）[M]. 北京：人民出版社，1960：534.
⑤ 马克思恩格斯选集（第 3 卷）[M]. 北京：人民出版社，1995：435.

诚信主张。列宁强调："为巩固和完成共产主义事业而斗争，这就是共产主义道德的基础。"①而"全部道德就在于团结一致的纪律和反对剥削者的自觉的群众斗争"。毋庸置疑，无论是爱国主义、集体主义，还是共产主义都需要以诚信构建内在信任基础。可以说诚信是规范共产党员道德纪律，以实现共产主义的基础。列宁进一步强调诚信的教育意义，表明诚信教育是培育社会主义建设者爱国的道德引领。

毛泽东作为中国化马克思主义者，指出："共产党员应是实事求是的模范……因为只有实事求是，才能完成确定的任务。"②明确了党员加强道德建设，遵守纪律的重要性。同时他强调："马克思主义的'本本'是要学习的，但是必须同我国的实际情况相结合。我们需要'本本'，但是一定要纠正脱离实际情况的本本主义。""中国革命斗争的胜利要靠中国同志了解中国情况。"③深刻阐明中共党员的诚信态度。同时他主张领导干部应发挥诚信典范作用，"共产党员和领导干部肩负重任，只有敢讲真话、敢做实事，才能做出贡献，也只有言而有信，全心全意为人民服务，才能得到群众的信任和信赖，也才有利于社会主义建设，有利于巩固党的领导"。④

此后，随着社会主义建设进程提速，马克思主义诚信思想进一步丰富发展。邓小平同志就政治诚信作出重要要求，"第三代的领导要取信于民，要得到人民对这个集体的信任，使人民团结在一个他们所相信的党中央领导集体周围"。⑤胡锦涛同志提出"以诚实守信为荣、以见利忘义为耻"。将诚信作为构建和谐社会主义的基本特征之一。新时代，习近平总书记围绕诚信发表了一系列讲话，将中国传统诚信思想与马克思主义诚信思想相结合，作出新阐述。他强调"诚信是和谐社会的基石和重要特征，也是企业的立身之本。人无信不立，商以诚待人，业靠诚信创"⑥，并且进一步强调了诚信在国际交往中的重要作用。2013年，习近平总书记访问印度尼西亚时指出，"坚持讲信修睦。人与人交往在于言而有信，

---

① 马克思恩格斯选集（第4卷）[M]. 北京：人民出版社，1995：292.
② 毛泽东选集（第2卷）[M]. 北京：人民出版社，1991：522.
③ 毛泽东选集（第1卷）[M]. 北京：人民出版社，1991：111-112.
④ 毛泽东选集（第2卷）[M]. 北京：人民出版社，1991：361.
⑤ 邓小平文选（第3卷）[M]. 北京：人民出版社，1993：298.
⑥ 习近平. 干在实处 走在前列：推进浙江新发展的思考与实践[M]. 北京：中共党史出版社，2006：95.

国与国相处讲究诚信为本"①，进一步拓展诚信内涵。

（二）中国传统诚信思想

中华民族向来尊崇以诚为本，以信为先的道德准则，贬斥背信伪诈的行径。诚信作为伦理纲常的生发逻辑和社会交往的内在集成，可谓是荦荦大者。中国主流诚信思想当以儒家为典范，参照道家、法家共同示意。

东汉许慎《说文解字》言："诚，信也，从言成声。"②戴震谓之"诚，实也。"③朱熹言"诚者，真实无妄之谓，天理之本然也。"④王夫之认为，诚以实心，行实理之谓。二程强调："学者不可以不诚，不诚无以为善，不诚无以为君子。"⑤足以可见，诚在古代地位之高。在先秦以前隶属哲学和伦理学范畴，多被思想家看作主体自我修养的道德规范和内心品性的坚守，表示物理、事理和特定的原则。传统儒家提倡"仁信"。辅诚信以为"修身齐家治国平天下"的处世哲学，以仁为本，由诚至信，循循善诱，推己及人。将"信"作为人本修行的立论要义，追求"知情意行"的有机统一，以致天道本心无违，德行操守得当，内外通透，相得益彰。孟子将诚信与善相结合，认为善人也，信人也。这里诚信和善都是美好的品德。至汉代儒学进入大一统，董仲舒更是将信列入"三纲五常"，视为纲常伦理的要义准则。"竭愚写情，不饰其过，所以为信也"⑥是臣民对君的诚实无欺，"明主贤君必于其信"是君对臣民的信诺。由此可见，儒家诚信思想的精髓在于以"仁"为理论内核，将"诚信"并入五德四伦，追求"以行修身"，从天地本心正视德行，追求伦理上的自我约束，实现上下一体的和谐。道家诚信讲究"守中、不辨"。道家将至诚守信视作学道、修道、习道、布道的根本，贯穿道教信仰主张全部。道家的诚信核心在于追求"上德"和"上善"，致力于归复无欺无诈、无私无欲的淳朴，实现"天地与我并生，万物与我为一"的化境。因此，道家的修身哲学重在修心，以诚信养心性，追求澄心制欲，极显"朴"之本质，融合"致虚极，守静笃""见素抱朴，少私寡欲"，最终将诚信作为"出世之境"和"入世之事"的处世哲学，融合天地、自然，以致返璞归真。与"知善行善，

---

① 习近平.携手建设中国—东盟命运共同体—在印度尼西亚国会的演讲 [N].光明日报，2013−10−04（2）.
② 说文解字（附检字）[M].北京：中华书局，1963：76.
③ 戴震.孟子正义疏证·诚 [M].北京：中华书局，2008：76.
④ 朱熹.四书章句集注 [Z].北京：中华书局，1983：31.
⑤ 程颢，程颐.遗书（卷二五）[Z].北京：中华书局，1981：326.
⑥ 王永祥.董仲舒评传 [M].南京：南京大学出版社，1995：312.

知信行信……恶无从得复前也"（老子想尔注）、"居善地，心善渊，与善仁，言善信"等所述无二。法家诚信强调"信赏罚"。由于法家伦理思想是建立在人性观基础上的诚信观和义利观，所以诚信在法治规范中作用突出。法家诚信的内涵在于借助诚信外衣实现改革目的，广立法度，据诚施则，参法而治，严刑立威。亦如法家先驱管仲提出的"刑赏信必，则善劝而奸之""今恃不信之人，而求以智"，凸显了法家诚信思想的功利性取向和强烈的实用性色彩。

除儒家、道家、法家倡导诚信外，墨家"兼爱非攻"、佛法"因缘所生"等都注重培养诚信品质，以诚律己，以信待人，注重陶冶个人品行，传递普世道德价值。诚信因其内在价值的广泛认同，架构起民族品德的社会结构，并为世人尊奉效仿，赓续传承。

（三）西方主要诚信思想

西方诚信思想是以商品经济为基础，伴随基督宗教神学和契约精神而兴起的，最早可追溯到古希腊时期。在西方自由平等的话语环境下，商品经济贸易频发，诚信作为商贸手段和人际原则，是建立在契约和法律基础之上的。

诚信在拉丁文中为 bona fides，这里 fide 由动词 fieri 转化而来，表示已经完成，有信任、诚信之意。后来，西塞罗从词源学角度将 fide 释义为"行其所言谓之信"，等同于汉语"言必信，行必果"的表达。这里 fides 指"信"，bonus 指"善"，分别表示道德主体的外在和内在。英语中表示诚信的还有"good faith、confidence、trust、honest"等，常用语 fiduciary 源于罗马法，表示一个人的信任、信赖和坦诚品格及所肩负的践守承诺的职责。在希腊神话中也渗透着许多颂扬诚信的道理，比如宙斯因为欺骗降罪普罗米修斯和人类。这种极具神话色彩的故事说理，通过神学光辉传递了正确的道德价值取向，引导民众向善，充满哲学伦理。

首先，西方诚信的契约精神。契约精神贯穿西方诚信文明始终，是代替传统血缘关系的新型社会关系。由于西方文明发源于海洋，自然环境的先天便利，使得其与外界交往频繁，造就了发达的工商业，形成了多元并存的开放性文化。在开放性文化语境下，推动了社会结构的网状分散，每个个体都有权追求平等，而契约则是保障个体平等的社会基础。文艺复兴以后到近代西欧，整个社会逐渐摆脱宗教禁锢，社会契约不断发展，西方诚信思想也逐步走向系统。社会契约论先行者劳修斯指出守约是人的本性，英国哲学家霍布斯也谈到守约是正义之源，无契约即无所谓正义，有约而背约即为不义。框定了社会正义的尺度和范围。随后社会契约逐步走进政治领域，并逐步成为影响西方社会的契约文明，可见契约精神于西方民众的根深蒂固，神圣不可毁坏。严格来说，这种精神很大程度上得益于宗教传统，作为诚信之基础的信的行为准则，最早可以追溯到罗马的宗教，这里信即圣法，是规范人与神之间的法则。美国思想家潘恩主张根据契约建立的政府，是人民的信托，人民给予它这种信任，可以随时收回。这一思想不仅是一种国家学说，而且成为建构市场经济组织秩序的一种方式。

其次，西方诚信思想是充满法理色彩的。西方社会人们追求诚信是在保障双方获得长久稳定利益的基础来展开的。由于西方生产力发展主导下的对外扩张，产生了多样化的商品交换模式，使人们不再局限于地域血缘的天然联系，转而通过契约关系建立一种新的社会经济关系。而要保证逐利者获取长久利益，诚信必不可少，因此把道德诚信法律化，是保证交易者利益长久性的有效途径。随着契约作为一种商贸手段和交往原则被广泛应用于社会生活中，诚信逐渐成为贸易中的一个决定因素，法官们因此承认了诚信的规范意义，赋予了商品经济发展的新行为和新关系的法律效力。一系列契约法律关系的出现，使得西方人在实践诚信时有了更多的外在法律约束。

在人类社会文明演进中，诚信首先表现为道德伦理的品格规范，维护社会秩序和人际交往的正常运转，是具有普适性的。但是由于社会历史条件的不同，中西方先天地理环境、社会民俗和经济条件等的差异，最终造就了中西方两种不同的诚信传统。这种不同可以从对诚信的概念阐释和中西方内外的差异中窥见一斑。概括起来，第一，中国传统诚信强调道德主体的诚信自觉，是将诚信作为基本道德品格加以强调和引导的，而西方诚信更注重诚信的外在输出，即侧重于规范社会秩序，强调诚信实现的外在法律、制度保障。第二，中国传统诚信是道德诚信，是完全伦理化的观念，囿于小农经济的生产方式和儒家传统的宗法政治及宗教文化，使得诚信始终难以摆脱伦理束缚而成为明确的法律原则。而西方则恰恰相反，强调从外在规则和法律强制力来维持彼此和社会的诚信关系。并通过采取各项制度和法律来约束规范政府行为，逐渐形成了完善的政治制度和法律体系。

进入 21 世纪以来，随着社会主义现代化国家建设逐步深入，诚信内涵更加丰富，思想更加深邃。新时代诚信建设将不再仅仅局限于传统儒家道德思想，而是在借鉴西方国家契约结构，在融合马克思主义社会诚信观的基础上，逐步走向系统规范的综合发展，不单隶属道德范畴，更属于法律和经济范畴。新时代市场经济环境下，现代诚信倡导的是普遍意义上的信任。传统诚信语义变化，逐步由人际交往走向市场经济，被用作协调不同利益之间的调和，且逐步应用于职业道德规范与行业内外竞争的秩序化各领域。由此可见，现代化背景下的诚信建设可以说是立足商品经济，依托法律保障，尊重保护法人的自由选择而建立的彰显契约精神的现代化诚信体系。

第二节　现代化视域下我国诚信建设现状

一、市场经济复杂使诚信面临挑战

当前我国经济发展已经进入高速换挡期，经济高质量发展的同时引发了新的市场矛盾。由于市场经济受多种因素影响，其具有复杂性。当市场在对资源进行合理配置时，经济活动理应遵循价值规律反映供需变化，但若受利益诱导，经济逐利本性会逐渐暴露，继而将引发一系列市场失信问题。市场是以信用为基础的，信用地基崩塌在一定程度上将导致市场经济失序，市场秩序紊乱，信用环境恶化，进而限制市场活力。具体来说，市场经济的失序与企业的失信和商品质量联系密切，常见的经济失信行为多表现为：首先，商品质量上的欺诈，近年来伪冒假劣商品涌现，大肆充斥街头巷尾。3.15 国际消费者权益日每每爆出新闻令人胆战心惊。与此同时，兴起的电商直播以高货低卖为噱头吸引消费者眼球，与货主在线"双簧"，实际上却是兜售劣质产品，刺激消费者冲动消费。其次，广告财务造假，互联网时代，以网络媒体为平台为广告主提供曝光机会被数据化为流量，在此基础上开展的流量作弊即程序化购买广告造假的常规操作。与此同时，企业为达到上市目的，虚假操作的财务造假层出不穷。最后，企业失信，表现为如恶意拖欠银行贷款，造成银行坏账额度大损失严重；偷税漏税逃避纳税责任；走私犯罪牟取私利；合同诈骗非法占有等行为。信用是市场的无形资源和企业经营的招牌，一旦信任出走，将对市场和企业造成重创。

二、文化生态多样性使诚信面临挑战

文化领域承担着社会的精神文明生产，肩负着道德教化和文化教育的职责，

文化领域失信行为或将严重制约精神文明建设和社会主义文化的大繁荣大发展。文化生态空间多维一体，文化生态的多样性使诚信面临挑战，具体包括：首先存在学术生态失范现象，滋生了学术腐败。在社会浮躁风气影响下，部分学者从思想根源上背离了科学的目标和价值，从本心追求上偏离了学术的宗旨和初衷。学术净土受到影响，学术造假、科研虚构、论文抄袭、学术剽窃等学术不端现象频发；官学勾结、虚假文凭泛滥、学阀称霸、打压新秀等学术腐败状况百出。其次是文娱市场谋利，造成的文化"失语"。资本控股下艺人批量生产，"饭圈"文化喧嚣一时，以圈钱为目的资本选秀一夜爆红后，违法乱纪、失德塌房接踵而至。而以销量、票房、收视率或点击率来定义文艺作品好坏，也将助推文艺创作低俗化，商业化走向。同时，面对文艺市场鱼目混珠，假货赝品登堂入室，盗版横行，偷税漏税泛滥现象，艺术殿堂文化意味式微，金钱气息方兴，将会严重腐蚀文化净土。最后新闻媒体的失信造成了严重后果。新闻媒体作为正义的发声者，具有社会信任基础，在一定程度上引导着舆情走向和舆论发酵。虚假报道、有偿新闻、不良广告和记者受贿在一定程度上正在破坏社会秩序、影响司法公正。

三、网络空间虚拟性使诚信面临挑战

进入"互联网＋"时代，人与网、事与网高度嵌合，网络的虚拟性、匿名性、符号化等特点为网络失信提供生长土壤。具体包括：首先，在一定程度上网络空间内容乱象。一些互联网平台利用网络的开放性和包容性等特点，以标题和噱头来赚取流量，利用传播低俗信息等手段来获取经济利益。部分网友想当然胡编乱造，无中生有恶意造谣，恶搞戏说颠覆主流、丑化滑稽化英雄先烈、戏谑抹黑历史人物等行径令人唏嘘。而倘若任由恶俗文化充盈，拜金主义、享乐主义盛行，极端情绪高涨，将进一步致使网络空间混乱不堪。其次，网络侵权行为防不胜防。大数据时代网络具有超强的收集、存储、处理和分析数据的能力和精确的预测能力，这些特征先天对用户隐私具备攻击性。而且由于用户准入门槛低，网民道德素质参差不齐，网络传播链条纵横，言论发布灵活便捷，信息端口开放，使得网络谣言四起，部分网友更是煽风点火助长舆情蔓延，道德绑架和网络暴力等充斥着网络空间，致使网络环境"乌烟瘴气"。最后，网络经济纠纷不断。网络经济集互联网、零售、服务于一体，而现行网络经济监管体系中多部门重合，机构冗杂，一定程度监管不力。大数据杀熟现象屡见不鲜，商家虚假宣传大力造

势吸引消费者入局，消费者被动接受，默认勾选，被薅羊毛后知后觉，收到假货，维权难申诉无门现象突出。

第三节　现代化视域下我国诚信建设的路径

有别于古代社会德治诚信的自主和西方法治诚信的约束，我国诚信建设主要强调理论引导下的诚信"自律"、制度保障下的诚信"他律"以及文化层面的浸染。力求三者通力合作，实现诚信全面回归。

一、加强诚信教育，强化"自律"

第一，以马克思主义为理论指导，坚定理想信念提高诚信意识。马克思和恩格斯利用历史唯物主义、辩证唯物主义的世界观和方法论来系统地批判资本主义信用制度，揭示信用本质的时候形成了比较完整的马克思诚信思想。马克思、恩格斯对科学、文化的执着精神，马克思主义诚信思想的科学性、实践性、革命性特征，不仅体现出共产党人高尚的理论自觉和严谨的治学态度，更激励着无数马克思主义者坚定理想信念，严以律己。因此，加强中国特色社会主义诚信建设必须以马克思主义诚信思想为理论基础，从坚定诚信信念出发，培育诚信理念。其一，要坚持用马克思主义态度对待马克思主义理论创新，用不断发展的马克思主义理论武装头脑。习近平新时代中国特色社会主义思想立足中国实际，为实现中华民族伟大复兴指明方向。党的十八大以来，以习近平同志为核心的党中央在实现伟大复兴的"中国梦"和国家治理体系现代化的新高度，从"四个全面"战略布局出发，对中国特色社会主义诚信思想作出了新的阐述和概括。因此，奋进新征程加强社会主义诚信建设需要坚定不移地贯彻马克思主义诚信原则，以习近平新时代诚信思想来加强党员、干部的修养，武装无产阶级先锋队，提高全党用科学理论指导改造主观世界的能力。其二，要把马克思主义与中国实际结合起来，用马克思主义理论指导实践。马克思主义具有与时俱进的理论品质，以时代和问题为导向，通过实践检验回答问题，是马克思主义常学常新的活力所在。中国特色社会主义诚信建设应该从切实树立马克思主义世界观方法论、学习掌握马克思主义基本原理出发，坚持实事求是，具体问题具体分析，用发展的眼光聚焦时代问题，用审慎的态度参悟习近平新时代中国特色社会主义思想，并用以指导实践。一方面加强党的思想建设，坚定政治立场，坚持求真务实，提高党员干部党性觉悟，发扬实干精神，真抓实干、埋头苦干。另一方面弘扬社会主义核心价值观和宣扬法治精神并行，引导民众形成守法的诚信自觉。

第二，以社会主义核心价值观为引领，培育社会主义诚信观。诚信是公民立身之本，是社会和谐之基，也是国家治理现代化的标志。社会主义诚信建设的关注点是培养诚信的高度自觉，落脚点是培育社会主义诚信观。进入新的历史方位，诚信建设日益成为人民精神层面的高度文化需要，是实现人的全面发展和社会的全面进步的精神动力。从国家、社会、个人三个层面提出的核心价值观，涵盖诚信建设的道德原则。其中个人层面的道德建设是社会诚信的基础工程，从个体价值让渡业已成为践行社会主义核心价值观的重要突破口。诚信作为个人层面的道德准则被提出，是我国当代道德体系的基础。实现更高水平的诚信建设、更高程度的社会诚信意识亟需以社会主义核心价值观涵养诚信价值观。首先要弘扬诚信文化。一方面抓牢教育主阵地，进行诚信教育熏陶，通过思政课程、道德讲堂、经典诵读等方式，诠释诚信内涵精髓。另一方面把握文艺创作端口，输出融合诚信元素的优秀文艺作品，进行新闻媒体的推送，形成良好的社会诚信氛围。其次要加强诚信教育。应以社会主义核心价值观为内核，从主流、传统和现代三个维度来把握诚信教育内容输出，形成从认知到行为完整的诚信教育理论体系。其一，要科学出台诚信教育目录并明确诚信教育宗旨，使诚信教育具备时效性，从而培养学生的诚信认知。其二，要把握诚信的传统血脉，将诚信教育与弘扬民族精神相结合，构建起诚信教育传统、历史、民族相统一的三维内容。其三，要立足教育的现实需要，打造系统、完整的教育现代化内容。最后要树立诚信榜样。"教者，上所施，下所效也。"在社会范围内树立诚信榜样，既可以发挥诚信的正面引导作用鼓励大家学习，又可以引领社会文明风尚。一方面通过对诚信模范人物进行专题采访和故事宣讲，发挥先锋模范的感召力。另一方面要针对经济诚信活动，进行奖励，如税收优惠等。

第三，构建诚信教育协同机制，加强社会成员集体诚信意识。教育协同机制是指以学校教育为主体，同时加强家庭和社会的上下联动，形成诚信教育的全面覆盖和长效沟通。目前，我国诚信教育实效性不高，主要是未能协调好学校、家庭和社会之间的诚信关系，致使脱离学校以后的诚信引导长期处于空白。而且诚信教育未能纳入法律原则,普法宣讲和诚信教育二者独立发展,长期脱节,导致教育囿于道德捆绑,未能切入个体法治精神的培养。因此,加快构建诚信教育协同机制,形成诚信教育合力,首先要加强学校、家庭、社会之间的联系。具体包括:要从家庭氛围中从小培养孩子诚信意识,扣好人生中第一粒扣子。要从学校诚信教育中增强学生的情感认同,使学生获得自我尊重、自我教育的能力。从社会教育中加强行业道德规范,使从业人员能够做到诚信守法,遵守规则。实现诚信教育从家庭、学校到社会的通力合作,塑造诚实守信、遵纪守法、诚信友善的社会风尚。其次要将诚信教育与法治宣传相结合。一方面,利用法律圈画诚信范围,填补诚信法律空白,以法律外在强制性弥合诚信主体性缺失,通过法律外衣来提高社会成员遵守诚信的警觉。另一方面,法治宣讲要突出诚信原则,无论是出台法律成文还是坚持推进依法治国、依法执政、依法行政的过程中,都应该秉承法律的诚信原则,将诚信深深熔铸进法律的全部内容。具体包括,从诚信教育中灌输法治含义,讲清楚诚信与法律之间的联系,激发诚信主体的前期法律认知,引导社会成员遵纪守法,奠定诚信的法律根基。从普法宣讲中吸纳更多的社会典型失信案例素材,现身说法,从法律层面剖析解读,用法律说话,使社会成员感受到法律的约束力,形成法律震慑。最终实现诚信教育的全覆盖和诚信规范的约束,实现以德治国和依法治国的有机结合。

二、构建诚信制度,强化"他律"

第一,落实全面依法治国,完善诚信相关立法完整性。人存政举,人亡政息,诚信作为封建统治者的文化附庸长期以来让渡权力,因此缺少法治的民主土壤。法律是社会文明的重要尺度,在法治社会推行诚信原则,建立诚信规章制度需要依靠法治来提供向心力和执行力。即推动社会主义现代化建设进程,规范社会成员诚信道德,需要全面落实依法治国,完善诚信相关立法,利用法治建立完备的制度体系,形成社会长效机制。具体包括:首先要完善诚信相关立法,法律化诚信义务。有法可依是诚信建设的法理要求,但是由于诚信长期以来的道德主体地位,使得诚信相关核心法律、法规整体滞后。目前,出台的诚信相关法律大多属于外围法律,没有靶向定位诚信核心,缺少完整性。因此,要加快诚信立法进程,形成针对诚信问题的完整法律,以法律护航道德,赋予道德法律义务,并以法律监督失信行为,借此来改变诚信主体法律缺位状态。其次要提高立法的科学水平。

法律的出台要充分考虑权威性和前瞻性，不然就会导致立法不严和执法难明，降低法律的警戒性和执行力。因此，在拟定诚信法律和出台诚信规章时，应将重质和重量结合起来，以考虑科学性、前瞻性为首要原则，增加立法的明确性、执行性、严谨度，使关于诚信的法律条文都能清晰明了，诚信原则科学审慎，执法过程严丝合缝。同时，面向社会发展现实需要，应及时更新诚信法律目录，就诚信内容欠缺部分适时予以修订、补充和更新，增强时效性。最后要推动社会成员执行诚信公约。立法的目的在于有法可依，诚信立法归根结底是规范社会成员的诚信行为，使他们能自觉践行诚信公约。推动社会成员形成诚信的守约践行机制，是实现诚信法治化的关键环节和疏导社会环境的重要举措，可以提高诚信建设和法律的有效联动，提高执行力度。

第二，推进信用体系建设，增强社会成员的诚信自觉。社会信用体系建设系统庞大，涵盖社会交往的方方面面，它是基于道德原则出发的，以产权为基础的，依托法律保障的一种社会机制，对保障社会良性运转意义重大。推进信用体系建设具体应包括：首先优化信用信息管理制度。一方面加大事前信用信息制度供给，弥补信用主体可能出现的信息缺失、失效和真实性低相关问题。同时分类公共信息和市场信息，并对此予以隐私和权利保护，以调动信息主体参与信息供给。另一方面构建信用信息区际利益平衡机制，来调节政府、企业之间利益失衡，以克服信用信息的地方保护主义，打破信用信息之间的信息壁垒和信息孤岛，实现政府部门和企业组织间的信用信息互通共享。其次重构信用评估制度。一方面，鼓励更多的信用评级机构加入竞争，打破机构寡头垄断，利用声誉形成一定的信用约束，来规避信用评级乱象，鼓励社会成员使用信用产品。同时加强对信用评级机构的问责，以此保证信用评级的信服力和准确度，提升信用主体对信用机构的信心。另一方面，打破地域限制，依据双边或多边协议增强地区间信用评级的互认度，在一定程度上减少信用局限，节约信用主体的时间和支出成本。最后构建信用联合激励制度。目前，我国信用联合激励尚未全面覆盖，失信惩戒侧重比例一定程度失调，不利于信用体系的全面发展。因此，要构建信用联合激励制度应打破领域间信息壁垒，深化市场信息共享和合作，形成区域间交叉覆盖。同时要扩展联合激励的适用对象，通过放宽联合信用准入吸引信用激励适用群体，来刺激信用主体参与守信激励。

第三，完善诚信监督机制，提升社会成员的诚信品质。在实现建成法治国家、法治政府、法治社会建设过程中，强化法律监督意识，完善诚信监督机制对于弥补道德的内在不足，完成道德的既定目标意义重大。随着信用广泛受到关注，信用体系日益完善，信用监管也逐渐转轨到法治化领域。因此，完善优化诚信监督，应从法律、道德、舆论和体制上多方考量、协同拟定。首先要加强执法监督。一方面明确法律监督的权力和作用，尤其赋予诚信制度体系中法律监督的合理性和权威性，使法律监督和执行有法可依。同时完善监督机制，实现主动型监督与问题导向型监督相结合、对内和对外监督相结合的全流程全覆盖和统筹协调监督机制。另一方面面向社会市场多部门，要统筹协调多级联动，严打假冒伪劣、制假贩假等违法行为，加强治理，肃风正气。其次加强舆论监督。新闻舆论监督在社会监督中举足轻重。一方面，在开展舆论监督时，要利用多种传媒之间的交叉互补性，整合媒体力量，形成多媒体合力，加强新闻媒体间的交流联动，尤其是区域性媒体间应达成舆论共识，实现新闻信息资源合作共享，以提高舆论监督效果。同时完善网络媒体，加强对网络舆论监督的合理引导，将坚持主流意识形态阵地、牢牢把握正确舆论导向和尊重受众主体、聚焦舆论中心、提高媒体公信力相结合，疏解社会舆情走向，有效引领舆论风尚。另一方面，要利用大数据建立网络舆情应急预警机制，加强媒体信息曝光过程中的整体管理和网络舆论环境的重点监督，实时监测网络舆情敏感话题和舆情危机走势，利用平台及时公开网络舆情突发事件真相，避免网络谣言四起，防止事态恶化，保障舆论监督效果。最后培育多元化的社会诚信机构。通过建立社会共享的个人信息数据库，设立企业、事业单位和个人信用信息披露制度，加强诚信中间监管，公开诚信档案，促使社会成员以长远眼光看待诚信品质。

三、繁荣先进文化，营造氛围

第一，弘扬中华民族传统美德，振奋"诚实守信"的民族精神。中华传统美德是中华优秀传统文化的精髓，其理念蕴含的"重情""利他"价值取向，对于形塑民族心理和培育民族精神影响重大，造就了中华民族基因里的深沉厚重，谦逊有礼。随着社会发展演变，人们对诚信道德的理解出现偏差，现代社会日趋强烈的伦理底线化和道德平面化呼唤着人们对美德伦理的追求和道德精英的出现。因此，弘扬中华民族传统美德，锤炼诚信文化价值，首先应该加强优秀传统文化的宣传和教育。将传统道德教育与新时代学校教育目的相结合，实现新时代道德共识与教育目的的统一。有序推进中华优秀传统文化教育，以增强学生对中华传统美德的理解力、认同感、践行力，同时培养学生对中华文化的认同感、对中华民族的归属感。培育好新时代国民的"根"，为培养能担民族复兴大任的时代新人提供凝聚力。其次要引经据典，深化对诚信美德的认同感。借鉴历史上关于诚实守信的正面典范（如"一诺千金""一言九鼎""季札挂剑"等和失信负面佐证（如"朝令夕改""瓜期不代"等）案例素材，结合家庭和社会的教育力量，通过耳濡目染、口传心授等自发教育方式来教化道德，达到教育内容生活化、教育形式社会化的效果，使得社会成员习得和内化社会一致认同的核心价值、道德规范和美德伦理，深化诚信价值认同。最后参照传统文化"自省"心得，自觉树立诚信观念。"吾日三省吾身"，反省是基于道德出发的自我反思，和追求品格超越的心灵进阶。荀子曰："君子养心莫善于诚，致诚则无它事矣，唯仁之为守，唯义之为行。"突出强调了诚信意念的情理色彩。"反省"是主体意识的自觉行动，这种行为有外在诱导因素和内在个体习惯产生的双重影响因素，因此要通过反省来树立诚信自觉，应通过社会规则外在规范，引导成员检验对照自己的行为操守和推动社会主义核心价值观，倡导公民养成诚信良好品德两方面共同发力，使诚信优良传统得到赓续传承。

第二，强化媒体的公信力建设，净化舆论氛围传播社会正能量。公民诚信素养的高低同社会环境息息相关，社会环境作为大染缸，对社会成员的潜在影响呈针孔式扩展，会无意识地影响公民价值观并左右公民的诚信判断和道德认知。尤其在信息全球化时代，悄无声息的信息舆论和多元媒体占据网民的生活空间，信息呈现爆炸式增长，依靠网络更新的知识框图拼凑出外部世界的想象图景。因此，加强媒体公信力建设和网络空间治理至关重要，以正向积极的社会风气塑造诚信社会环境对于公民诚信品质培育意义重大。首先要加强媒体权威性。媒体作为传播信息的中介，是连接社会和公民的载体，能反映出社会的公正性和价值取向。加强媒体公信力建设一方面要加强新闻媒体行业管理，明确媒体所承担的社会责任和义务，守牢行业底线。坚持内容输出去低俗化、庸俗化、恶俗化，信息报道秉承还原真相、公平公正的原则，摆脱功利化取向、商业化营销和低级趣味，树立媒体公允诚信的行业形象。另一方面要加强媒体从业者的道德修养，严禁有偿新闻及相关不诚信行为，以新闻从业者职业要求严格规范媒体人的行为操守，并以责任追究制度来落实媒体人的责任担当。其次完善网络诚信的践行机制。要加强网络空间生态治理，通过网络管理机制来约束和规范行为主体的言论发布，加大对网络造谣、网络诽谤、网络侵权等非法行为的追责严惩。利用法律和技术手段加强网络监管，针对网络失信案件立项侦查，规范网络信息采集和发布流程，落实责任追究制度，形成网络诚信的全方位监管。最后利用媒体舆论引导，传播正能量。随着舆论网络化的发展，新媒体深入公众视野，在新闻媒体环境下加强网络舆论的引导机制是一项迫切的任务。一方面要弘扬社会主旋律，把握好新闻媒体意识形态前沿工作，坚持社会主义道路和方向，将倡导诚信价值理念和培养诚信行业价值追求相融合。另一方面通过多元立体媒体通道、新兴网络阵地等统领社会舆论方向，联合报道身边的诚信践行者，传递诚信正能量，提高诚信报道的公共关注度，形成诚信舆论的积极氛围。

第三，发挥"家风家教"教育引导作用，养成社会成员诚信责任感。小农经济生产结构主导下的传统社会，使得人们的交往大多围绕血缘、地缘和亲缘等小范围展开。依据这种交往形式，二元社会治理结构应运而生，家族法规、乡规民约等作为统治者维持社会秩序的内在补充，与外围法度共同发力，调解社会矛盾，化解纠纷。家风家教是基于家族内部的共同意愿，自行制定的用于规范引导家庭成员道德行为的规定，这种由封建大家长主导制定的家庭内部教育，对于培养社会成员责任感和树立良好品行发挥着潜移默化的渗透作用。家风家教作为传统文化和传统教育的重要组成部分，在维系传统家庭的稳定和推动良好社会风气、维持社会有序运转上起到传承作用，加强现代化诚信建设，需要进一步发挥"家风家教"的教育引导作用，以此来提高公民道德素养和社会文明水平。首先要通过家法家教传习民族精神。发挥家风家教的文化功能，以家庭教育为主，通过挖掘整理优秀传统家教成果，以讲述中华民族立志勤学、自强不息的民族精神和举例民族英雄事迹融入孩子的前期家教培养中，引导孩子陶铸励精图治、奋发向上的理想，树立民族文化自豪感。其次是树立家风家教的先行示范。家庭教育主要是针对家庭成员的行为习惯培养和品德树立，重在言行的示范和氛围的熏陶，因此家长要率先垂范，以身作则，通过规范的言行举止来引导孩子养成良好习惯，以严于律己的规则向内传递诚信的道德内涵，并借助社区或者社会组织家风实践活动检验教育成果。最后创新家风家教内容。根据时代进步联系实际进一步丰富家风家教内容，融合学校教育和社会教育拓展家风家教的空间。一方面将家风家教融入思政课堂，推动家庭教育融入校园文化建设，通过传承优秀家风传统和借鉴优秀家风文化资源，将"孝悌之道、勤俭持家、勤奋好学"等家训和思政课培养学生德智体美劳全面发展理念充分融合。同时确保家风家教内容健康、理念与时俱进，加强马克思主义中国化理论教育、社会主义核心价值观教育和"中国梦"教育，赋予传统家风家教新内容，形成符合家庭成员价值认同的普遍化家风家教。另一方面推动家风家教融入网络教育。随着社会信息化提速，利用网络平台进行思想政治教育成为新的教育方式，利用网络的高时效性和资源共享性建设传统优秀家风服务型网站，提供网上精品课程等传播优秀家风，形成家风传导提倡诚信的舆论导向，构建诚信网络空间。

第七章　现代化道路话语体系的构建研究

第一节　现代化道路话语体系概述

一、话语和话语体系

话语是指社会语言使用中的特定表达方式，在特定的语境中，通过具体的语言符号和结构，传达特定的意义和信息。话语具有特定的社会功能，可以影响个体和群体的认知、态度和行为，是思想的直接现实。话语体系是由大量的话语元素组成的系统化的构建，通过规范话语元素之间的关系和组合方式、确定话语的内涵和运用范围，进而形成具有系统性的话语结构和话语体系。其中话语的大众化、生活化是话语体系成熟的主要标志。话语体系有助于形成社会群体之间的共识和协作，促进社会文化交流和认同的建立。话语和话语体系为话语权服务，是话语权的基础，因此二者不仅能够传递信息和知识，更在一定程度上决定其主流意识形态的地位和国际话语权的强弱。

二、现代化与话语体系

现代化是用来描述现代发生的社会、文化等变迁的现象，其所带来的变化是深刻的、全面的、系统的。而话语体系则是现代社会中重要的一环，它通过规范化的语言符号和结构，传达特定的信息、意义和价值观，体系化地建构了一个群体间的思想认知、文化传承和社会交流体系，对现代化进程和社会变革具有重要作用。当前，话语体系已不仅仅是语言能力的堆砌，其更加关注话语策略、话语结构、话语运用、话语效果等方面的建构，同时更加注重互动、对话和信息传递的效率与实效。在国际话语体系中，现代化通常被看作一个国家实现现代化、赶超发达国家的必要条件。这意味着，在国际竞争中现代化成了一个国家获得优势、提升地位的关键要素之一。总之，准确理解和思考现代化和话语体系的关系，对于未来社会公共空间中的动态化、多元化和开放化的推进、国际话语体系的建设，以及社会科技文化等领域的进程和发展，都有着重要的现实意义。

三、构建现代化话语体系

中国式现代化话语体系是指中国在国际舞台上所采用的话语方式、话语策略和话语风格，一方面旨在满足现代社会发展需求的话语体系，另一方面表现为中国对外传播话语的表现形式。从理论基础上说，中国式现代化话语体系的构建以推进国家现代化发展为核心目标，重视结合当代中国的政治、文化、经济、社会和生态的实际情况，凝练中国特色和中国文化，尤其是优秀的传统文化元素，营造出符合中国社会状况和发展的话语视角。同时，中国式现代化话语体系的构建还注重对各种话语方式的实效性、有效性以及适应性等方面作出评判，帮助实现不同领域话语方式的标准化。从具体实践上说，中国式现代化话语体系涵盖了各个领域，如教育、政治、文化、经济、社会等，针对不同的领域和不同的情境进行了相应的规范和构建。例如："推动建设相互尊重、公平正义、合作共赢的新型国际关系"① 等的中国式政治话语已被提出和广泛传播，成为中国式现代化建设的核心口号和思想基础；在经济领域，"创新、协调、绿色、开放、共享"的发展模式已经在国内外得到高度认可和推广。

第二节　现代化道路话语体系的主要内容

我国现代化道路话语体系是建立在我国现代化实践基础上的话语要素结合，包含对我国现代化道路本质属性与基本内容的阐释分析，它不是某一个单一维度的话语叙事，而是多个维度、多个层面、多个角度的话语表达所形成的集成概念。我国现代化是人口规模巨大的现代化，是全体人民共同富裕的现代化，是物质文明和精神文明相协调的现代化，是人与自然和谐共生的现代化，是走和平发展道路的现代化。"人口规模巨大""全体人民共同富裕""物质文明和精神文明相协调""人与自然和谐共生""走和平发展道路"全方位诠释了中国式现代化道

---

① 习近平.决胜全面建成小康社会夺取新时代中国特色社会主义伟大胜利——在中国共产党第十九次全国代表大会上的报告 [M]. 北京：人民出版社，2017.

路的内涵属性，共同构成中国式现代化道路话语体系的主要内容。

一、"人口规模巨大"的现代化

"人口规模巨大"是我国的基本国情，是中国式现代化道路话语体系的建构基点。根据国家统计局统计，截至2021年11月，全国人口共141178万人，与2010年的133972万人相比，增加了7206万人，增长5.38%。数据表明，我国人口10年来继续保持低速增长态势，我国依然是世界上人口最多的国家。在推进现代化伟大实践中，"人口规模巨大"构成了我国现代化发展的现实条件与基本要求。"人口规模巨大"是困难与挑战，也是条件与机遇。一方面，大规模人口增加了我国现代化建设的现实困难，相较于世界上其他国家而言，我国现代化建设任务艰巨、使命重大。另一方面，作为世界上最大的发展中国家，中国实现现代化意味着，约1/5的人口实现生活富裕，这将彻底改写现代化发展的世界版图，为人类现代化事业发展贡献力量。立足"人口规模巨大"的基本国情，中国式现代化道路在话语表达上凸显"人民"在现代化建设中的重要性，突出我国社会主义现代化道路的实际特点、困难挑战、主体力量、遵循原则等。改革开放时期，邓小平提出，中国式现代化道路的基本国情是"人口多，底子薄"，这就意味着在现代化初期，"大规模人口"是我国现代化建设的现实压力，我国现代化建设物质成果的总数量与"大规模人口"相矛盾——现代化发展成果无法满足大规模人口需求。改革开放以来，在中国特色社会主义现代化道路的引领下，我国由落后的农业国转变为先进的工业国，解决了人民基本物质生活需求，用几十年的时间走过发达国家几百年的现代化建设历程，创造了"社会长期稳定"和"经济快速发展"两大奇迹。"脱贫攻坚战"的胜利宣告了"全面建成小康社会"的建成，我国完成了消除绝对贫困的艰巨任务，实现了大规模人口全面小康的既定目标，显著改善了人民生活质量，国家治理体系和治理能力现代化不断推进，中国式现代化道路的实践效力与国际影响不断提升。

与新中国成立初期物质发展不能满足大规模人口需求相比较，我国现代化实践在新时代的快速发展，已经使得人口规模巨大所造成的发展压力转化为推进现代化建设的有利因素。新的历史条件下，作为世界第二大经济体，大规模人口为我国现代化道路提供发展动力和市场空间。大规模人口凝聚起我国现代化建设的主体力量，为我国现代化建设提供最坚实的人力与智力支持。与此同时，大规模市场孕育了多样化、多层次的消费需求，成为缓解世界现代化发展压力的有效动力引擎，为世界现代化发展注入新的发展活力与创新动力。另外，人的发展直观地体现为人的素质的提升，随着我国现代化道路的持续发展，我国大规模人口发展逐步从数量发展走向质量发展，人口素质显著提高，城镇人口规模不断扩大，受教育程度、健康水平、社会保障水平不断提高，为中国式现代化道路发展提供了有利条件与发展保障。中国共产党高度重视民生改善和社会保障，始终将民生作为最大的政治，将社会保障体系放在治国理政的重要位置，推进民生保障精准化、精细化。在全面建成小康社会的基础上，中国共产党带领中国人民全面开启社会主义现代化强国建设新征程，为实现凝聚十四亿中国人民对美好生活向往的中国梦而接续奋斗。习近平总书记指出，"站在社会主要矛盾发生转化的战略高度审视公平与效率的关系，加强和创新社会治理，在做大'蛋糕'的同时分好'蛋糕'，确保发展成果惠及全体人民群众，让人民群众有更多获得感，促进社会公平正义"。① 大规模人口要求我们在推进中国式现代化道路发展的过程中，要坚持"效率优先"与"兼顾公平"相互统一，体现现代化发展的数量与质量相统一、生产力发展与分配公平相统一。构建中国式现代化道路话语体系，要立足大规模人口所形成的现实条件与现实要求，深刻挖掘"大规模人口"给我国现代化带来的风险和挑战、机遇和契机，全面呈现我国现代化道路发展的长远性目标与阶段性特征。

　　"人口规模巨大"是中国式现代化道路话语体系的首要构成内容，在中国式现代化道路话语体系中居于决定性地位。中国式现代化道路话语体系的生成与建构离不开我国独特的现代化实践，我国现代化实践孕育了现代化的话语体系。"人口规模巨大"是中国式现代化道路话语体系的基础性要素，客观描绘了中国式现代化道路的基本国情与现实条件。我国现代化话语体系建构必须立足于巨大的人口规模与庞大的经济体量，凸显人民利益至上的价值思维和以人民为中心的发展思路，充分发挥社会主义制度集中力量办大事的优越性。首先，中国式现代化道路话语体系作为表达人民现代化发展愿景与利益诉求的话语集合，是人民意志的转换器，将十四亿多人口在现代化建设中的普遍诉求上升为我国现代化话语体系，将人民群众发展诉求转化为党和国家推动现代化发展的政治话语，充分调

---

① 中共中央党校（国家行政学院）. 习近平新时代中国特色社会主义思想基本问题 [M]. 北京：人民出版社，2020：146.

动人民表达意愿与话语智慧，发挥中国式现代化道路凝心聚力办大事的制度优势，这是我国现代化话语体系的基本功能与内在优势。其次，中国式现代化道路话语体系突出人民利益至上和以人民为中心的发展思路，坚持现代化话语实践从人民利益诉求出发，始终把实现好、维护好、发展好最广大人民的根本利益作为现代化话语体系建构的出发点和落脚点。恩格斯指出："我们的目的是要建立社会主义制度，这种制度将给所有的人提供健康而有益的工作，给所有的人提供充裕的物质生活和闲暇时间，给所有的人提供真正的充分的自由。"① 中国式现代化道路话语体系不是表达人民利益的政治口号，而是落实人民意志愿望的行动指南，注重将中国共产党"立党为公，执政为民"的执政理念转化为现代化建设的具体实践，通过社会主义生产资料的公有制与按劳分配制度保障人民生产资料所有与分配正义，保障大规模人口的物质生活诉求与分配正义。

"人口规模巨大"要求中国式现代化道路话语体系建构要始终凸显"人"的价值，坚持发展依靠人民、为了人民，现代化发展成果由全体人民共享。党的十八大以来，中国式现代化道路话语体系在实践中不断发展革新，但始终将以人民为中心的发展思想贯穿始终，体现社会主义的本质要求，以实现大规模人口共同富裕为价值导向。"新发展理念"的提出变革了传统经济发展片面追求效益的发展观念，将人民对于"美好生活"的期待通过"创新、协调、绿色、开放、共享"的新理念表达出来，推动中国式现代化道路向科学、健康、可持续方向前进。"新发展理念"体现了我们党对经济社会现代化建设规律的深刻认识，"新发展理念"表达了中国人民在现代化发展过程中的价值诉求，从唯物史观的高度进一步回答了中国式现代化道路"为谁发展""靠谁发展"的问题。推动中国式现代化道路话语体系建设，要坚持"人口规模巨大"的现实导向，将大规模人口组织调动起来，为中国式现代化道路发展提供精神指南与价值动力。立足"大规模人口"的现实诉求与集体意志，指导解决现代化发展的问题与困难，协调处理现代化过程中的利益矛盾，推动建立完整的现代化产业制度和产业体系，不断满足大规模人口的美好生活需求。

二、"全体人民共同富裕"的现代化

共同富裕是中国特色社会主义的本质要求。实现共同富裕的目标，首先要

---

① 马克思恩格斯全集（第 28 卷）[M]. 北京：人民出版社，2018：652.

通过全国人民共同奋斗把"蛋糕"做大做好，然后通过合理的制度安排把"蛋糕"切好分好。这是一个长期的历史过程，我们要创造条件、完善制度，稳步朝着这个目标迈进。"全体人民共同富裕"是中国式现代化道路的根本目标，是中国式现代化道路话语体系的重要组成部分。我国社会主义现代化建设伊始，就旗帜鲜明地指出我国现代化建设是全体劳动人民共同富裕的过程。毛泽东同志强调，经过人民共和国到达社会主义和共产主义，通过走社会主义道路，使农民能够逐步完全摆脱贫困的状况而取得共同富裕和普遍繁荣的生活。邓小平在回答"什么是社会主义、怎样建设社会主义"这个根本问题时，用"共同富裕"来阐释社会主义的本质，以此区分社会主义与资本主义的根本属性。江泽民同志强调，在社会主义现代化建设的每一个阶段必须让广大人民群众共享改革发展的成果，党的十四届三中全会指出，"建立以按劳分配为主体，效率优先、兼顾公平的收入分配制度，鼓励一部分地区一部分人先富起来，走共同富裕的道路"。①社会主义基本经济制度与市场经济体制的建立，为"共同富裕"的实现奠定了根本制度基础。进入新世纪，"科学发展观"强调"统筹兼顾"的根本方法，即统筹城乡发展、统筹区域发展、统筹经济社会发展等，在推进物质经济发展的同时，将社会公平与正义作为社会主义现代化的重要原则纳入科学发展规划。新时代，以"全面建成小康社会"建设为依托，"精准扶贫""全面脱贫""共享发展""乡村振兴"等话语建构，为实现全体人民共同富裕开辟了新路径，推动社会主义现代化建设走上新征程。党的十九大报告提出，2035 年"全体人民共同富裕迈出坚实步伐"，到 2050 年"全体人民共同富裕基本实现"。纵观之，发展中国式现代化道路的过程，就是实现全体人民共同富裕的过程，"共同富裕"为中国式现代化道路发展提供了内在动力与发展目标，充分彰显了中国共产党人"天下为公"的政治理想和中国人民"安居乐业"的美好生活向往。

从内涵属性上来看，"全体人民共同富裕"就是消除两极分化和贫穷基础上的普遍富裕，在数量上涵盖全部的劳动人民，坚持人民在现代化建设中的主体地位，将人民对富裕生活的愿望设置为现代化建设的根本目的，且突出人民实现富裕生活的实质性。因此，"共同富裕"是中国式现代化道路的重要内涵与鲜明特征，突出我国现代化建设坚持以人民为中心的发展思想，突出在高质量发展中

---

① 中共中央文献研究室. 党的十四大以来重要文献选编（上）[M]. 北京：人民出版社，1996：520.

促进社会公平正义的发展价值。现代化道路是实现"共同富裕"的必经之路，与"共同富裕"在发展旨归上根本一致。以现代化道路推动"共同富裕"，体现社会主义的本质要求，即我国的现代化始终坚持以经济建设为中心，坚持发展是为了消灭剥削、消除两极分化，从而推动全体人民走向共同富裕。现代化道路集中体现了"社会主义"本质与"中国特色"相统一，在现代化发展中贯彻落实了"共同富裕"的价值要求。现代化道路发展的基本原则首先表现为坚持效率与公平相统一，即在保障经济繁荣发展的同时，促进社会公平正义。在此基础上，现代化道路凸显现代化发展的"中国特色"，坚持将社会主义基本制度与中国现代化发展实际相结合，突出市场经济在我国现代化建设中的重要地位。邓小平同志说，"贫穷不是社会主义，社会主义要消灭贫穷；发展太慢也不是社会主义，社会主义要有一定的发展速度；两极分化不是社会主义，社会主义要实现共同富裕；剥削不是社会主义，社会主义要消灭剥削；闭关自守不是社会主义，照搬外国也不是社会主义；没有民主就没有社会主义，没有法制也没有社会主义等等"。[①]市场经济解放了社会主义现代化发展的生产力，增加了社会主义的物质积累，以公有制为主体的所有制形式和按劳分配为主体的分配方式，在保障生产资料归全体劳动者所有的基础上，实行劳动成果的社会化占有，这就为实现共同富裕奠定了物质基础与制度基础。因此，现代化道路的内在优势不仅仅表现为物质效益的提升，它同时解决了资本主义条件下效率与公平二者难以兼容的发展难题。市场经济在与社会主义制度的结合过程实现了生产力解放与生产效率大幅提升，成功地将资本主义物质文明成果转化为服务中国社会和中国人民生活的现实生产力，市场调节保证生产资料供给与生产效率最大化，按劳分配方式避免了资本占有的两极分化，确保生产资料分配公平。此外，社会主义法律体系明确规定了劳动人民的合法权利，维护劳动人民合法权益，打击一切危害人民生命财产安全的行为。"全体人民共同富裕"是中国式现代化道路话语体系的重要构成内容，在中国式现代化道路话语体系中起着目标指示作用。

"全体人民共同富裕"彰显了中国式现代化道路话语体系的价值内核与鲜明特色，中国式现代化道路话语体系的建构与创新始终体现了实现全体人民共同富裕的价值旨归。中国共产党的性质宗旨、初心使命、理想信念决定了中国式现代化道路是全体人民共同富裕发展之道，我国的国家性质、政权组织结构和国家

---

① 邓小平.邓小平文选（第3卷）[M].北京：人民出版社，1993：116.

制度为实现全体人民共同富裕保驾护航。阐释中国式现代化道路的发展本质、发展原则、发展旨归，离不开对"共同富裕"的话语解读。从中国式现代化道路出发解读"共同富裕"的内涵本质，即阐释发展手段与发展目标之间的关系。中国式现代化道路是实现全体人民共同富裕的必经之路，实现全体人民共同富裕是中国式现代化道路的发展旨归。"共同富裕"体现了中国式现代化道路在发展属性上的"全民性""协调性""阶段性"，"全民性"意味着共同富裕的覆盖面在数量上囊括全体中国人民，以所有人的生活富裕作为衡量标准；"协调性"意味着共同富裕不仅是物质文明发展水平的提升，还包含精神文明的同步发展；"阶段性"意味着我国现代化道路不是少数资本精英的富裕，也不是齐头并进的平均主义，而是在发展中逐步改善生活水平、提高发展质量。邓小平同志指出："社会主义不是少数人富起来、大多数人穷，不是那个样子。社会主义最大的优越性就是共同富裕，这是体现社会主义本质的一个东西。"[①]"共同富裕"为全体人民参与现代化提供广阔平台与发展机遇，为充分发挥人民主体性作用与创造性价值搭设通道，反映全体中国人民的共同发展意愿，是人民意志实践化、具体化的总结。以"共同富裕"为鲜明标志的中国式现代化道路话语体系，超越了西方现代化道路社会化生产与资本私人占有的发展弊病，超越了西方现代化"资本至上"的话语思维，将全体人民置于现代化发展的价值核心地位，凝聚起现代化建设的主体力量与精神动力，打破了由西方主导并垄断的现代化话语格局，为人类现代化发展及其话语体系建构提供了新的发展可能性。推进中国式现代化道路话语体系建构，要将"全体人民共同富裕"放在更加突出的位置，阐释中国式现代化道路与"共同富裕"之间的内在关系，阐释中国式现代化道路实现共同富裕的历史必然性与现实可能性，阐释中国式现代化道路发展实践中所体现的共同富裕思想原则与价值追求，阐释中国式现代化道路追求"共同富裕"的价值逻辑与西方现代化道路的内在区别等。通过对"共同富裕"现实条件与发展逻辑的挖掘，对"共同富裕"内在机理与话语逻辑的分析、对"共同富裕"目标导向与价值旨归的认识，形成中国式现代化道路话语体系建构的重要话语资源。

三、"物质文明和精神文明相协调"的现代化

"物质文明和精神文明相协调"是中国式现代化道路的基本原则，是中国

[①] 中共中央党史和文献研究院.党的十八大以来重要文献选编（下）[M].北京：中央文献出版社，2018：170.

式现代化道路话语体系建构的内在要求。物质文明与精神文明是现代化发展的一体两面，物质文明奠定现代化建设的经济基础，精神文明夯实现代化建设的上层建筑。物质文明与精神文明协调发展是马克思主义现代化理论的内在要求，也是中国共产党推进现代化发展的优良传统。坚持物质文明与精神文明相协调，始终贯穿党和国家现代化建设的政策主张与制度规划，贯穿我国现代化建设实践全过程。从本质上来说，"物质文明与精神文明相协调"体现的是现代化发展的协调性、人民需求的内在协调性，二者在根本上是统一的。中国式现代化道路的发展是同步推进物质文明与精神文明的过程，物质文明的现代化是基本生产资料积累，精神文明的现代化是生产关系与生活方式的发展，体现在人民群众的具体生活诉求中。人民既有基本物质生活需求，也有精神文化需求，在基本物质生活条件获取之后，对于精神文化的诉求也随之提高。中国式现代化道路不仅意味着人民群众物质生活水平的提高，同时也代表着人民群众精神文化生活的丰富，物质文明与精神文明相协调反映了人的自由全面发展。因此，我国现代化道路建设坚持物质文明与精神文明相协调的基本原则，旨在满足人民的基本物质需求与精神文化需求，在我国现代化道路建设中同时体现为物质文明与精神文明相协调、人的自由全面发展的同步推进。人是社会主义现代化建设最活跃的因素，人的全面发展是中国式现代化道路建设的重要内容，推进人的全面发展，必须坚持物质文明与精神文明相互协调的基本原则。

中国特色社会主义进入新时代，我国社会矛盾发生了根本性变化，我国社会生产力显著提高，人民群众基本物质文化需求得以满足，社会发展的主要矛盾转化为发展的结构性问题同人民美好生活向往之间的矛盾。党的十九大明确指出，人民对美好生活的需要是多层次、多方位、多样化的，物质条件的改善是实现美好生活向往的基础层级，建立在其上的公平民主参与需求、正义需求、文化娱乐需求、绿色环保需求等，成为党和国家在新时代推进社会主义现代化建设的重要任务与使命。推进现代化道路发展，要正确认识物质文明与精神文明之间的辩证关系：既要突出以经济建设为中心的现代化建设方针，通过物质文明高度发展，夯实精神文明建设的物质条件和实践基础，又要凸显新时代社会主要矛盾变化和人民对精神文化发展的基本要求，通过精神文明高度发展，增强社会主义现代化建设的思想指引与精神动力。社会基本矛盾并没有改变我国仍将处于社会主义初级阶段的最大国情，因此坚持以经济建设为中心，继续夯实人民物质生活基础依然是现代化建设的重点。推进现代化道路高质量发展，要在夯实经济基础的同时，兼顾效率、公平、可持续、安全等。与此同时，随着社会主义现代化的繁荣发展和物质生活资料的不断丰富，精神文化建设成为现代化建设的重要内容。推进社会主义现代化精神文明发展，要坚持中国传统文化的创造性转化与创新性发展，坚持马克思主义在意识形态领域的指导地位，坚持以社会主义核心价值观引领文化建设，不断生成面向大众、面向时代、面向世界的社会主义文化资源。坚持物质文明与精神文明相协调是中国式现代化道路建设的原则要求。新时代，我国的现代化发展已经由数量式发展走向高质量发展，凸显发展的全面性与协调性，协调处理改革、发展、稳定之间的关系，必须同步推进经济建设与文化建设，为人民群众提供长期稳定的社会环境、日渐丰富的物质成果与文化产品。

"物质文明和精神文明相协调"是中国式现代化道路话语体系的重要构成内容，在中国式现代化道路话语体系中起着方向指导作用。"物质文明和精神文明相协调"的现代化是中国式现代化道路的独特话语表达与发展属性彰显，是"中国智慧"和"中国方案"在我国现代化建设中的具体体现。改革开放以来，市场经济在推动我国现代化发展的同时，也催生了物质主义、金钱主义、个人主义等西方资本主义文化形态。针对"物质"与"精神"两条腿不协调的现代化发展问题，党和国家坚持马克思主义系统论，综合运用整体性思维、战略性思维、辩证性思维、法治性思维，坚持"德治"与"法治"同频共振、同向聚合，以国家制度与主流话语的方式凸显精神文明建设的重要性，将"物质文明与精神文明相协调"上升至国家现代化政策主张中，为推进精神文明建设提供方向指导。随着我国国际地位与国际影响力的上升，建立与我国现代化道路及其实践相互匹配的话语体系，是推进物质文明与精神文明协调发展的重要方式。"物质文明与精神文明相协调"尊重人的自由全面发展，强调发展的数量与质量、速度与效益相统一。这种话语表达坚持高质量发展的导向、坚持人民至上的价值导向。以此相对，西方现代化话语突出个人主义至上与资本至上的价值逻辑，在西方现代化道路发展中导致物质主义泛滥、资本精英主导社会利益分配、大众贫富分化等问题。从根本上来说，中国式现代化道路坚持"物质文明和精神文明相协调"的原则要求，是对社会主义本质论与人民价值中心论的坚守与践行，这种超越资本逐利逻辑的话语表达，充分彰显了社会主义现代化建设的制度优越性。

党的十八大以来，中国式现代化道路话语体系更加凸显"物质文明和精神文明相协调"在新时代的重要性，作为现代化建设的重要内容，"物质文明建设和精神文明建设"被置于"五位一体"总体布局与"四个全面"战略布局的重要位置。在全面建成小康社会的基础上，社会主义现代化强国建设更加注重发展的全面性与协调性。由于我国是世界最大发展中国家的国际地位没有改变，党坚持以经济建设为中心的基本指导思想不能动摇，在全面推进现代化建设的新征程上，要继续厚植人民幸福与民族复兴的物质根基。在此基础上，《中华人民共和国国民经济和社会发展第十四个五年规划和 2035 年远景目标纲要》提出："加强社会主义精神文明建设，培育和践行社会主义核心价值观，推动形成适应新时代要求的思想观念、精神面貌、文明风尚、行为规范。"[1] 全面推进社会主义现代化国家建设，比以往任何时候都更加需要精神文化的滋养与引领。中国式现代化道路话语体系既要全面呈现我国现代化道路建设中物质基础与社会面貌的变化，又要高举现代化建设的精神旗帜，深刻分析中国人民在中国式现代化道路建设中所创造的精神文化成果，在新时代新征程谱写精神文明建设新篇章。必须明确，"物质文明和精神文明相协调"作为中国式现代化道路话语体系的重要内容，是在宏观意义上对中国式现代化道路进行阐释的，具体而言，中国式现代化道路囊括物质文明、政治文明、精神文明、社会文明、生态文明"五大文明"，是"五大文明"协调发展的现代化，充分彰显了中国式现代化道路发展的协调性与全面性。

四、"人与自然和谐共生"的现代化

"人与自然和谐共生"是现代化道路的题中之义，是中国式现代化道路话语体系的鲜明特色。"人与自然和谐共生"反映出人与自然相互依存、相互影响的互动关系，在人类物质生活实践中，自然界为人类生产生活供给源源不断的发展资源与发展动力，人类通过把握自然规律与利用自然规律，使得自然界逐步成为人类社会生活的组成部分。传统文化自然观讲"天人合一"，将人看作自然界的重要组成部分，反映了人与自然的密切关系。"人与自然和谐共生"是中国传统自然观的时代化创新，其价值旨趣贯穿中华文化发展绵延全过程，深刻体现了中国人民处理人与自然关系、解决发展与生态矛盾的原则遵循与价值态度。"人与自然和谐共生"是马克思主义生态观的中国化发展。马克思主义认为，自然界是人类物质生活实践的基础与条件，自然界相较于人类社会具有存在上的优先性。

---

① 中华人民共和国国民经济和社会发展第十四个五年规划和 2035 年远景目标纲要 [M]. 北京：人民出版社，2021：102.

尊重自然、顺应自然和保护自然是自然界客观性和实在性所决定的，也是人类物质生活实践开展的前提。在继承中国传统自然观与马克思主义生态观的基础上，中国共产党人秉持"人与自然和谐共生"的价值理念推进中国式现代化道路发展，创造了中国特色社会主义生态文明思想。改革开放以来，我国现代化道路建设的生态话语资源不断积累，邓小平提出发展中国的社会主义事业要走"生态资源的可持续化发展道路"，新世纪以来，"科学发展观""可持续发展"等话语供给为中国式现代化道路的发展指明方向。新时代，"新发展理念""高质量发展""绿色发展"等观点的表达，拓展了"人与自然和谐共生"理念的内涵与外延，推动中国式现代化道路话语体系不断创新发展。

以生态文明视角透视中国式现代化道路，我国现代化道路发展始终坚持发展效益与生态效益相统一的原则。可以说，中国式现代化是坚持走生产发展、生活富裕、生态良好的文明发展道路，创造物质文明成果满足人民群众基本生活资料需求，创造精神文化产品满足人民群众精神生活需求，创造生态文明产品满足人民群众绿色环保需求，让优美生态环境成为人民幸福生活的增长点。中国特色社会主义进入新时代，人民对绿色环保的生态产品需求增多、对优美人居环境的诉求增强。与此同时，我国现代化道路发展中物质利益与生态效益之间的矛盾更加凸显，如何解决这个问题成为满足人民美好生活的关键点。党的十八大以来，生态文明建设在中国式现代化道路话语体系中地位凸显，习近平总书记将生态文明建设作为"五位一体"总体布局的重要组成部分提出，并将生态文明问题上升到重大政治问题和重大社会问题的高度，强调生态环境是关系党的使命宗旨的重大政治问题，也是关系民生的重大社会问题。对于如何认识生态文明建设在社会经济发展中的地位作用，如何在新时代推进生态文明建设，习近平生态文明思想创造性地作出了理论回答，"绿水青山就是金山银山""像保护眼睛一样保护生态环境，像对待生命一样对待生态环境""创新、协调、绿色、开放、共享"的新发展理念等，一系列新思想的阐释对于我国生态文明建设作出了根本指示，对于推动构建节约资源和保护环境的空间格局与产业结构，加快形成生态友好型生产方式与生活方式，产生了巨大推动作用。推动中国式现代化道路发展，要始终坚持中国特色社会主义生态文明思想，秉承发展效益与生态效益相统一的发展理念，为人民群众创造更加美好的生产生活空间。

从内涵属性上来说，我国现代化道路是人与自然和谐共生的现代化，在坚持人与自然和谐共生基本原则的前提下，强调保护生态环境就是保护生产力，改善生态环境就是发展生产力，旨在创造更多物质财富和精神财富以满足人民日益增长的美好生活需要，提供更多优质生态产品以满足人民日益增长的优美生态环境需要。就西方资本主义现代化道路的发展模式而言，人与自然之间的关系越来越体现为发展与环保之间的关系矛盾，资本主义工业文明通过对自然资源与生态环境的攫取，来置换经济发展成果，这种粗放式的发展方式在破坏自然界的同时，对人类生产生活环境与社会发展本身构成威胁。我国在现代化早期，为追求经济快速发展，造成了生态环境的破坏。但从历史与总量视角来看，西方现代化的环境代价远远大于我国现代化的生态成本。党的十八大以来，党和国家提出坚决打赢蓝天保卫战、碧水保卫战、净土保卫战、生态保护修复的政治口号，制定"碳达峰""碳中和"战略，以实际行动推动生态文明建设，生态文明建设从认识到实践都发生了历史性、转折性、全局性的变化，生态环境质量持续改善。在反思我国传统发展之路与西方传统现代化发展之路的基础上，要坚决摒弃控制自然、支配自然、破坏自然的传统现代化发展模式，以生态文明理念指导生态文明建设，推进我国现代化建设向生态、绿色方向发展。

　　"人与自然和谐共生"是中国式现代化道路话语体系的重要构成内容，在中国式现代化道路话语体系中具有关键性地位。"人与自然和谐共生"从思想理论层面阐明了中国式现代化道路处理经济发展与生态环保矛盾的根本原则，丰富了中国式现代化道路的话语内涵与价值意蕴，为推动生态文明建设提供了根本思想指南，深刻回答了"为什么建设生态文明、建设什么样的生态文明、怎样建设生态文明"等一系列重大理论和实践问题。推动中国式现代化道路发展，必须协调处理生产生活和生态环境保护之间的关系、经济发展与生态效益之间的关系、眼前利益与长远利益之间的关系，这是中国式现代化道路话语体系的价值着眼点。生态环境治理体系和治理能力现代化是我国现代化道路建设的重要内容，我国现代化话语体系必须不断供给生态文明建设的思想支撑与话语支持，为推动"人与自然和谐共生"创造良好的话语环境。生态文明建设本质上是民生问题，推动中国式现代化道路话语体系建构，要将人民群众生态文明建设愿望体现在党的现代化建设布局中，用人民的语言讲述人民的心声，要充分调动人民群众在生态文明建设中的主动性与创造性，用人民的力量实现人民的愿望。从生态文明角度反思西方现代化道路话语体系，在其主导思想上，西方国家坚持现代化发展的经济利益与资本效益优先，并且现代化发展带来的生态环境破坏及影响转嫁于发展中国家。这种现代化发展思维割裂了人与自然的关系统一、打破了地球生态系统原有的循环和平衡规律。中国式现代化道路话语体系深刻反思了资本主义发展模式，尊重自然规律与发展规律，坚持现代化发展的人类命运共同体理念，将中国式现代化道路置于世界现代化发展格局中，将人类生产生活置于大自然界中，坚持整体思维、系统思维、生态思维分析现代化发展问题与人类现代化发展难题，为世界现代化发展贡献了"中国力量"和"中国智慧"。

五、"走和平发展道路"的现代化

"走和平发展道路"是我国现代化的主动选择，是中国式现代化道路话语体系的价值要求。"走和平发展道路"彰显了当今世界的时代主题、体现了社会主义现代化的本质要求。我国现代化道路要在和平中推动发展、在发展中维护和平，和平与发展是我国现代化道路的重要构件。"和平"与"发展"是相辅相成的，和平的国际环境是促进各个国家共同发展的前提和基础，各个国家在全球化中能够共同发展是保持世界和平的有利条件。"二战"后，西方发达国家亟须恢复经济，以弥补战争带来的损耗。广大发展中国家获得民族解放，需要和平的外部环境保障国家现代化建设、巩固新生政权。"和平"与"发展"成为世界各国的普遍愿望，是具有全球性的战略问题。邓小平在洞悉了世界局势与发展潮流之后，提出"和平与发展是当今世界主题"的重要论断，强调和平问题讲的就是政治问题，发展问题讲的就是经济问题，"和平"与"发展"是互为条件，相互联系，相互影响，为我国实现改革开放和现代化建设提供了理论指南。改革开放以来，我国现代化发展始终秉持"和平发展"的价值理念，在谋求自身发展的同时，积极承担国际责任，致力于维护世界和平、推进世界现代化发展。当前，我国现代化建设面对国内艰巨繁重的改革发展稳定任务、面临外部环境深刻复杂变化带来的严峻风险挑战，必须坚定中国式现代化道路的历史自信与话语自信，坚定走和平发展道路的决心，奠定中国式现代化道路发展的物质基础与社会基础，为走和平发展道路夯实基础、提供支持、强化动力。

我国现代化走和平发展之路，是基于中国历史文化传统的必然选择。中国传统文化凸显"家国同构""和合文化""大同世界""天下一家"的世界观与发展观，中华民族的文化基因蕴藏着和谐万邦的天下情怀，这种文化基因与和平情结在当下表现为：对国际秩序的维护、对世界和平的珍惜、对全球发展的贡献。中华民族是热爱和平的民族，渴望和平始终是中国人民的精神特征，走和平发展道路符合中华传统文化要求。从我国国情来看，"最大的发展中国家"和"长期处于社会主义初级阶段"的基本国情，决定了我国的现代化与西方发达国家现代化程度仍然存在巨大差距，保持向前发展的姿态需要和平的国际环境保障。因此，中国的现代化发展与和平发展道路不仅是权宜之计，而且是持续的历史选择。习近平总书记强调："中国走和平发展道路，不是权宜之计，更不是外交辞令，而是从历史、现实、未来的客观判断中得出的结论，是思想自信和实践自觉的有机统一。和平发展道路对中国有利、对世界有利，我们想不出有任何理由不坚持这条被实践证明是走得通的道路。"①"和平"与"发展"依然是当今世界的时代主题，中国的现代化需要融入全球化发展潮流，抓住世界总体和平的历史机遇、实现自我发展，为推动世界经济全球化和区域一体化进程贡献"中国力量"。中国式现代化发展所积淀的物质资料与综合实力，是推动人类现代化事业发展的积极力量，是全球和平与安全的基础而不是威胁。从党的基本理论和执政经验来看，中国共产党的百年历史积淀了胸怀天下的历史经验，中国对全球经济增长贡献率连续多年保持在 30% 左右新征程上，中国共产党始终是世界和平的建设者、全球发展的贡献者、国际秩序的维护者，党的世界视野和战略定力为开启全面建设社会主义现代化国家新征程奠定坚实基础。以世界眼光看待中国问题，以中国视角分析世界形势，善于在危机中育先机、于变局中开新局，这是中国共产党治国理政的巨大优势和鲜明特色。

　　"走和平发展道路"是中国式现代化道路话语体系的重要构成内容，在中国式现代化道路话语体系中起着价值导向作用。"走和平发展道路"奠基了中国式现代化道路话语体系的价值选择，为中国与世界对话打开通道、扫除障碍。中国式现代化道路的话语体系是建立在中国自身现代化实践基础上的话语创造，具有中国特色，彰显中国共产党倡导和平的发展主张、中国人民爱好和平的价值立场、中华民族维护世界和平的坚定决心。我国的现代化与西方攫取式的现代化不同，是依靠自身力量和平发展的现代化，作为人口大国，中国式现代化是世界现代化的重要力量，中国式现代化道路的和平发展，是世界和平事业与发展世界的重要组成部分。在中国式现代化道路话语体系中，"和平"与"发展"始终是表

---

① 习近平总书记系列重要讲话读本（2016 年版）[M]. 北京：学习出版社，2016：263.

达中国式现代化道路的关键词，是彰显中国式现代化道路内涵本质与价值旨归的话语表达。顺应和平与发展的潮流，中国式现代化道路话语体系建设要始终与我国现代化发展和世界现代化发展相同步，坚决摒弃故步自封与封闭僵化，坚持自我革新与对外开放相统一，在世界现代化发展潮流中求发展，在世界现代化话语中谋创新。从"走和平发展道路"的角度来看，中国式现代化道路话语体系具有开放性与创新性双重属性，既认识到国内外环境变化的深刻性和复杂性，以及这种深刻性和复杂性之于我国现代化发展的挑战与机遇，也注重在现代化话语上学习和借鉴其他国家发展经验与表达智慧，突出对中国式现代化发展的内外部新挑战、新问题的分析与研究。在表达自身发展理念与价值追求的同时，注重从国家实际和世界视野中分析问题，在现代化发展的大环境与小问题中找准自身定位，以自身发展为世界现代化贡献物质与精神文明贡献。

"走和平发展道路"是基于中国传统历史文化传统与发展经验的总结积累，基于对经济全球化发展本质与我国现代化建设规律的深刻认识，基于对中华民族利益与人类共同利益的坚定维护。在凸显现代与传统的延续性、民族与世界的互动性、普遍与特殊的关联性基础上，形成对中国式现代化道路进行自我表达的话语体系。走和平发展之路是解决中国现代化建设的现实问题的必要选择，顺应中华民族走向复兴的历史大势，符合当今世界现代化发展规律与趋势，反映中国现代化建设的基本国情与中国人民的意志愿望。当前，百年变局和世纪疫情交织叠加，世界经济发展陷入低迷状态，世界人民对和平与发展的渴求更加强烈，"建设一个什么样的世界、如何建设这个世界"成为新型国际秩序建立必然回答的问题。党的十八大以来，习近平总书记提出推动构建"人类命运共同体"理念与"一带一路"倡议，这是中国走和平发展现代化道路的经验总结，也是人类共同价值诉求的集中体现。与西方现代化道路话语体系相比较，中国式现代化道路话语体系打破了"国强必霸"的西方崛起模式，凸显"和平与发展"的话语特色，为世界现代化发展贡献了"中国智慧"，为世界和平与发展贡献了"中国话语"。在我国现代化话语体系中，各个国家都有实现现代化的特殊性与主动权，无论何种主义与制度，都必须在不同国家的现代化实践中进行检验，只要符合本国国情，经得起历史、人民和实践检验的现代化道路，才是正确且适合的。中国式现代化道路为广大发展中国家实现现代化提供了有益经验，走和平发展道路为表明中国现代化道路的道义正当性与价值合理性，为人类和平与发展贡献了"中国样本"。

第三节　现代化道路话语体系的构建路径

一、优化现代化道路话语体系的传播格局

　　话语传播是指两个相互独立的话语主体或者文化实体之间，利用一定的表达途径进行的、有目的的话语传递活动。建立中国式现代化道路话语体系和有效传播格局，是塑造世界现代化潮流中"中国形象"的重要方式。我国现代化建设取得重大成就，如何通过话语方式传播我国现代化发展理念、道路模式与发展成就，让世界了解现代化的"中国模式"，这是我国现代化话语体系建构的重要使命。优化中国式现代化道路话语体系的传播格局，必须打通中国式现代化道路话语体系内外部互动渠道、凸显话语传播的对象特点、革新话语传播的媒介载体，推进中国式现代化道路模式走向世界，为世界现代化发展贡献新理念与新思想。

（一）协同推进现代化道路话语建构与传播

　　我国现代化道路不是自我封闭的发展模式，而是开放包容、内外互动的现代化实践活动。建立在此基础上的现代化话语模式，需要与其他国家进行对话交流和文明互鉴，以此获得现代化话语认同与发展。从内外部话语关系出发，中国式现代化道路话语体系既是我国现代化话语体系的自我建构过程，也是我国现代化话语体系的对外传播实践。以内部话语建构推动外部话语传播，以外部话语传播创新内部话语表达，是中国式现代化道路话语体系建构的重要方式和强大动力。其中，对内话语建构旨在完成中国式现代化道路的自我话语认知，明确中国式现代化道路话语体系是什么，对外话语传播旨在向世界讲述现代化发展的"中国模式"，彰显中国式现代化道路大国形象，对内话语建构与对外话语传播之间相互影响、相互推动，共同决定中国式现代化道路话语实践效果。

　　对内而言，话语建构解决的是现代化道路"说什么"这一重要问题。我国现代化道路话语体系的建构，是将我国现代化建设的历史进程与实践形态转化为话语体系，这种话语体系本身带有中国历史文化与民族特色，标识了中国式现代化道路在世界现代化发展中的独特性。塑造中国式现代化道路大国形象、让世界

认识中国、了解现代化的"中国模式"，必须首先立足中国式现代化道路建设实际，通过客观全面、逻辑清晰、形象生动的话语表达体系，彰显中国式现代化道路的"中国特色"，这是我国现代化话语体系对外传播的前提条件和重要内容。所有语言都是一个与其他语言不同的庞大的形式系统，这个形式系统包含由文化规定的形式和范畴，个人不仅用这些形式和范畴进行交流，而且也通过它们分析自然、注意或忽略特定种类的关系和现象、引导推理过程、构筑自己意识的房屋。形成具有中国特色的现代化话语体系，既是中国本土文化与现代化发展实际相互作用的结果，也是以此来分析中国式现代化道路、分析中国式现代化道路与世界现代化道路关系的话语工具。中国式现代化道路话语体系包含一般世界现代化规律的阐释，同时又凸显现代化表达的"中国特色"，传播我国现代化道路的发展理念与发展价值，必须建构强大的现代化话语表达系统。只有尊重现代化发展规律、尊重现代化民族特色的话语表达，才能获得话语认同与支持，才能在世界现代化发展中站稳脚跟并获得话语主动权。

对外而言，话语传播解决的是我国现代化道路"向谁说、怎么说"的重要问题，强化我国现代化道路对外宣传，对我国国际影响力提升具有重要意义，有利于为我国现代化建设营造良好的外部话语环境。就宣传性话语本身的属性而言，具有大众化、多样性、日常性等多种特点，具有激励、鼓舞、劝服、引导、批判等多种功能，只有将中国式现代化道路的理论性阐释转化为日常化、大众化的宣传话语，才能被海内外普通民众接受。中国式现代化道路的对外话语传播，旨在向世界介绍宣传中国式现代化道路建设的经验与模式，彰显世界现代化发展中的"中国模式"与"中国特色"，塑造现代化建设的"大国形象"。中国式现代化道路的话语传播实践架构了中国与世界互动沟通的桥梁，承载着中国国家形象塑造的时代使命。通过对外话语传播，既能够看到中国式现代化道路在世界现代化潮流中的发展样态，也能够明确中国式现代化道路发展之于世界现代化发展的价值意义。通过与西方国家的对话交流，以中国式现代化道路的实践成果与发展经验，为世界现代化发展贡献物质文明与精神文明，拓展现代化发展的方法模式，展现中国式现代化道路的发展实际与真实形象，塑造世界人民对现代化发展道路模式的多样化认知。与此同时，借由中国式现代化道路话语传播实践，可以充分汲取西方现代化话语智慧，推动我国现代化话语内部建构与外部传播实践相互动，为中国式现代化道路话语体系建构提供思想启迪与方法借鉴。

增强我国现代化道路话语内外部互动性，要充分发挥话语建构与话语传播的协同作用，在对内话语建构中立足世界视野与全球发展大局，坚持从世界现代化发展看中国式现代化道路，在对外话语传播中立足中国特色与民族特色，坚持从中国发展看世界现代化。一方面，通过内部话语体系建构，创新我国现代化道路话语表达模式，形成与世界对话交流的现代化话语体系。另一方面，以我国现代化道路的独特性与价值性为研究中介和对象，设置中国式现代化道路相关话语议题，让中国式现代化道路的研究解读成为西方学界的热点话题。通过中国式现代化道路话语体系内外部互动，集合中西方现代化话语优势，形成具有中国特色的现代化话语表达模式，不断推进我国现代化话语内容与话语方式革新，增强对内话语建构的对象性与针对性、增强对外话语传播的实效性与创新性，推动形成内部话语建构与外部话语传播之间良好互动格局。

（二）把握现代化道路话语传播的对象特点

传播性是话语的基本属性，如何充分发挥话语传播效能、实现预期传播效果，这涉及话语传播内容与话语传播对象之间的信息输出与输入比例。对谁进行话语传播、采取什么样的方式进行话语传播，一方面由话语形态本身的属性特征决定，另一方面由话语传播对象的自身特点决定，话语传播对象对话语内容具有一定的塑造与影响作用。我国现代化道路话语传播遵循一般话语传播的基本特点，以宣传现代化道路的发展理念与发展经验、塑造现代化建设的"大国形象"为根本传播目的。推进中国式现代化道路话语体系建构，要从全球视野来看中国式现代化道路的话语传播特点，按照传播对象空间分布及其内在属性特点，打造具有中国特色的现代化话语传播方式，针对不同的话语传播对象，设置全球化话语传播、区域化话语传播、分众化话语传播。

全球化话语传播。中国式现代化道路话语体系在全球化传播过程中，承载着向世界说明我国现代化道路发展成就与历史经验、发展旨归和价值立场的时代使命，展现我国积极融入全球现代化、向世界贡献"中国力量"与"中国智慧"的大国情怀和责任担当。中国式现代化道路话语体系全球化传播的目的旨归在于，牢牢把握中国式现代化道路话语传播的话语主导权，推动形成国际社会对中国式现代化道路形象全面、客观、立体的认识，构建针对中国式现代化道路全球范围内的话语互动格局。由于国际社会对于我国现代化图景的认识建立在我国关于现代化建设的自我展示基础上，因此我国现代化道路的对外话语传播要立足民族大局，胸怀国际视野，在与世界的深度融合和相互激荡中创新我国现代化道路的既有表达、建立起关于我国现代化道路的完整表达。全球化话语传播凸显传播范围的广博性与传播对象的全面性，这就要求我国现代化道路的传播方式要由个性思维走向共性思维，正视分歧与矛盾、突出共同利益和诉求，以全球现代化发展共性与现代化话语共性为基础，阐释中国式现代化道路之于全球化发展的重大贡献。以中国式现代化解决全球现代化发展问题的具体实践为契机，用中国话语表达中国现代化道路，用中国眼光观察世界现代化发展，在国际事务中明辨是非，树立威信，牢牢掌握阐释我国现代化建设的话语权，重点宣传共同利益诉求与价值诉求，夯实话语沟通基础，打造中国式现代化道路话语传播的全球化受众基础。

区域化话语传播。现代化发展加速全球化的进程，在推动世界政治、经济、文化、社会、生态等各个方面加快合作与融合的过程中，地区间、国家间、民族间现代化发展分化也不断增大，不同地区和不同国家在历史文化传统、话语表达习惯、精神文明程度等方面存在区别。依据不同地区不同的现代化程度与现代化发展形势，中国式现代化道路区域化话语传播要关切不同地区的文化传统与发展水平。针对不同发展程度、不同历史文化、不同区域分化的国家和地区，中国式现代化道路话语传播方式要凸显针对性。1974 年 2 月，毛泽东同志提出了"三个世界"的概念。他在会见来华访问的赞比亚总统卡翁达时说："我看美国、苏联是第一世界……第二世界，欧洲、日本、澳大利亚、加拿大……咱们是第三世界，第三世界人口很多。整个非洲、亚洲除了日本，都是第三世界。"①毛泽东"第三世界"概念的提出有效团结了现代化建设中的落后国家，密切了与周边国家的关系。以"第三世界"为例，我国现代化道路的话语传播要充分认识我国与广大发展中国家在现代化发展中的共性，以"亚非拉国家""社会主义国家"等话语表达凝聚现代化建设共识，以共同利益诉求、历史文化交集、话语习惯共性等，强化不同地区针对现代化发展的对话交流，打造具有区域认同、能够引起区域共鸣的现代化概念、表述、范畴，形成区域间合作与对话的标志性话语方式。

分众化话语传播。现代化道路话语传播具体对象庞杂，随着现代化实践及其外部环境尤其是网络社会的到来，"网民""消费者""传播者"等各种身份

---

① 新华月报.新中国 70 年大事记（1949.10.1—2019.10.1）（上）[M].北京：人民出版社，2020：381.

叠加、流动、变化，话语客体与话语主体身份转换、互动，重新塑造着中国式现代化道路话语形态及其表达方式。话语受众的"类属性"日渐模糊，取而代之以主体化、个性化、原子式的存在方式与表达方式，由此带来话语受众价值观多元化。在不同的话语形态与价值观塑造中，话语受众表现出不同的话语态度与价值取向，形成变化多端的社会关系集合。基于此，中国式现代化道路的话语传播要通过分众化的方式，紧跟时代脉搏，针对不同受众的话语诉求进行话语生产与传播，推动话语的供给端与需求端形成精准对接。在中国式现代化道路对外话语传播具体对象上，一是突出全面化，在强化政治对话与学术对话的基础上，以大众话语变化为依据，以网络社会为重点，以主流话语为引导，以现代化建设中涌现的新形象、新表达为话语传播对象，广泛推介、全面宣传。二是多样化，话语传播方式内在地包含了语言、文体、音频、网络等各种方式，中国式现代化道路的话语传播要综合运用各种传播形式，全面展现我国现代化建设的生动实践。三是针对性，中国式现代化道路话语传播要抓住重点受众，输出我国现代化建设的关键词，譬如通过具有社会带动性和影响力人物的话语带动，通过文艺工作者、电视工作者等公众人物的文化传播等。以现代化话语内容的革新与表达方式的革新，掌握主流舆论导向，广泛凝聚共识，推动形成世界范围内对中国式现代化道路的普遍认同。

（三）创新现代化道路话语传播的媒介载体

媒介载体作为推进我国现代化道路话语传播的重要依托，对我国现代化话语体系效能的发挥起着至关重要的作用。党的十八大以来，以习近平同志为核心的党中央高举旗帜，加强对外宣传工作，着力打造对外传播体系，推进媒体融合发展、加强网络空间治理，为宣传我国现代化道路提供了良好的媒介环境。新时代，随着我国现代化道路的新发展与媒介环境的新变化，我国现代化道路话语传播与媒介载体之间的关系更加密切。推进我国现代化道路话语体系建构，要充分利用现代媒体优势，将我国现代化发展理念、发展模式、发展成就通过媒介方式整合优化，进行宣传推介，借助媒体融合发展，实现现代化话语体系创新发展。基于此，要立足中国式现代化道路宣传目标与实际，着力打造一批形态多样、手段先进、具有竞争力的新型主流媒体；推动传统媒体和新兴媒体融合发展；强化互联网思维和一体化发展理念。

首先，着力打造一批形态多样、手段先进、具有竞争力的新型主流媒体。中国式现代化道路的发展实践是党和国家主流政治话语指导下的实践活动，因此推进中国式现代化道路话语传播，主流媒体责任重大、使命艰巨。要发挥主流媒体的话语引领作用，带动中国式现代化道路相关的宣传工作发展势头，建立以主流媒体为核心、以其他媒体为基础的工作格局。就媒体形态而言，这些主流媒体包括对社会舆论具有重大影响力的中央级新闻媒体、区域性媒体、城市媒体、国家重点扶持的大型新闻网站等，在具体工作中，要以党和国家现代化建设任务和要求为根本遵循，体现并传播社会主流价值观，引导社会发展主流和前进方向。提升主流媒体传播效力，要始终明确新闻舆论工作的永恒主题——"围绕中心、服务大局"，从党和国家发展大局和主流价值观出发，深入宣传习近平新时代中国特色社会主义思想，把握国家发展的阶段性特点和宣传工作的阶段性重点，全面解读党和国家关于现代化建设的精神指示、方针政策和思想要求，凝聚我国现代化建设的主体力量、思想力量和价值力量。同时，要随着我国现代化实践发展要求，不断更新媒体形态，推动媒体发展与我国现代化建设相适应，将现代化发展的价值旨归融入媒介发展，结合互联网时代媒介发展规律和我国新闻传媒特点，实现媒介传播方式革新和形态更新，以媒介发展带动现代化话语体系传播实践。

其次，推动传统媒体和新兴媒体融合发展。中国式现代化道路的发展见证了中国人思想意识从传统观念向现代观念的更迭，而传统媒体与新兴媒体的发展变迁记录了这一变化的发生发展。从共同性来看，新型主流媒体与传统主流媒体一脉相传，充分利用媒体为党和人民发声，建构起传播党的思想主张、支持党的事业发展、体现人民意愿、积极有效影响社会的舆论生态。就形式方式而言，传统媒体是现代化生活中人们接受信息、进行交流、表达参与的基本渠道，新型主流媒体在传播手段、技术水平、管理水平、服务能力等方面更加全面高效。推进中国式现代化道路话语体系建构，要推进传统媒体与新兴媒体一体化发展，充分发挥传统媒体的基本信息服务功能与新兴媒体的技术优势，借助运用媒体融合化发展优势，宣传中国式现代化道路的发展理念与价值追求，推动现代化话语表达内容与方式全面革新。就发展方向而言，通过党对媒体融合发展的领导与监督，确保融合发展沿着正确方向推进，为现代化道路引领政治方向，凸显我国现代化道路的政治立场。就发展方式而言，利用媒体融合发展平台，整合中国式现代化发展的信息资源，采用贴近不同区域、不同国家、不同群体受众的精准媒介传播方式，推进中国式现代化道路发展成就与发展故事的全球化表达、区域化表达、分众化表达，增强中国式现代化道路的国际传播亲和力和实效性。

最后，强化互联网思维和一体化发展理念。网络空间革新了人们的生活方式，现代媒体要发挥舆论引导功能，必须依赖于互联网思维和一体化发展理念、不断推进传统媒体和新媒体融合，打通官方舆论场和民间舆论场。中国式现代化道路话语传播与宣传在互联网空间以何种话语形态出现，依赖于媒体人和网络主体的话语影响和观念引导。习近平总书记指出，"要顺应互联网发展大势，勇于创新、勇于变革，利用互联网特点和优势，推进理念、内容、手段、体制机制等全方位创新"。推进中国式现代化道路话语体系建构，要加强网络话语内容建设，提升新媒体内容生产能力，引导互联网舆论关注与舆论走向，营造中国式现代化道路发展的有利话语环境。要整合网络平台话语智慧，综合利用网络优势，集思广益，要善于观察，在网络平台众多材料中挖掘体现人民群众意志愿望、集体智慧的好材料，寻找反映时代精神、反映人民面貌、能够引起广泛共鸣的正面案例与事件。与此同时，要积极参与国际互联网领域的规则制定，掌握中国式现代化道路在网络空间中的话语主动权，占据中国话语解释中国式现代化道路的舆论高地，在互联网话语竞争中，主动回应质疑与批判，明辨是非黑白，引导建设风清气朗的网络空间，打造中国式现代化道路话语传播的有利环境。

二、提升现代化道路话语体系的实践效能

话语体系不是一成不变的抽象规定，而是在话语实践中生发效力，转化为推动经济社会发展的实际能量。我国现代化道路话语体系蕴含深厚的实践逻辑，其本身在推动我国现代化道路发展过程中发挥效能如何，这是我国现代化建设的重要问题。我国现代化道路话语体系的实践效能体现为掌握解释我国现代化道路的话语权、在国际社会中彰显现代化的"中国特色"、对世界现代化发展具有说服力与影响力。因此，提升我国现代化道路话语体系的实践效能，要推动建立我国现代化道路话语战略体系、推动我国现代化话语由"他塑"走向"自塑"、强化我国现代化道路的话语说服力与国际影响力。

（一）打造现代化道路话语战略体系

习近平总书记在中共中央政治局第三十次集体学习时指出，"必须加强顶层设计和研究布局，构建具有鲜明中国特色的战略传播体系"，"战略传播体系"

是将话语体系建设上升至"战略"层面的考量，突出话语体系建设的战略意义。从这个角度出发，中国式现代化道路话语体系不仅是我国现代化道路的叙事体系，同时兼具战略使命。打造中国式现代化道路话语战略体系，既是我国现代化道路历史成就与实践成果的内在要求，也是我国国际地位与综合国力提升的客观要求。将中国式现代化道路上升到战略高度意味着，从国家顶层设计、研究布局和大众表达层面作出部署要求。从这个意义出发，中国式现代化道路话语体系包括政治话语、学术话语和大众话语。政治话语是国家关于中国式现代化道路的顶层设计，以国家制度、党的指导思想、国家政策等政治性话语为主，在不同的历史阶段具有不同的表达内容与呈现形式，就当下而言，包括"两个一百年"奋斗目标、党的基本路线、"五位一体"和"四个全面"战略布局等；学术话语是学术界关于中国式现代化道路的思考和讨论，学术性话语强调话语表达的逻辑性与学理性，是马克思主义现代化理论与中国特色社会主义现代化实践相结合的产物；大众话语是人民群众在现代化建设中形成的具有民族特色与日常表达风格的话语形式，具有中国人民的话语习惯与文化性格。毛泽东同志曾深刻指出，"大众化就是我们的文艺工作者的思想感情和工农兵群众的思想感情打成一片，而要打成一片，就应当认真学习群众的语言，如果连群众的语言都有许多不懂，还讲什么文艺创造呢？"①表达中国式现代化道路的话语形态之间并不是独立分隔的，而是在相互关联与相互建构中，形成中国式现代化道路话语战略体系。

在由政治话语、学术话语、大众话语所构成的话语体系中，中国式现代化道路呈现不同的话语样态，每一话语样态具有自身的属性特点和地位功能，且与其他话语样态相互关联发挥作用，共同构筑表达中国式现代化道路的话语战略体系。其中，政治话语明确中国式现代化道路的基本方向与发展路线，在话语表达上具有引领性与规划性；学术话语阐释中国式现代化道路的内在逻辑与理论根脉，在话语表达上具有学理性与理论性；大众话语夯实中国式现代化道路的文化基础与群众支持，在话语表达上具有生活性与大众性。纵观之，政治话语、学术话语和大众话语都是中国式现代化道路的不同话语表达方式，承载着中国式现代化道路话语表达的不同战略使命，从顶层设计、学术研究到基层话语实践，全方位部署了我国现代化道路话语体系的基本表达结构。推动不同话语形态实现话语互动，要以中国式现代化道路为表达旨归，充分发挥政治话语在话语体系中的引

① 吴汉全.中国马克思主义学术史（第4卷）[M].北京：人民出版社，2019：567.

领性作用，发挥学术话语在话语体系中的解释性作用，发挥大众话语在话语体系中的创造性作用，推动形成互联互动、互生互构的现代化话语战略格局。

首先，要充分发挥政治话语在我国现代化道路话语体系中的引领性作用。政治话语立足于我国现代化道路的建设实践，服务于现代化强国建设总目标，通过党和国家方针政策、制度法规等形式获得根本规定。政治话语作为我国现代化道路的顶层设计，构成学术话语与大众话语建构创新的基础与前提。随着我国基本国情、社会基本矛盾和现代化发展阶段性目标的变化，中国式现代化道路的政治话语表达在不同历史时期呈现不同形式。发挥政治话语在话语体系中的引领性作用，不仅要强化党和国家现代化主张对我国现代化实践的指导作用，更要以现代化的政治性话语为统领，为现代化的学术话语和大众话语提供方向指导与属性保障。在此基础上，强化我国现代化政治话语与学术话语、大众话语之间的互动性，增强中国式现代化道路学术话语对政治话语的理论补给性、强化人民群众对党和国家现代化政策方针的理解与认同。以政治话语为核心，以中国式现代化道路实践发展为旨归，推动我国现代化学术话语创新、大众话语发展。

其次，要充分发挥学术话语在我国现代化道路话语体系中的解释性作用。现代化的学术话语在现代化政治话语引导下，为政治话语提供学理支撑与合理性证明的话语形态。中国式现代化道路的学术话语以我国现代化道路的政策规划与实践发展为依据，围绕中国式现代化道路形成发展的理论基础与理论逻辑，运用马克思主义现代化理论与中国特色社会主义现代化理论，对中国式现代化道路的发展实践、中国现代化与西方现代化、中国现代化与马克思主义中国化等展开积极探讨，为中国特色社会主义现代化道路建设及其理论创新不断贡献理论力量。发挥学术话语在中国式现代化道路话语体系中的解释性作用，要强化对我国现代化道路发展实践与我国现代化政策的研究，夯实我国现代化道路发展的理论指导，提升我国现代化政策的学理支撑，推动我国哲学社会科学形成现代化研究风气，打造中国式现代化道路研究的创新性话语解释模式。

最后，要充分发挥大众话语在我国现代化道路话语体系中的创造性作用。人民群众中蕴藏着无穷的智慧和创造力，要虚心向他们求教问策，把政治智慧的增长、执政本领的增强、领导艺术的提高深深扎根于人民群众的实践沃土中，不断从人民群众中吸取营养和力量。中国式现代化道路是中国人民在长期历史实践中艰苦探索、共同奋斗走出来的正确道路，这一道路的话语表达凝聚了中国人民的共同意志。在中国式现代化道路的发展演进过程中，中国人民创造性地提出了关于中国式现代化道路发展的一系列个性化表达。譬如"小康社会"作为中国式现代化道路的阶段性发展目标，是中国人民将美好生活愿望寄托于现代化道路的话语表达。在人民大众话语视域中，中国式现代化道路是实现人民美好生活向往的必经之路，是实现人民幸福、民族伟大复兴中国梦的重要方式。发挥大众话语在中国式现代化道路话语系统中的创造性作用，要充分调动人民群众话语表达的积极性与主动性，积极参与人民群众社会生活实践，从人民群众的日常生活与劳动生产中汲取话语智慧，并将这种话语智慧上升为政治话语与学术话语，强化我国现代化政策与学术研究的人民性价值立场。

打造中国式现代化道路话语战略体系，要充分发挥以中国共产党为核心的政治话语权对中国式现代化道路的顶层设计作用，推动形成以政党为核心的话语引领。通过中国式现代化道路相关主张、政策、制度等政治话语宣传与传播，强化党在我国现代化道路建设及其话语体系中的根本领导地位与指导作用。譬如聚焦"一带一路"倡议，传播中国式现代化道路发展模式与发展理念，要立足党和国家政策性话语，通过党和国家政策性话语宣传，增强国内外不同党政部门之间的交流互动、中西学术界之间的学术研讨、海内外大众之间的话语互动，提高海内外大众对中国式现代化道路的话语认知与思想认同。与此同时，通过海内外政党、学界、大众对"一带一路"倡议的话语表达与话语认知，为我国现代化道路宣传及其政策性话语建构提供借鉴与参考，推动政策话语与大众认知之间形成良好的互动关系。另外，中国式现代化道路的学术话语以我国哲学社会科学界的知识分子与科研工作者为话语发声主体，推动中国式现代化道路学术研究者与广大人民群众形成话语互动关系，要推动学术研究走向对中国式现代化道路本身及其人民性的关注，鼓励学术研究主动走进我国现代化建设与实践的社会大舞台，走进人民群众，在广阔的现代化实践中理解现代化话语的人民性意蕴，推动学术研究全面呈现中国人民在现代化建设过程中的真实感受、情感态度、精神状态等。

（二）推动我国现代化话语由"他塑"走向"自塑"

现代化道路最初是资本主义大工业文明发展的程度化界定，现代化话语体系是建立在大工业文明基础之上的资产阶级话语表达模式。我国现代化发展长期以来落后于西方国家，经济社会发展的滞后性决定了我国现代化话语表达的被动性。随着中国式现代化道路的确立发展和成功实践，西方模式一统天下的局面被打破。然而，表达中国式现代化道路的话语体系长期以来处于西方现代化话语裹挟之下，不仅仅西方国家习惯于运用资产阶级话语体系表达中国式现代化道路，甚至我国部分知识分子在阐释中国式现代化道路时，也难以摆脱西方现代化话语的影响。随着我国国际地位的提升与现代化强国建设征程的开启，话语强国建设迫在眉睫，受制于西方现代化体系的被动局面已经不再可能。推动我国现代化道路由"他塑"走向"自塑"，成为中国式现代化道路话语体系建构的重要使命。

首先，推动我国现代化道路由"他塑"走向"自塑"，必须打破中国式现代化道路"他塑"局面。作为后发国家，我国在现代化发展中滞后于西方国家。但是，中国式现代化道路的快速发展已然改变了这种被动局面。提升中国式现代化道路话语体系的实践效能，必须掌握中国式现代化道路的话语权，即跳出西方现代化话语体系的逻辑陷阱、提升我国现代化话语体系对中国式现代化道路的话语解释权、在世界现代化发展的重大问题中发出中国声音。

一是跳出西方现代化话语体系的逻辑陷阱。资本主义大工业时代，西方国家以自身现代化实践与国家属性定义何为现代化。许多后发国家在效仿西方现代化实现自身发展的同时，逐渐意识到资本主义现代化模式并非现代化发展的唯一方式，必须在充分利用资本主义物质文明成果和现代化发展经验的同时，结合本国国情探寻适合自己的现代化发展模式。如何突破现代化话语体系的西方规定与西方方式，这是我国现代化道路话语体系建构的重要问题。跳出西方现代化话语解释模式，必须从西方现代化话语体系的政治本质出发，揭示现代化发展普遍性与特殊性之间的关系，破除西方现代化话语以"普世价值"垄断人类现代化发展可能性的陷阱和谎言，主动回应西方现代化话语对我国现代化发展的攻击和污蔑。同时，必须从中国式现代化实际出发，立足中国式现代化道路发展实践与成就，创立中国式现代化概念表达体系、话语表达范畴、理论解释模式，让事实说话，用事实讲理。

二是提升我国现代化话语体系对中国式现代化道路的话语解释权。话语权即主动权，建构中国式现代化道路话语体系，必须牢牢掌握解释中国式现代化道路的话语权。资本主义现代化话语体系只是现代化话语的一种表达形式，无法定义现代化道路本身，更无法解释中国式现代化道路，中国式现代化道路只能由中国话语来表达阐释。提升中国式现代化道路话语解释权，在突破西方现代化话语的同时，必须建立强有力的话语阐释体系与话语传播体系，夯实中国式现代化话语体系的学术支撑与理论基础、增强研究深度与话语表达力，全面呈现中国式现代化道路的发展历史与实践成就。同时，强化中国式现代化大国形象的宣传力度，充分展现中国式现代化道路"人口规模巨大""全体人民共同富裕""物质文明和精神文明相协调""人与自然和谐共生""走和平发展道路"等鲜明特色。

三是在世界现代化发展的重大问题中发出中国声音。随着现代化与全球化的发展，人类现代化面临的共同难题越来越多，和平赤字、发展赤字和治理赤字成为现代化发展的最大挑战。西方现代化发展的矛盾与弊端不断暴露，西方现代化话语已经无法为解决人类共同问题提供有效方案。立足于人类面临的共同问题、致力于全球和平发展，作为世界和平的建设者、全球发展的贡献者、国际秩序的维护者，中国不仅通过现代化实现了自身的飞跃式发展，也为人类社会发展和美好世界建设贡献"中国力量"。推动中国式现代化道路话语体系建构，要在关涉人类发展的重点问题、热点问题、难点问题上主动发声，表明立场和态度，维护人类共同发展利益与发展环境，旗帜鲜明地反对现代化话语霸权，以我国现代化道路建设实践与发展理念为着力点，有效开展国际舆论引导和舆论斗争，全面构建多主体、立体式的大外宣格局，让世界全面了解中国式现代化成就、认识中国式现代化道路、参与中国式现代化建设。

其次，推动我国现代化话语由"他塑"走向"自塑"，必须建立中国式现代化道路的"自塑"逻辑。新时代，中国式现代化道路在实践层面已然证实其实存性，不仅要阐释中国式现代化道路在新时代的新发展新形态，更要注重阐释中国式现代化道路何以是、如何是的本质逻辑与时代逻辑，讲清楚中国式现代化道路的本质内涵。基于此，必须以逻辑阐释夯实中国式现代化道路的实践说服力、以微观叙事补充中国式现代化道路的宏大叙事力、以民间话语交流增强中国式现代化道路官方话语实效性。

一是必须以逻辑阐释夯实中国式现代化道路的实践说服力。中国式现代化道路遵循世界现代化的一般逻辑，同时具有"中国式"的特殊逻辑。用"西方思维"解读中国道路无法得到正解，也容易造成战略误判，进而引起国家之间的猜忌和防范，因此要立足于"中国场域"解释中国道路，更要立足于"中国思维"解释中国道路，用"中国逻辑"构建新的文明秩序。与西方现代化对话的一个重要通道是，西方人由市场经济与理性主义建构起来的话语模式与思维方式，以逻辑性与理性为显著特点。因此，以逻辑的方式阐释中国式现代化道路何以是，是提高中国式现代化道路话语说服力与价值共通性的重要方式，也是推动中国式现代化道路话语体系表达方式创新的重要突破口。我国现代化道路发展的历史经验与重大成就是证实中国式现代化道路优越性的基础，我国现代化道路叙事策略作为现代化表达的话术层面，则是夯实我国现代化建设事实性优势的重要手段，要坚持事实性表达与逻辑性表达相统一。用逻辑的方式解释中国式现代化道路，阐释中国式现代化道路何以形成、何以取胜、何以发展等逻辑性问题，不仅需要"是什么"的概念式回应，更需要逻辑式的"为什么"回应，全面展示中国式现代化道路的内在生成机理与实践发展依据。

二是以微观叙事补充中国式现代化道路的宏大叙事力。中国式现代化道路记述了我国现代化发展的历史进程、具体实践、发展方向，表达中国式现代化道路的话语体系属于宏大叙事，这种宏大叙事是我国现代化历史经验的总结、当下现代化实践的指导、未来现代化方向的规划。推动中国式现代化道路话语体系建构，要增加我国现代化道路的微观叙事内容，将党和国家关于中国式现代化道路发展的政策制度与政治话语通过具体实践展现出来。立足我国现代化道路改革发展过程中的阶段性目标，将中国式现代化道路表述为生动形象的具体实践活动与伟大建设精神。譬如全面阐释脱贫攻坚的"中国故事"、全面建成小康社会的"中国故事""一带一路"倡议实施等。与此同时，通过人民群众生动鲜活的现代化生产实践与生活实践，讲清楚中国式现代化发展的大历史、大图景，聚焦中国式现代化道路发展的具体问题、具体战略、具体实践，以小见大，从"小故事""小事件""小人物"着眼，揭示其背后的大时代、大历史、大世界，向世界展现中国式现代化精神与价值。

三是以民间话语交流增强中国式现代化道路官方话语实效性。人民群众是现代化发展最活跃的力量，充分发挥人民群众在我国现代化话语实践中的积极性与主动性，是推动我国现代化话语体系发展创新的重要动力。"人是最活跃的生产要素，是实现新型工业化的出发点和归宿。"人民群众不仅是我国现代化建设的推动力量，也是现代化话语生产的重要力量。我国现代化政策制度是人民群众意志愿望的表达，是人民群众智慧与才智的话语凝结。推动中国式现代化道路话语体系建构，中国人民群众最有发言权，要深入最广大人民群众中，了解人民群众生活生产实际，了解人民群众所思所想，要善于将人民群众在现代化实践中的深切感受与生活实际反映到党和国家政策上，善于让党和国家现代化制度与政策规划走进群众生活，充分发挥人民群众的话语智慧。与此同时，要加强中国式现代化道路的话语辐射范围，通过国与国之间的各种人文交流活动，促进世界民心相通，提升中国式现代化道路的话语影响力。

（三）提高现代化道路的说服力与影响力

党的十八大以来，我国现代化发展对世界发展影响逐步增大，党和国家大力推动国际传播守正创新，立足于中国式现代化道路的历史性成就与实践效力，有效开展国际舆论引导和舆论斗争，初步构建起多主体、立体式的大外宣格局，我国国际话语权和影响力显著提升。聚焦我国现代化大国形象塑造，进一步增强中国式现代化道路话语体系的说服力与影响力，必须从实效性与针对性入手，在现代化话语表达上精准施策、提质增效，主动设置国际话语议题，提高我国现代化道路的话语说服力与国际影响力。

就我国现代化道路的话语说服力而言，我国现代化话语体系建构要立足中国式现代化道路建设实践，立足于中国式现代化道路重大成就，立足于世界现代化发展潮流，提升中国式现代化道路话语体系的实践效能，要突出话语继承性、针对性与世界性。一是整合形成我国现代化发展的历史性话语资源。改革开放以来，我国现代化道路呈现突飞猛进的发展态势，相比之下，现代化的理论研究与话语资源发展则相对滞后，在现代化建设中所积累的历史性话语资源与现代化建设经验，未得到充分的挖掘与总结。新时代，我国现代化发展面临新任务要求，物质文明发展矛盾已经向精神文明诉求转换，话语作为现代化发展的重要方面必须提上日程。从我国现代化发展的历史进程中汲取话语资源，是新时代推动中国式现代化道路话语体系建构的重要方式。释放我国现代化历史所蕴藏的话语资源，必须在党和国家主流话语主导下，总结整合中国式现代化道路建设发展的历史经验与重大成就，形成我国现代化道路发展的历史话语系统，为中国式现代化道路话语体系建构提供历史资源借鉴与话语表达启示，充分发挥现代化道路历史性话语资源的时代价值，推动中国式现代化道路话语体系结构优化、创新性发展。二是提升现代化话语研究的针对性与问题意识。话语体系建构必须关注与回应现实问题，我国现代化话语体系建构是不断解释问题、回应问题、解决问题的实践过程。提升中国式现代化道路话语体系的实践效能，我国哲学社会科学工作者要树立强烈的问题意识，与人民群众密切关系，坚持从人民群众中来，到人民群众中去，运用人民群众喜闻乐见的生活化话语，表达和阐释我国现代化道路及其发展成就，将人民群众在现代化实践中的真实感受与亲身经历表达为学术性话语，做好上传下达工作。从大环境与大历史观着眼，推动我国现代化话语体系建构，必须立足于我国现代化建设实际与社会发展的主要矛盾，聚焦关键问题和核心困难，到人民群众现代化实践中去，参与人民群众生产生活实践，主动了解人民群众最急迫、最关心、最盼望的问题，积极回应现代化建设过程中的利益矛盾与关系矛盾，并通过理论的方式引导纾解人民内部矛盾，推动形成和谐的社会氛围。在解决问题与回应问题的过程中，推动中国式现代化道路话语体系建构。三是强化中国式现代化道路世界意义研究。中国式现代化道路在新时代再次成为党政话语与学术话语热点的根本原因在于，中国式现代化道路本身的价值意义已经超出"中国"这个民族和地域限制，在世界社会主义发展、国际问题解决、人类文明创造等方面产生了巨大的影响。推动中国式现代化道路话语体系建构，要在世界大格局、国际大舞台、人类大历史中阐释中国式现代化道路的世界贡献与世界意义，从学理上阐明中国式现代化道路如何为广大发展中国家提供有别于西方现代化的道路选择，如何为人类社会发展提供现代化发展的"中国方案"，如何为人类社会发展创造现代化文明新形态，推动形成整个世界范围内研究与讨论的话语格局，重塑国际社会对中国式现代化道路世界意义的话语认知。与此同时，对于一些西方学者针对中国式现代化道路的西方逻辑和诡辩逻辑，应该以逻辑的方式予以回应，通过科学论证进行驳斥，揭示西方学者学术话语背后的政治立场与逻辑悖论，正面亮出中国式现代化道路的话语立场与话语姿态。

就中国式现代化道路的国际影响力而言，在夯实话语表达效力的基础上，推动中国式现代化道路话语战略体系建构，即要以"中国式现代化道路"为议题，引导国际社会学术讨论；依托"一带一路"倡议和"人类命运共同体"理念面向世界开设话语议题；在全球现代化发展问题中发出中国声音。一是要以"中国式现代化道路"为议题，引导国际社会学术讨论。国际社会关于中国式现代化道路的关注早已有之，改革开放初期聚焦中国式现代化道路发展之于西方现代化道路的特殊性与不同之处。自2004年雷默提出"北京共识"以来，"中国道路"与"中国模式"一度引发国际社会关注。新时代，中国式现代化道路呈现新发展与新特色，不仅创造了我国"经济快速发展"与"社会长期稳定"的两大奇迹，而且在走好中国式现代化道路的同时，创造了人类文明新形态。推动中国式现代化道路话语体系建构，要以中国式现代化道路的发展特色与显著优势为契机，引导国际学界关注中国式现代化道路，并以此为话语议题，召开学术会议、国际交流活动，以西方学术界视角观看中国式现代化道路，在世界现代化发展及其对比视角中探寻我国现代化道路的发展规律与鲜明特性，从中吸收借鉴具有启示性的现代化话语资源，推动我国哲学社会科学现代化研究向前发展，创新中国式现代化道路话语表达方式与相关研究思路。二是依托"一带一路"倡议和"人类命运共同体"理念面向世界开设话语议题。中国现代化发展与全球现代化发展紧密相连，中国现代性问题与世界现代性问题纠缠叠加，这将中国问题与世界问题高度相连。中国问题不仅包括中华民族历史形成中的特殊性，还包括国内国际问题交织形成的特殊性，这些中国特有的独特传统、特殊国情、长期影响中国发展的根本问题，构成中国话语发展的原动力。中国式现代化道路发展成就及其发展价值不仅是中国的，其物质性贡献与价值性启示也属于世界。中国式现代化道路发展与世界现代化发展息息相关、密不可分，"一带一路"倡议与"人类命运共同体"理念作为中国式现代化道路发展的具体实践与理念指导，在谋求中国发展与中华民族伟大复兴的同时，高度关注人类共同发展与全球治理问题，将中国人民前途命运与人类社会发展紧紧联系在一起。推动中国式现代化道路话语体系建构，要在践行"一带一路"倡议与"人类命运共同体"理念的过程中，深化对中国式现代化道路世界意义的认识，并以此为话语议题，开展与世界各国的经济文化交流，在文明交流互鉴中获得现代化话语建构动力。三是在全球现代化发展问题中发出中国声音。随着我国经济实力的快速增长和国际地位的不断提高，我国在国际社会及全球发展问题上的话语权随之提高，中国式现代化道路的国际影响力与国际关注度逐渐增多。推动中国式现代化道路话语体系建构，我国要主动加强议题设置和议程安排，在关涉人类社会发展的重大问题、热点问题、争论问题上积极发声，组织世界各国参加议题讨论，围绕全球治理难点热点话题，聚焦世界减贫、气候变化、全球安全、生态环保等问题，为解决人类问题贡献"中国智慧"与"中国方案"，提升中国话语在解决世界现代化问题中的影响力和公信力，让世界更好地认识现代化的"中国主张"与"中国话语"，提升我国现代化道路的话语自信。在强化议题设置的同时，还要积极参与国际重大议题讨论和研究，充分运用中国式现代化道路的实践智慧，在全球现代化发展中争取国际事务的议程设置权和话语主导权，对形形色色的负面议题，要增强政治敏锐性、政治鉴别力和政治定力，在深入分析研究的基础上搞清源头本质，找出破绽软肋，站在维护国家核心利益的高度，积极开展正面交锋，讲清事实真相，将之瓦解于无形。

第八章 现代化视域下实现共同富裕的实践路径研究

第一节 共同富裕概述

实现共同富裕是中国共产党人一以贯之的价值追求。早在建党之初，党的一大通过了《中国共产党纲领》，针对共同富裕就明确提出要消灭阶级、消灭资本主义私人所有制。从新中国成立之初毛泽东同志提出"共有共管，共劳共富"到改革开放时期邓小平提出要"解放生产力，发展生产力，消灭剥削，消除两极分化，最终达到共同富裕"。①共同富裕经历了从社会主义"重要特征"到"本质属性"的质变。新时代，习近平总书记指出，"共同富裕是全体人民通过辛勤劳动和相互帮助，普遍达到生活富裕富足、精神自信自强、环境宜居宜业、社会和谐和睦、公共服务普及普惠，实现人的全面发展和社会全面进步，共享改革发展成果和幸福美好生活"。②在坚持共同富裕是社会主义本质属性的基础之上创新发展了共同富裕的时代内涵。就历史方位而言，共同富裕要立足于中国特色社会主义新时代，在全面建成小康社会的基础之上，继续推进共同富裕取得更为明显的实质性进展。就社会发展的享有主体而言，共同富裕的对象是"全体人民"。习近平总书记指出，共同富裕绝不是"少数人的富裕"。共同富裕作为中国式现代化的发展成果，实现全体人民共同富裕本就是题中应有之义；就实现途径而言，共同富裕是通过人民自己的"辛勤劳动"和人民之间的"相互帮助"来实现的。这表明共同富裕的实现需要贯穿社会生产和社会分配的全过程。既要坚持经济的高质量发展，把"蛋糕"做得更大，又要坚持完善社会分配体系将"蛋糕"分得更好；就基本内容而言，共同富裕涵盖物质领域、精神领域、生态领域、社会领

---

① 邓小平.邓小平文选（第三卷）[M].北京：人民出版社，1993：373.
② 中共中央国务院关于支持浙江高质量发展建设共同富裕示范区的意见[M].北京：人民出版社，2021：2.

域、公共服务领域五大方面，共同富裕不单是全体人民的"普遍富裕"，还是整个中国社会的"全面富裕"。就表现形式而言，共同富裕的实现应该体现在"实现人的全面发展和社会全面进步，共享改革开放发展成果和幸福美好生活"方面。党的二十大明确提出，以中国式现代化推进中国社会主义现代化建设成为目前的中心任务，而共同富裕被纳入中国式现代化的本质要求。对共同富裕思想的研究视角已经不能再仅仅局限于经济领域的范畴，现代化进程中持续有效推动共同富裕对全面建成社会主义现代化强国实现中华民族伟大复兴具有重要意义。

第二节　现代化进程中实现共同富裕的探索历程

在近代以来中国漫长的现代化探索中，实现共同富裕是中国人民一贯的价值追求。一路走来，在中国共产党的领导下，从实现民族独立到创造共同富裕的先决条件，中国式现代化在实现共同富裕的历史进程中经历了从"以苏为师"到"以苏为鉴"的成功转型，开启了独立自主全面建设社会主义现代化国家的发展道路。中国共产党为实现共同富裕在解决了中国人民温饱问题的基础上全面建成小康社会。中国式现代化理论在建设中不断发展，在发展中走向成熟，中国人民也在现代化建设中向着实现共同富裕的根本目标稳步推进。

一、从救亡图存到民族独立：开辟现代化的根本社会条件

（一）近代中国对现代化的初步探索

1840 年的鸦片战争是中国近代史的开端，传承了 5000 多年的中华文明蒙尘于西方列强的野蛮掠夺，在中国延续了 2000 多年的封建王朝的国门被资本主义的枪炮轰开，中国开始沦为半殖民地半封建社会。落后就要挨打，中华民族在"救亡图存"的危机中产生了两大历史任务，一是求得民族独立和人民解放；二是实现国家繁荣富强和人民的共同富裕。中国人民在饱受"封建"和"殖民"的压迫中开启了中国的现代化探索历程。然而无论是统治阶级从洋务运动到戊戌变法，还是被统治阶级从辛亥革命到新文化运动的早期，都无法为近代中国找到一条正确的现代化发展道路。究其原因，这些迫于外部侵入的现代化探索是被动的现代化，他们在经历西方现代化文明冲击后都期望从西方已经发展的现代化因素中找

到实现现代化的方法。但是就像马克思曾经指出的那样，西方对侵略落后国家的首要使命是破坏性使命，次要使命是建设性使命，所以即使这些早期的现代化探索经历了从现代技术到现代制度再到现代文化的逐步深化的过程，最终都因未能突破西方现代化文明的思想枷锁，实现近代中国的历史使命。

（二）中国共产党领导下的现代化探索

"五四运动"后期，1921年中国共产党诞生，中国在现代化探索中诞生实现现代化的主体力量。"五四运动"标志着民主主义革命的历史性转折，中国谋求现代化的道路在中国共产党的领导下也开始在精神上化被动为主动。不过在新民主主义革命时期，实现民族独立和国家统一是中国共产党革命的首要目标。因为，经济的发展需要建立在民族独立的基础之上。毛泽东同志指出，"只有在国内战争完结之后，才说得上也才应该说以经济建设为一切任务的中心"。[①] 所以直到中华人民共和国成立前夕毛泽东在党的七届二中全会上就中国现代化发展提出"建立独立的完整的工业体系"的观点。新民主主义革命的胜利以后，在中国共产党的领导下，中国走上了社会主义的发展道路。中华人民共和国的成立既实现了民族独立的历史任务，也为实现人民的彻底解放和人民的共同富裕开辟了根本的社会条件。从此以后，国家的重心开始向发展社会主义经济前进。

二、以苏为师到以苏为鉴：奠定现代化的根本政治基础

社会主义革命与建设时期的现代化建设奠定了现代化的根本政治基础，推进了现代化的发展。毛泽东指出，"在新民主主义的政治条件获得之后，中国人民及其政府必须采取切实的步骤，在若干年内逐步地建立重工业和轻工业，使中国由农业国变为工业国"。[②] 社会主义革命与建设时期，在中国共产党的带领下，中国建立了有利于现代化发展的社会制度，经历了从"以苏为师"到"以苏为鉴"的发展模式的转变，也避免了苏联社会主义建设中的错误，开创了独立自主探索社会主义现代化建设的先河。

（一）工业化是推进现代化的物质基础

中华人民共和国成立初期，中国共产党全面执政后面临的是一个千疮百孔的"烂摊子"，农业落后，工业凋敝。这一时期，中国的工业基础非常薄弱，现

① 毛泽东选集（第1卷）[M]. 北京：人民出版社，1991：143.
② 毛泽东选集（第1卷）[M]. 北京：人民出版社，1991：307.

代工业产值仅占整个国民经济的 1/10。就工业产值而言，重工业仅占全国工业总产值的 1/3。中华人民共和国成立初期，工业化落后形势迫切需要中国加快工业化进程，为了改变落后的工业现状，中国学习借鉴了苏联工业化建设经验，实施计划经济体制优先发展重工业。但是中华人民共和国成立以后，中国仍处于新民主主义社会，国内还存在大量非公有制经济成分。中国想要发展社会主义现代化，工人阶级和资产阶级的矛盾问题便成为需要面对的首要问题。为了解决这个摆在新中国面前的首要问题，确立社会主义的社会制度，发展社会主义现代化工业基础体系，制定优先发展重工业的国家战略成为当时国家现代化建设的首要任务。于是在 1952 年至 1956 年，中国开始了从新民主主义社会向社会主义社会过渡的社会主义制度革命。在这个时期之内，中国共产党不断推进国家工业化进程，在完成社会主义制度建设的同时推进了中国的现代化建设。国家社会主义工业化建设成为推动现代化发展的重要环节。1953 年中国提出了第一个五年计划，这是一个以重工业优先发展为目标的经济发展计划。除此之外，为了更有效控制其他产业配套工业化的发展需要，在农业、手工业、资本主义工商业方面进行的社会主义改造也相继完成。中国全面进入社会主义建设时期，随着社会主义现代化建设的全面开展，苏联社会主义发展模式的弊端在中国开始初步显现。毛泽东从多个角度揭示了苏联社会主义现代化建设模式所存在的缺点和错误。经济方面，在苏联高度集中的计划经济体制下，社会经济结构严重失衡，苏联社会主义现代化建设以牺牲农业和轻工业发展为代价，取得了重工业的巨大进步的同时使苏联人民陷入食物短缺的困境。从中国自身来看，"一五"计划在提前完成取得显著成绩之外，中国经济产业结构也开始出现发展比例失衡的趋势，人民日常生活用品的供给受到很大影响。基于这样的历史背景，在党的八大上毛泽东同志明确提出"以苏为鉴"，通过经济产业发展次序的适度调整改变国内产业经济结构失衡的趋势。在"以苏为鉴"的指导思想下，以毛泽东同志为核心的党中央率先在经济领域开始了对中国式现代化发展道路的独立探索。第一，在促进经济发展的过程中进行产业调整，实行以农业为基础，以工业为主导的工农业并举方针，推动国家各个产业协调发展；第二，在计划经济的前提下引入市场经济体制，改变对市场经济既有的排斥态度，在保证公有制经济的绝对优势的基础上，合理利用少量的非公有制经济激发经济发展活力；第三，在保证社会主义的基础上转变现代化的建设目标。从工业化扩展到实现四个现代化，即工业、农业、科学技术以及国防的现代化，并且强调了社会主义现代化建设不是一蹴而就的，是一个长期的历史过程。这些战略方针策略对中国社会主义建设中出现的问题作出了准确的判断和科学的调整，摆脱了苏联社会主义现代化建设对中国的负面影响，为推动我国现代化发展提供了必要的理论准备。

（二）强国富民是现代化的基本要求

社会主义改革与建设时期，我国现代化的发展在中国共产党的正确领导下实现从"以苏为师"到"以苏为鉴"的转变。毛泽东同志在对社会主义现代化建设的初步探索中深刻认识到社会主义工业化过程中必须坚持社会主义的发展方向，以工业化推进社会主义现代化发展必须坚持强国富民的发展原则。作为新中国的第一任领导人，毛泽东在推动中国式现代化进程中首先倡导共同富裕。1953 年在推进发展农村合作社业开展中，中共中央在《关于发展农业生产合作社的决议》中就正式提出"共同富裕"。该决议强调要通过"逐步实行农业的社会主义改造……使农民能够逐步完全摆脱贫困的状况而取得共同富裕和普遍繁荣的生活"。[①] 三大改造时期，针对农村逐渐出现的贫富分化问题，毛泽东同志指出"在农村消灭富农经济和个体经济制度，使全体农村人民富裕起来"。[②] 总体来说，社会主义革命与建设时期推动了我国现代化的发展，为实现共同富裕奠定了根本的政治基础。

三、从解决温饱到总体小康：提供现代化体制保证和物质条件

改革开放时期，中国共产党充分吸取了社会主义建设时期的经验教训，及时调整了现代化发展的战略方针，将发展重心重新转移到经济建设上。中国共产党在充分考虑现代化发展的客观基础上确立了中国式现代化发展的总体框架和基本路线，确定了切实可行的战略规划，为我国现代化的发展提供了充满活力的体制保证和物质条件，开创了我国现代化新局面。

（一）确立并完善社会主义初级阶段的基本路线

邓小平对中国国情作出了准确而清晰的判断，他充分认识到社会主义发展是一项长期的任务，中国虽然已经步入了社会主义社会，但是这个社会主义是

① 中共中央文献研究室. 建国以来重要文献选编（第 4 册）[M]. 北京：中央文献出版社，1993：569.
② 毛泽东文集（第 6 卷）[M]. 北京：人民出版社，1999：437.

"落后的""不发达"的社会主义。生产力不能满足人民的客观需要是中国社会主义发展期必须经历的特殊阶段，也称社会主义初级阶段。针对这一特殊国情，党的十一届六中全会提出中国社会面临的主要矛盾是"人民日益增长的物质文化需要与落后的社会生产之间的矛盾"。提高人民的物质生活水平要求中国在现代化建设中不断提高社会生产力。为此，邓小平在党的十三大上提出了社会主义初级阶段的基本路线。在基本路线中，以经济建设为中心指明了中国在社会主义初级阶段的中心任务，推动经济的发展是解决社会主要矛盾的根本途径；坚持改革开放是激活经济活力的必要手段，是带领人民走向共同富裕的关键抉择。事实证明，封闭僵化的计划经济无法满足人民的物质生活条件，改革开放是中国式现代化的切实需要。在党的十五大上，中共中央进一步提出社会主义发展的基本纲领。江泽民同志指出发展社会主义市场经济既是逐步实现共同富裕的必要手段，也是建设中国特色社会主义经济的基本目标，只有不断发展社会主义市场经济才能真正解放和发展生产力，实现国家富强和人民富裕。新世纪新阶段，以胡锦涛同志为总书记的党中央进一步深化对基本路线的认识，指出"党的基本路线是兴国、立国、强国的重大法宝，是实现科学发展的政治保证，是党和国家的生命线、人民群众的幸福线"。[1]随着我国现代化建设理论的不断创新和实践的不断深入，中国共产党正确地处理了改革与发展和稳定三者的关系，在维持社会稳定的同时通过社会主义体制改革发展了社会主义市场经济，为推动我国现代化的发展作出了重要贡献。

（二）坚持共同富裕是社会主义的根本目标

改革开放初期，有部分人仍然受极左思想的精神枷锁束缚，认为完全的公有制与计划经济是社会主义优越性的最大体现。为了切实提高人民的劳动积极性和主体创造性，邓小平同志明确指出，共同富裕是社会主义发展的根本目标，共同富裕和社会主义公有制一样，也是社会主义的根本原则。邓小平同志指出，"我们要坚持社会主义，要建设对资本主义具有优越性的社会主义，首先必须摆脱贫穷"。[2]其次邓小平同志指出，是否达到共同富裕是判断中国式现代化是否正确的标准。中国式现代化的根本目标是实现共同富裕，"如果我们的政策导致两极

① 中央文献研究室.党的十七大以来重要文件选编（上）[M].北京：中央文献出版社，2013：814.
② 邓小平.邓小平文选（第3卷）[M].北京：人民出版社，1993：225.

分化,我们就失败了;如果产生了什么新的资产阶级,那我们就真是走了邪路了"。①用是否实现共同富裕来衡量中国式现代化的正确性体现了中国共产党执政为民的一贯价值追求的同时,邓小平同志针对共同富裕还提出了实现共同富裕的具体路径是"先富"带动"后富",即通过改革开放让一部分人、一部分地区先富起来,先富带动后富,使中国经济发展呈现波浪式上升。江泽民同志针对如何实现共同富裕指出发展是党执政兴国的第一要务,实现共同富裕首要的就是发展先进的生产力,这是实现最广大人民根本利益的物质条件。除此之外,随着社会主义市场经济的不断发展,人民群体之间开始出现贫富差距不断拉大的趋势。江泽民同志提出要警惕由于先富带动后富可能出现的两极分化的威胁。在社会主义初级阶段,社会成员之间收入存在一定的差距,是难以避免的。但如果悬殊,而且任其扩大,就会造成多方面的严重后果。为了实现共同富裕,江泽民同志提出要坚持和完善社会主义分配制度,加强政府的宏观调控能力。在此基础上,江泽民同志提出了要坚持区域经济协调发展,打造各地区相互促进协调发展的良好格局。胡锦涛同志高度重视在实现共同富裕过程中的效率与公平问题,强调应该让广大人民群众共享改革发展的成果,通过科学发展、可持续发展的理念来实现共同富裕。

(三)擘画实现现代化的战略部署

共同富裕是我国现代化发展的根本目标,但是共同富裕不是整齐划一的平均主义,我们应该清醒地认识到共同富裕的发展是一个长期的历史过程。改革开放以来,面对我国经济社会在不同发展阶段的特征要求下,实现共同富裕的战略目标正在不断深化。党的十一届三中全会以后邓小平同志率先提出中国的现代化近期目标是"本世纪末达到小康水平"。"小康"代表了共同富裕的阶段性成果,是社会主义发展过程中的较低水平,也是现代化向更高水平发展的必经阶段。在此基础上,中共十三大明确提出了中国式现代化发展的"三步走"战略:"第一步,实现国民生产总值比一九八〇年翻一番,解决人民的温饱问题。这个任务已经基本实现。第二步,到本世纪末,使国民生产总值再增长一倍,人民生活达到小康水平。第三步,到下个世纪中叶,人均国民生产总值达到中等发达国家水平,人民生活比较富裕,基本实现现代化。"②"三步走"的发展战略是我国在现代化建设进程中科学的战略安排,战略的制定要立足于中国现代化建设的历史起点

---

① 邓小平.邓小平文选(第3卷)[M].北京:人民出版社,1993:111.
② 中共中央文件选编[M].北京:中共中央党校出版社,1994:381.

和现实基础，以解决广大人民的温饱问题作为发展过程中的第一步战略目标，充分展现了中国共产党以人民为中心的价值追求。1997 年 9 月，随着"三步走"战略第二步战略计划的提前完成，为了进一步衔接第三步的战略计划，党的十五大提出将第三步的战略计划进一步细分为三个阶段："第一个十年实现国民生产总值比 2000 年翻一番，使人民的小康生活更加宽裕，形成比较完善的社会主义市场经济体制；再经过十年的努力，到建党一百年时，使国民经济更加发展，各项制度更加完善；到二十一世纪中叶建国一百年时，基本实现现代化，建成富强民主文明的社会主义国家。"①针对这三个阶段的发展规划又称"新三步走"战略。按照这一发展规划，我国经济年平均增长率达 10% 以上，进入新世纪后，人均储蓄达 4735 元。我国多省市人均收入超出国务院规定的小康标准，为我国现代化推进共同富裕奠定了坚实的物质基础。

四、全面建成小康社会：创造现代化的崭新起点

新时代以来，习近平总书记高度重视关于共同富裕思想的理论创新和实践拓展，不断丰富共同富裕的基本内涵，以中国式现代化推动共同富裕在社会各个领域取得突破性发展，完成了共同富裕在社会主义初级阶段的阶段性目标——全面建成小康社会，创造了我国现代化的崭新起点。

（一）脱贫攻坚战取得全面胜利

2015 年 11 月 23 日，中共中央、国务院发布了《关于打赢脱贫攻坚战的决定》，习近平总书记在中央扶贫开发工作会议中强调，消除贫困、改善民生、实现共同富裕，是中国特色社会主义的本质要求，是中国共产党的重要使命。新时代以来，党中央高度重视脱贫攻坚的开展工作，将脱贫攻坚工作作为全面建成小康社会的底线任务。按照 2010 年标准，1978 年我国农村贫困人口数为 77039 万人，贫困发生率高达 97.5%，到 2012 年全国农村贫困人口数大幅下降至 9899 万人，贫困发生率降至 10.2%。2021 年 2 月，全党全国脱贫攻坚表彰大会在北京召开，会上庄严宣告我国脱贫攻坚战取得了全面胜利，现行标准下 9899 万农村贫困人口全部脱贫，832 个贫困县全部摘帽，12.8 万个贫困村全部出列，区域性整体贫困得到解决，完成了消除绝对贫困的艰巨任务。②我国提前十年完成了联

---

① 江泽民．江泽民文选（第 2 卷）[M]．北京：人民出版社，2006：4.
② 习近平．在全国脱贫攻坚总结表彰大会上的讲话 [M]．人民出版社，2021.

合国发布的减贫目标，成为第一个消除绝对贫困的发展中国家。

（二）社会主义精神文明建设取得良好成效

"我们要建设的社会主义现代化强国，不仅要在物质上强，更要在精神上强。精神上强，才是更持久、更深沉、更有力量的。"①新时代，党中央要求积极培育和践行社会主义核心价值观，从国家、社会以及个人三个方面为新时代中国特色社会主义精神文明建设提供了基本的价值遵循，为全党全社会凝聚起团结一心、奋发进取的强大力量。此外，文化自信开始逐渐成为中华民族独特的精神标识。新时代新征程，党中央将文化自信列入中国特色社会主义的"四个自信"中，不断推动社会主义先进文化与中国传统文化的共同发展；中国社会的文明程度显著提升，社会文明建设全面展开，城市文明创建活动以及社会主义文化庆典充分展示了社会主义现代化建设所取得的伟大成就，极大振奋了民族精神。通过深入学习中国共产党历史，开展初心使命的主题教育，推动了广大人民群众对革命文化的弘扬和对革命精神的传承，初步实现了社会主义先进文化与中华优秀传统文化有机结合。公民道德建设深入开展，中国特色社会主义中国梦深入人心，学习先进风尚成为人民群众的思想觉悟、文明素养不断提高，精神文明建设持续健康发展。

（三）社会治理现代化体系逐步完善

党的十八大以来，中国社会建设领域经历了从"社会管理"到"社会治理"的思想转变，社会治理现代化体系从深化政府体制改革、搭建有效社会治理机制和解决重大社会矛盾三个方面逐步完善。通过建立健全社会治理体系完善政府体制改革，持续推进国家治理体系和治理能力现代化建设，不断深化国家机构设置改革，加大优化国家治理职能配置力度，做到及时有效地解决了社会治理中的交叉管理问题。同时积极推动基层社区共建共治机制不断完善，推进社会组织体制改革，社会组织得到了快速成长，社会治理社会化、专业化程度不断提升。在社会治理机制方面，简化社会治理流程带动全国各地开创了"一网通办""电子政务大厅"等跨部门共治机制；进一步完善国家诚信体系，构筑了失信被执行人跨部门协同监管和联合惩戒机制；制定和完善了《中华人民共和国社会信用体系建设法》，形成了网络社会依法治理的新格局。在解决重大矛盾方面，倡导鼓励生

---

① 习近平．在纪念五四运动 100 周年大会上的讲话 [N]．人民日报，2019-05-01(002)．

育的人口发展战略缓解人口老龄化趋势，全面推动尊老爱幼的道德风尚建设，积极化解社会老龄化在社会发展中出现的问题；实施精准扶贫与乡村振兴战略，促使农村面貌向好发展，城乡社会协调发展取得新进展。

（四）生态环境治理取得重大突破

习近平总书记高度重视社会主义生态文明建设，强调"绿水青山就是金山银山"的生态环境保护理念，党的十八大以来，中国共产党将解决突出生态环境问题作为民生优先领域，推动污染防治攻坚战取得阶段性成果。习近平新时代生态文明思想引领作用显著增强。中国生态环境保护体系逐年完善，随着各种生态文明建设纲领性文件相继出台，针对生态环境领域的立法工作，做到了各类环境要素基本覆盖各种生态环境保护制度逐步建立健全，生态文明建设对全球环境治理的贡献日益凸显。顺利推进绿色发展理念下的"一带一路"建设，为全球环境治理作出了重要贡献。面对环境污染的严峻形势，党中央团结带领中国人民开展污染防治攻坚战。全国范围内的环境污染得到有效遏制，环境质量获得明显改善。空气质量不断提升，水环境质量持续向好，土壤污染加重的趋势得到初步遏制。进入新时代以来，随着生态环境保护力度不断加大，中国生态系统的修复工作成效明显。自然环境状况稳定向好，各种生态系统得到有效的保护，湿地修复工作进入更深层次的发展阶段。防沙治沙与水土流失治理成效显著；生态文明建设深入开展改善了城乡人居环境，促进绿色低碳的生活方式，通过生态文明建设的有效开展，人民的获得感显著增强。

（五）公共服务均等化稳步推进

在城乡公共服务供给方面，中共中央相继制定出台一系列政策措施，力求打破城乡公共服务供给壁垒，促进城乡公共服务一体化、均等化发展。针对乡村农业青年劳动力短缺的问题，一方面，政府加大农村公共服务供给力度，切实解决农村居民的教育、医疗、就业、养老等实际问题，促进农业劳动力回流，让广大农村人民在乡村也能享受到基本的公共服务供给；另一方面，在政府主导下，企业协同作用下着力解决广大农业转移人口在城市的基本生活问题，稳步推进城乡基本公共服务协调发展。社会保障体系包括各种社会保险、社会救助以及社会福利等，是保障和改善民生的基础，是支撑经济可持续发展的重要动力，更是促进社会公平正义的基础。社会保障制度是最重要的再分配手段，通过完善的社保障体系，可以大幅缩小初次分配领域难以避免的收入差距问题，更好地实现发展成果共享，有效地防范各种社会矛盾，保障社会和谐稳定经过多年不懈的实践努力，我国已建成世界上规模最大的社会保障体系。截至 2020 年，基本养老保险覆盖 9.98 亿人，基本医疗保险覆盖 13.61 亿人，失业保险、工伤保险和生育保险也基本实现了对目标人群的全覆盖。2020 年年末，城市低保覆盖人数为 805.1 万人，农村低保覆盖人数为 3620.8 万人。总体来看，2007 年至 2020 年，城乡居民参加低保的人数呈下降趋势。此外，以城乡居民最低生活保障制度为核心，包括各种专项救助在内的社会救助体系基本实现了应保尽保。针对老年人、妇女儿童、残疾人等群体的社会福利事业全面发展。住房保障制度稳步推进。整体来说，各项保障制度的水平不断提升。

第三节　现代化视域下实现共同富裕的实践路径

一、建成现代化经济体系，筑实共同富裕的物质基础

党的二十大明确提出，建成现代化经济体系是基本实现现代化的重要目标之一。要在现代化进程中实现共同富裕必须通过构建新发展格局，走高质量发展道路。实现高质量发展就必须建立符合中国基本国情的现代化经济体系。贯彻创新、协调、开放、共享的新发展理念，对建设现代化经济体系涉及的产业体系、收入分配体系、城乡发展体系、生态体系等方面作出了具体要求。建成现代化经济体系不仅是中国式现代化的重要创新，也是我国筑实共同富裕物质基础、推进实现共同富裕的总体性、基础性安排。

（一）科技与产业协同发展，建成产业创新的现代化经济体系

创新发展是引领社会发展的第一动力。新时代，夯实共同富裕的物质基础不仅要求继续做大物质基础的数量，也要求做实物质基础的质量。不断提升国家创新能力、实现高水平科技自立自强是实现这一目标的重中之重。这要求我国科技发展"必须坚持科技是第一生产力、人才是第一资源、创新是第一动力，深入

实施科教兴国战略、人才强国战略、创新驱动发展战略"。①我国科技发展需要摒弃以往现代化发展中的粗放速度型经济发展模式，发展节约高效的科技高质量发展模式。这是对我国经济分化调整期客观形势的正确把握，也是夯实共同富裕物质基础的重要手段。

建成产业创新的现代化经济体系，实现高科技水平的自立自强首先要做的就是发展尖端科技。习近平总书记指出："近代以来，西方国家之所以能称雄世界，一个重要原因就是掌握了高端科技。""只有拥有强大的科技创新能力，才能提高我国国际竞争力。"②科技的自立自强要求我国不断在科技领域的关键核心技术实现突破的同时，在尖端科技领域率先完成突破，只有将关键技术掌握在自己的手里才能不受制于人。高水平科技创新以核心关键技术作为重点领域做到与国际先进水平接轨，以国际最新技术作为突破点寻求超越，打造尖端科技"人无我有，人有我优"科技发展水平。

建成产业创新的现代化经济体系，还需要建立高效的科技产业转化机制。坚持以科技促产业强经济的目标导向，及时顺利地将科学技术转化为产业优势、经济优势，实现科技创新成果的产业化和市场化。这要求"要充分发挥社会主义市场经济的独特作用，充分发挥我国社会主义制度优势，充分发挥科学家和企业家的创新主体作用，形成关键核心技术攻坚体制"。③利用社会主义的制度优势促进科学技术与生产产业实现良性互动，加快科学技术向经济产业转化的效率，搭建科学技术和生产产业之间协同合作的桥梁，例如，建立大学与企业共同参与的科技产品孵化基地。最终规范有效的社会主义市场经济体制将融合科技创新的产品推向市场，用新型科技产品产生的经济效益助推科学技术的迭代发展，实现科学技术与产业生产的良性循环，形成大众创新、万众创业的氛围。

（二）地区与城乡优势互补，建成区域协调的现代化经济体系

协调是平衡社会发展结构的内在要求。现代化不仅是城市的现代化，也是某个地区的现代化，还是城乡与地区之间相互协调的现代化。同样地，共同富裕不是各地区短时间之内同时实现的同步富裕，更不是社会各个阶层不同人群经济

①　中共中央文献研究室.习近平关于科技创新论述摘编[M].北京：中央文献出版社，2016：40

②　高举中国特色社会主义伟大旗帜为全面建设社会主义现代化国家而团结奋斗[N].人民日报，2022-10-26（001）.

③　习近平.提高关键核心技术创新能力为我国发展提供有力科技保障[N].人民日报，2018-07-14.

水平都是相同的平均富裕，共同富裕应该不分城乡、不分区域的全体人民普遍富裕。"协调发展的核心要义是保持经济社会发展的各个方面、各个领域、各个环节综合平衡，在补齐发展短板中促进发展的均衡性、和谐性和可持续性。"① 在全面建设社会主义现代化国家新征程中，城乡与地区协调发展是推进全体人民共同富裕的重要尺度。

建立区域协调发展的现代化经济体系要深入实施区域协调发展战略。首先，加强经济发展较为落后地区的政策帮扶。例如，深入实施西部大开发战略、东北振兴战略等。通过政策资源的倾斜以及中央财政的补贴为相对落后的地区增添经济活力。西部地区需要充分发挥比较优势，推动具备条件的产业集群化发展，依靠地区发展优势构建富有竞争力的现代化产业体系。以共建"一带一路"为引领，加大西部开放力度。深入实施重点生态工程和民生工程，推动西部大开发形成新格局。其次，针对经济发展靠前的东部地区，加快产业结构升级，积极承接新兴产业布局和转移，做大做强先进制造业，加快培育世界级先进制造业集群，引领新兴产业和现代服务业发展，建立全方位开放型经济体系。发挥创新要素集聚优势，加快在创新引领上实现突破，推动东部地区加快推进现代化。最后，深化各地区之间在经济发展过程中的合作交流，有效推广"先富"地区在经济发展过程中积累的成功经验。

建立城乡协调发展的现代化经济体系要深入实施乡村振兴战略，推进城乡融合发展。第一，巩固拓展脱贫攻坚成果，坚持开展乡村脱贫、防返贫工作。脱贫攻坚的重点在农村，防返贫工作的重点也在农村。全面建成小康社会以后，既要做好防止脱贫人口的返贫监测，又要防止新的贫困人口出现。要根据农村居民的发展需要落实帮扶政策，增强农村产业发展的韧性和活力，激发脱贫人口的内在发展潜能，做到扶贫与扶志相结合。加大对农村低收入人群的帮扶力度，在健全社会保障体系的同时确保特殊困难群体基本生活保障，适度提高特殊困难群体如患有慢性病的低收入人群的医疗救助标准。第二，拓宽农民的增收渠道。在社会分配体系中提高农民劳动收入，促进农村富余劳动力的转移就业工作。推进农村各产业之间融合发展，拓展农业产业类型，发展具有当地乡村特色的现代富民产业。第三，落实美丽宜居乡村建设，加大农村道路、网络、物流等基础设施建

---

① 黄金辉，郑雯霜.新发展理念促进共同富裕的内在机理与实践路径 [J].四川大学学报（哲学社会科学版），2022，243（6）：23-32.

设，推进村容村貌整治，提高农村居民生活的便利度和幸福感，新型城镇化的发展要以推进人的全面发展为核心目的，强化村级集体经济的惠民富民功能，增强农业农村发展活力。

（三）资源与环境节约优化，建成生态绿色的现代化经济体系

尊重自然、保护自然，既是全面建设社会主义现代化国家的必要手段，也是实现共同富裕的内在要求。新时代要求经济建设与生态环境保护相互促进、共同发展。我国现代化的发展不能像西方国家当年在现代化过程中那样一味地追求经济水平的高速发展而忽视了对于生态环境的保护。实现共同富裕也不允许中国走"先污染、后治理"的老路。我国现代化要实现人自由而全面的发展必须做到人与生态环境和谐相处，走出一条生活富裕、生态良好的绿色发展道路。第一，健全资源节约集约循环利用政策体系。建立资源高效利用制度，要求强化约束性指标管理，在生产、流通、仓储、消费各环节落实全面节约。普遍实行垃圾分类和资源化利用制度，建立健全有利于垃圾分类和资源化利用的激励约束机制。推行生产企业"逆向回收"等模式，建立健全线上线下融合、流向可控的资源回收体系。拓展生产者责任延伸制度覆盖范围，推进快递包装减量化、标准化、循环化。第二，构建清洁低碳、安全高效的能源体系。强化企业技术创新主体地位，充分发挥市场对绿色产业发展方向的决定性作用。加大清洁能源的生产力度，提高化石能源在使用过程当中的利用效率，推进高消耗、高排放的产业通过技术性改造实现绿色发展，降低货物在物流过程中的能源损耗，对于大体量货物和需要长途运输的货物尽量使用铁路和水路运输。加大对于绿色金融产业的支持力度，落实好促进节能减排相关税收优惠政策，健全排污权、用能权、用水权、碳排放权等交易机制。第三，建立系统化的生态保护和修复机制。生态环境的保护与修复要遵循整体化、系统化理念，生态修复核心就是要使生态系统恢复自我运行。统筹生态环境一体化保护和修复，加强自然生态保护，提升自然生态产品的供给能力。注重发挥人民群众保护建设和合理利用自然资源的主体作用，积极引导全社会参与保护和修复，建立"政府主导、人民主动"的生态环境保护和修复程序。第四，倡导居民绿色健康生产生活方式。将"绿水青山"变成实实在在的"金山银山"。建立健全绿色生活激励机制，提高广大居民保护环境和爱护环境的主动性、积极性。充分发挥全国碳排放权交易市场的作用，推进排污权、用能权、用水权市场化交易。提倡绿色环保的生活方式，增强居民的生态环境保护意识，继续深入开展生活垃圾分类，提高废旧家电的循环使用效率，探索实施塑料污染无害化治理途径。厉行节约，坚决制止餐饮浪费行为。广泛开展绿色生活创建活动，宣扬环境保护模范典型事迹，促进人与自然和谐共生，打造美丽宜居的生活环境。

（四）安全与发展动态平衡，建成全面开放的现代化经济体系

实践证明，经济全球化的今天，闭起门来搞发展不可能让一个国家实现现代化，改革开放才是实现共同富裕的必由之路。中国是世界最大的发展中国家，对我们而言，在开放中获取经济发展所必需的资源和市场的同时我们仍然要把维护国家安全放在极其重要的位置，不能为了追求经济的发展而忽视了外部经济环境所带来的发展风险。新时代以来，世界经济形势的发展迟缓造成世界政治格局的动荡，保护主义、逆全球化与全球化并存。一些国家频繁在局部地区制造争端，企图通过挑起其他国家之间的战争为本国经济发展攫取利益。针对当今动荡不安的国际局势，习近平总书记作出世界百年未有之大变局的切实判断。为了促进经济发展与预防经济风险，世界形势的日益动荡要求我国必须加快构建以国内大循环为主体、国内国际双循环相互促进的新发展格局。对于日益动荡的国际形势，"应对外部经济风险、维护国家经济安全的压力也是过去所不能比拟的"。①然而越是动荡的时候，越要坚定改革开放。不断提高国家的综合实力，才是中华民族屹立于世界民族之林的力量源泉。目前形势下，一方面，我国需要继续在全球经济产业的发展中谋求主动打破西方国家遏制中国经济发展的各种制裁，推动人类命运共同体建设，以合作共赢的发展理念在全球范围内谋求共同发展的合作伙伴，充分利用发展中国家之间的经济合作发挥外部经济的助推作用；另一方面，进一步把扩大内需作为我国现代化建设的核心支撑点，发展内需驱动型经济，统筹国家发展与安全。经济安全是国家发展的基础，统筹好发展和安全两件大事，建立多元平衡、安全高效的全面开放体系助力我国现代化经济体系的发展。

（五）效率与公平统筹兼顾，建成共治共享的现代化经济体系

共同富裕的实现，要求人民群众之间共享现代化发展成果。在我国现有的收入分配体系中，由于个体的差异性以及客观环境的不同，人与人之间存在天然

---

① 中共中央文献研究室.习近平关于社会主义经济建设论述摘编[M].北京：中央文献出版社，2017：24.

的要素差距，这种要素差距是收入分化的根本原因。所以在我国现代化中推进收入分配体制改革实现共同富裕，就必须通过共建共享的方式来缩小收入差距。第一，在初次分配阶段既要突出效率，也要促进公平。在鼓励勤劳致富的同时不断完善各要素按贡献参与分配的机制。持续探索非劳动力要素的收益权增加低收入人群的收入。建立健全以实际贡献为准的企业薪酬制度，鼓励各种企业丰富收入分配的形式。要素不断提高劳动者的生产要素持有量。拓宽城乡居民增加收入的渠道，创造条件让更多群众拥有更多的生产要素。例如，发展多层次的资本市场，增加居民的租金、股息等财产性收入。支持民营企业开展员工持股计划，增加股权收入的人群数量。最后推动经济与居民收入同步增长。推动企业创新能力的提高以科技进步反推劳动力成本，打造劳动生产率与劳动报酬的良性循环增长。第二，政府在再分配环节要侧重公平，凸显"有为政府"对市场的调节作用。政府应当通过调节税收和公共产品的供给来实现共同富裕。在税收方面要不断优化税收结构，降低间接税过高的局面，通过改革财产税征收、强化所得税征收等方式提高直接税的税收比重。充分发挥个人所得税的收入调节作用，即加大对高收入人群的税收调节、减少低收入者的纳税额度，通过规范人群收入缩小贫富差距扩大中等收入群体数量。不断完善财产税制度弱化贫富差距的代际传递。在公共产品供给方面，持续完善社会保障体系。增强转移支付的精准性和资金使用效率，加快构建转移支付监管体系，规范转移支付的使用权限；加大转移支付的资金统筹力度，统筹安排转移支付资金向民生领域倾斜。保障每一位公民公平享用公共产品的权利。第三，发挥第三次分配的扶持作用。第三次分配是通过公益慈善捐赠和志愿服务开展的群众性的道德实践活动。在收入分配体制改革中要充分发挥第三次分配对再分配的补充完善作用。让第三次分配更好地服务于国家发展战略实现共同富裕。我国的慈善事业还处在起步阶段，要充分借鉴国际经验引导更多的社会组织向慈善型组织转型。在公益慈善教育方面要积极培育互助共济的社会主义慈善文化提倡回馈社会的慈善理念，持续增强第三次分配在推进我国现代化进程中实现共同富裕的重要作用。

二、坚持现代化政治原则，落实共同富裕的制度保障

（一）党的全面领导是实现共同富裕的根本政治保证

在我国现代化中实现共同富裕需要坚持党的全面领导。从历史维度出发，

百年党史就是一部中国共产党团结带领中国人民追求共同富裕的奋斗史。中国共产党从建党之初就把国家富强与人民富裕作为自己的初心使命，在我国现代化不断发展的过程中不断推动共同富裕的前进步伐。事实证明，中国共产党是带领中国人民实现共同富裕的领导核心。从现实的角度来说，中国共产党的全面领导既是社会主义的本质特征，也是中国特色社会主义发展的最大优势。只有在党的领导下才能在经济发展中正确处理好政府与市场的关系，一方面要有效发挥市场在经济发展中的重要作用，另一方面要更好地发挥政府的作用，避免出现"政府与市场两手都失灵的现象"。也只有在党的全面领导下，我国现代化才能在社会主义现代化建设中牢牢把握发展的基本原则，不会在西方式现代化理论的不断渗透中发展陷入西方式现代化的困境。从发展的维度上来说，坚持党的领导也是中国经济高质量发展的根本保证。如今中国经济已经由高速增长阶段向高质量发展阶段稳步推进，从政治与经济的关系来看，经济基础与上层建筑是相互的，上层建筑对经济基础的发展具有强大的反作用。在现代文明的发展历程中，任何一个国家经济发展的过程中都需要国家力量也就是政府的推动。处于核心地位的政权所代表的执政党的指导方针直接决定了国家经济发展进程。因此，在现代化进程中实现共同富裕需要党的全面领导作为保障。

坚持党的全面领导，需要推进领导制度化建设与现代化发展同频共振。第一，构建和完善党中央和各级党委领导的工作体制机制。坚持党中央结合现代化发展全局作出的总体规划明确各级党委领导现代化发展的重点任务，发挥各地方各领域各方面力量，汇聚现代化建设的磅礴伟力。需要注意的是，党中央关于现代化发展的总体方向和指导原则作出的战略决断，是针对整个国家的发展大局而言的。各级党委要结合本地区具体实际，对本地区开展现代化发展具体工作作出针对性部署，认真贯彻落实党中央在本地区的现代化战略。第二，建立和健全现代化发展协调机制。设立专门的议事协调机构，是新时代以来习近平关于坚持和加强党的全面领导制度化建设的重要内容。建立直属党中央和各级党委领导议事协调机构，各级党委领导需要定期召开专题研讨会议深入了解各层级现代化发展工作现状，做好现代化发展的资源配置工作，及时确保现代化方针政策的贯彻落实。第三，常态化现代化发展工作会议机制。定期召开会议分析现代化发展形势、部署现代化发展工作，破解现代化发展过程中出现的突发性问题，及时调整现代化发展战略规划，适应现代化发展现实需要。

　　坚持党的全面领导，需要促进领导能力水平提高与现代化治理效能提升协同共进。第一，提高党领导现代化建设的科学化水平。一方面，各级党委领导要把马克思主义世界观和方法论作为日常工作的行动指南的同时善于吸取西方式现代化发展过程中的成功经验；另一方面，要及时调研我国现代化发展面临的现实问题，在理论与实践的相互碰撞中总结现代化发展规律。此外，现代化发展涉及社会的各个领域，各级党委在推进现代化发展过程中要更加注重对国内外发展形势的分析和预判，形成及时有效的决策机制，不定期邀请各领域专家开展座谈会，充分听取专家学者们的专业意见，推动中国式现代化发展的科学化。第二，增强党领导现代化建设的专业化能力。除与科学决策直接相关的现代化理论外，领导干部还必须学习历史知识、厚植文化底蕴。除此之外，要增强防范化解风险能力。发展安全是现代化道路上实现共同富裕的底线，要增强忧患意识，做好风险评估，提高应对化解风险能力。第三，提高党领导中国式现代化建设的法治化水平。中国式现代化是对中国特色社会主义现代化建设的总结与发展，经过几十年社会主义现代化建设的探索，党要领导中国式现代化实现共同富裕，就要在现代化发展过程中不断强化对共产党执政规律、社会主义建设规律以及人类社会发展规律的认识，全面推进社会主义法治化建设，实现党的领导、人民当家作主和全面依法治国有机统一，党在领导现代化建设过程中，要自觉遵守法律，将党的全面领导与全面依法治国相统一，提高以法治思维和法治方式来维护现代化发展秩序、协调现代化发展关系的能力。

　　坚持党的全面领导，需要强化高质量党建与高质量发展互融共促。第一，加强党的政治建设。深入把握实现共同富裕目标下的现代化的政治地位，各级领导干部必须不断提高政治执行力，切实把落实党中央对实现现代化的战略部署作为首要政治责任，自觉将领导现代化发展实践向党的现代化总体战略布局看齐，团结一致汇聚现代化发展合力实现共同富裕。第二，强化思想引领，在领导现代化建设的实践中践行党的初心使命。作为党的基础性建设。坚持和加强党的全面领导，首先应当从党员干部的思想层面入手，各级党员干部在领导现代化建设的实践中，必须坚持以人民为中心的政治立场，坚决反对和打击以权谋私的功利主义思想，从思想上固本培元，以满足人民日益增长的美好生活需要的执政理念引领中国式现代化发展具体实践。

（二）以人民为中心的根本立场是实现共同富裕的主体体现

在现代化进程中实现共同富裕需要坚持以人民为中心的根本立场。"我们始终坚定人民立场，强调消除贫困、改善民生、实现共同富裕是社会主义的本质要求，是我们党坚持全心全意为人民服务根本宗旨的重要体现，是党和政府的重大责任。"①从理论上来看，尊重人民群众在历史中的主体地位符合唯物史观中人民群众创造历史的基本原理。从实践上来看，人民群众是中国共产党的执政基础，失去了人民的拥护，共同富裕也不可能真正实现。

坚持以人民为中心的根本立场，必须坚持发展为了人民，发展与人民共享。民心是最大的政治，得民心者得天下，失民心者失天下。中国共产党的一切工作都要以人民为中心，人民生活是否真正得到了改善、人民权益是否真正得到了保障，人民群众是否有了获得感、安全感和幸福感。这就要求每一位共产党人要敬畏人民，有权不任性、掌权不迷失、用权不逾矩，办事有原则、起止有分寸，深怀爱民之心、恪守为民之责、善谋富民之策、多办利民之事，始终为了人民的幸福不懈奋斗。中国共产党要善于从人民群众的立场思考问题，让每一项决策部署都能符合人民群众的根本利益，始终赢得人民群众的拥护和爱戴。

坚持以人民为中心的根本立场，必须坚持发展依靠人民。历史是由人民创造的，人民群众是社会实践的主体，党的根基、血脉在人民，力量在人民，人民群众的拥护是党执政兴国的最大底气。在现代化过程中实现共同富裕，要鼓励人民群众通过勤劳致富。劳动是社会生产力发展的根源，人类社会所拥有的所有社会财富都离不开人民群众的劳动创造。发展全过程人民民主，全过程人民民主是最广泛最真实的民主。在现代化建设过程中发扬全过程民主需要不断丰富民主形式，拓宽民主渠道，让每一位中国公民都能行使作为公民的权利。将民主协商、民主决策、民主监督贯穿于社会生活的方方面面，使国家治理更好体现人民意志，让现代化成为切实保障全体人民权益和福祉的发展模式，进而激发全体人民实现共同富裕的积极性，确保人民依法通过各种途径和形式管理国家事务，将人民群众的主体作用贯穿于社会治理的各个领域。

坚持以人民为中心的根本立场，必须坚持发展成果由人民共享。从社会层面上来说，建立健全社会公共政策体系，加强公共设施建设确保基本公共服务的供给水平，提高公共服务供给效率。推动构建人人参与、人人享有的公共服务分

---

① 习近平.在全国脱贫攻坚总结表彰大会上的讲话[M].北京：人民出版社，2021：2.

配格局。在公共服务建设过程中坚持物尽其用的原则，避免造成公共资源的浪费，将工作重心向基础性、普惠性、兜底性的民生领域倾斜。例如，提高人民的义务教育质量，增强人民自身的发展能力，拓宽人民的致富渠道，积极创造勤劳致富的发展环境。坚持在发展中保障和改善民生，优先做好农业农村的公共服务供给工作，公共资源向农村、基层、欠发达地区倾斜，通过政策导向保障民生，促进社会公平正义，让发展成果最大限度地惠及全体人民。

（三）社会主义基本经济制度是实现共同富裕的体制保障

实现共同富裕需要坚持社会主义基本经济制度。我国的社会主义基本经济制度是由我国社会主义性质和初级阶段的基本国情决定的，也是改革开放以来理论发展和实践创新的重要成果。我国社会主义基本经济制度符合生产关系一定要适应生产力发展这一人类社会发展的基本规律，是一项充满生机和活力的经济制度，历史和实践证明，社会主义基本经济制度既适应我国社会主义初级阶段的基本国情，也极大地促进了我国的经济建设和发展，推动了社会进步。因此，基本经济制度应当成为新时代经济改革发展的根本遵循，其对国家治理体系和治理能力现代化、促进经济社会发展、实现共同富裕均具有系统性的重要影响。

坚持社会主义基本经济制度，需要坚持巩固和发展公有制经济。公有制经济是维护国家安全和保障经济健康发展的主体力量，也是实现共同富裕的重要基础。实现公有制经济的巩固与发展取决于能否发挥国有经济的主导作用。第一，建立新型国有资产监管机制，将国有企业在社会保障领域和推进共同富裕方面所作出的社会效益纳入国有企业发展的考核指标，鼓励发展国有企业与其他经济成分交叉控股的混合所有制经济，促进各种经济成分共同发展。第二，加快国有经济产业优化和结构调整。增强国有资本的公共服务职能，加大国有资本在新型技术产业的经济占比，掌握关系国家安全的重要行业和关键领域。第三，提升国有企业科技创新水平，充分激发国有企业发展活力积极鼓励国有企业加大科技研发力度，建设科技产业孵化中心。在关键领域根据现实需要开设新企业，承担我国关键领域实现战略突破的任务。

坚持社会主义基本经济制度，需要促进非公有制经济的健康发展。非公有制经济广泛分布在社会发展的各个领域，国民生产总值的 2/3 来自非公有制经济，同时非公有制还是社会就业的主要渠道，是所有经济成分中最具活力的部分。推动非公有制经济健康发展，第一，要建立公平的市场竞争环境和法治环境，在坚持权利平等的基础上不断放宽市场准入条件，消除限制非公有制经济发展的各种壁垒，在不涉及国家安全的情况下防止以公权力限制市场竞争的不合理现象。第二，加大非公有制经济政策支持力度，以满足企业切实需求为政策导向，切实解决企业发展中的实际问题。建立民营企业的应急救助机制帮助企业应对突发事件，保障企业的可持续发展。第三，持续完善市场规则。完善企业劳动者与消费者的权利保障制度。防止资本的无序化扩张，督促企业家依法经营，引导民营企业更好地履行社会责任，为实现共同富裕作出更大贡献。

坚持社会主义基本经济制度需要持续完善社会主义市场经济体制。社会主义市场经济体制的持续完善是实现共同富裕的基本体制保障。完善社会主义市场经济体制，首先肯定市场在资源配置中的"决定性作用"。着力促进市场规则的平等权利，允许各类市场主体依法在负面清单以外的经济领域公平竞争。反对各种名义上的地域保护和不正当竞争，建立健全完备的市场淘汰机制；肯定市场对价格的决定性影响，利用市场价格的变化促进经济发展方式的转变，政府的定价权要限定在公共事业方面。通过市场价格优化社会资源配置。当然，完善社会主义市场经济体制还需要更好地发挥政府作用，这是有效推进共同富裕的关键。党的十八届三中全会明确指出，"政府的职责和作用主要是保持宏观经济稳定……加强市场监管，维护市场秩序，推动可持续发展，促进共同富裕，弥补市场失灵"。[①]这就需要通过增强政府对宏观经济的调控能力，减少因市场调控的盲目性而造成的市场失灵，通过加快政府职能转变优化公共服务供给，通过提高政府对市场的监管能力维护社会公平正义。

---

① 习近平．习近平谈治国理政 [M]．北京：外文出版社，2014：119．

参考文献

[1] 江必新，鞠成伟.国家治理现代化比较研究 [M].北京：中国法制出版社，2017.

[2] 戴木才，等.实现人民美好生活之道：中国式现代化道路 [M].北京：人民出版社，2022.

[3] 王怀超，等.中国特色社会主义基本问题论纲 [M].北京：中央党校出版社，2020.

[4] 辛向阳.中国式现代化 [M].南京：江苏教育出版社，2022.

[5] 董振华，等.中国道路的成功密码 [M].北京：北京联合出版有限公司，2018.

[6] 王立胜.中国式现代化道路与人类文明新形态 [M].南昌：江西高校出版社，2022.

[7] 杨耕.东方的崛起：关于中国式现代化的哲学反思 [M].北京：人民出版社，2022.

[8] 刘伟，陈彦斌."两个一百年"奋斗目标之间的经济发展：任务、挑战与应对方略 [J].中国社会科学，2021（3）：86–102+206.

[9] 胡大平.人的现代化与全面建设社会主义现代化国家 [J].思想理论教育导刊，2021（2）：69–74.

[10] 郭为桂.中国特色社会主义制度成熟定型的逻辑进路——兼从党的十九届四中全会解读中国特色社会主义现代化模式 [J].中共福建省委党校（福建行政学院）学报，2020（1）：4–17.

[11] 唐爱军.唯物史观视域中的中国式现代化新道路 [J].哲学研究，2021（9）：5–12+127.

[12] 程萍，康世功.全面建成社会主义现代化强国的本质要求与途径 [J].人民论坛·学术前沿，2020（14）：45–51.

[13] 巩瑞波，韩喜平."现代化中国方案"是对西方现代化模式的超越 [J].红

旗文稿，2019（7）：20-22.

[14] 张乾元，苏俐晖 . 新中国现代化建设道路的探索与道路自信 [J]. 新疆师范大学学报（哲学社会科学版），2019，40（6）：39-48.

[15] 陈金龙，钟文苑 . 全面建设社会主义现代化国家的内涵、方位与功能 [J]. 思想理论教育，2021（1）：4-8.

[16] 项敬尧 . 从全面建成小康社会到全面建设社会主义现代化国家的伟大飞跃 [J]. 马克思主义研究，2021（2）：42-49.

[17] 刘红凛 .2035 远景目标：新的历史方位与新的时代使命 [J]. 人民论坛·学术前沿，2021（1）：6-15.

[18] 秦宣 . 全面建设社会主义现代化国家新征程"新"在何处？ [J]. 科学社会主义，2021（1）：115-121.

[19] 王韶兴 . 现代化国家与强大政党建设逻辑 [J]. 中国社会科学，2021（3）：26-45+204.

[20] 刘洪森，李昊天 . 中国式现代化新道路的历史、逻辑与特质 [J]. 现代哲学，2021（5）：58-65.

[21] 林于良 . 中国式现代化新道路的唯物史观意蕴 [J]. 学校党建与思想教育，2021（15）：34-37.

[22] 郭飞 . 关于中国科技自立自强的若干思考 [J]. 经济纵横，2021（2）：29-37.

[23] 黄群慧，刘学良 . 新发展阶段中国经济发展关键节点的判断和认识 [J]. 经济学动态，2021（2）：3-15.

[24] 程恩富 . 全面开启建设社会主义现代化国家的若干重点解析 [J]. 当代经济研究，2021（1）：8-10.

[25] 郝宪印 . 全面建设社会主义现代化国家的战略引领 [J]. 东岳论丛，2021，42（1）：5-19+191.